学生管理的心理学智慧

（第二版）

迟毓凯　　著

华东师范大学出版社
·上海·

图书在版编目(CIP)数据

学生管理的心理学智慧/迟毓凯著.—2版.—上海:华东师范大学出版社,2016.6

ISBN 978-7-5675-5378-1

Ⅰ.①学… Ⅱ.①迟… Ⅲ.①学生心理-教育心理学 Ⅳ.①G444

中国版本图书馆 CIP 数据核字(2016)第 143166 号

学生管理的心理学智慧(第二版)

著　者	迟毓凯	策划编辑	王冰如
特约审读	王叶梅	责任校对	李美娜
装帧设计	崔　楚		

出版发行	华东师范大学出版社
社　　址	上海市中山北路3663号　邮编 200062
网　　址	www.ecnupress.com.cn
电　　话	021-60821666　行政传真 021-62572105
客服电话	021-62865537　门市(邮购)电话 021-62869887
地　　址	上海市中山北路3663号华东师范大学校内先锋路口
网　　店	http://hdsdcbs.tmall.com

印 刷 者	上海展强印刷有限公司	印　张	15.25
开　本	787×1092　16开	字　数	262千字
印　次	2025年1月第22次	版　次	2016年10月第2版
书　号	ISBN 978-7-5675-5378-1/G·9606	定　价	36.00元

出版人　王　焰

(如发现本版图书有印订质量问题,请寄回本社客服中心调换或电话 021-62865537 联系)

"不讲屠龙术,只谈杀猪法"
(序) / 1

第一编　学生管理中的教师定位

第一章　学生管理的关键

一、爱心价值几何 / 4
二、名师方法也失效 / 6
三、班主任是天生的吗 / 8
四、学生管理的三要素 / 10

> 专家学者,万语千言;学生管理,千头万绪。我们的工作究竟从哪里开始?"百万雄师过大江"需要一个突破口,学生管理的关键在哪里?

第二章　做有影响力的教师

一、要做学生喜欢的教师吗 / 14
二、教师的"威"和"信" / 16
三、如何让学生钦佩你 / 17
四、如何让学生喜欢你 / 22
五、需要让学生怕你吗 / 37

> 作为教师,希望学生"听话",那么学生为什么要"听"你的话?如何根据心理学的规律去提高自己的影响力?

第三章　做学生的重要他人

一、人生发展中的重要他人 / 42
二、小学教师的自我定位 / 49
三、中学教师的自我定位 / 52

> 人生的不同阶段,起重要作用的人物并不相同。那么,随着人生发展,重要他人会发生哪些变化,教师如何成为学生的重要他人?

第二编　学生管理中的影响策略

第四章　学生管理的认知策略

一、学生为什么会改变 / 75
二、如何对付"破罐子破摔"的学生 / 76
三、如何应对"叛逆"的孩子 / 82
四、转化学生从哪里开始 / 86
五、"要求—承诺"策略的应用 / 90

> 每个人都希望心理平衡；好人做好事心理平衡，坏人做坏事心理平衡；不论好人坏人，说到做到就会心理平衡。那么，教师该如何利用认知上的失调与协调去转变学生？

第五章　学生管理的情绪策略

一、情绪心理法则及应用 / 96
二、教师要"重情" / 109

> 并不是每次说教都能起作用，并不是每次大道理都会有学生认同。当说理教育失去效果时，我们还有什么办法？

第六章　学生管理的人际策略

一、他人认同与学生成长 / 114
二、让学生去学习谁 / 118
三、人际关系与学生管理 / 127

> "爱面子，重情谊"是青少年的特点，也导致了一些学生的缺点，那么，教师在学生管理中该如何利用这一点？

第七章　学生管理的行为策略

一、强化理论与管理策略 / 140
二、拿什么表扬你，我的学生 / 145
三、表扬的时机：意料之外，情理之中 / 158
四、影响策略的综合运用 / 163

> 每个人都渴望被认可，但为什么有些教师的表扬和批评却失去效果？如何形成真正有效的赞美，如何去引导转变一名后进生？

第三编　学生管理中的情境策略

第八章　班级管理的指挥策略

一、两种行为四个阶段 / 170

二、组建阶段的指挥式管理 / 172

三、教师如何惩戒学生 / 180

> 一个班级的发展会经历哪些阶段？面对一个刚刚组建的班级，教师如何树立自己的威信，如何批评自己的学生？

第九章　班级管理的教练策略

一、磨合阶段的矛盾哪里来 / 196

二、如何培养班干部 / 197

> 磨合阶段的班级，教师如何慧眼识珠，发现和选拔班干部？又如何循循善诱，培养和使用班干部？

第十章　班级管理的支持策略

一、规范阶段什么样 / 205

二、从"诸葛亮"到"李世民" / 206

三、从教师威信到班干部威信 / 208

> 在班级发展的正常运作阶段，教师的管理行为要有哪些变化？如何帮助班干部树立其威信？

第十一章　班级管理的授权策略

一、做一个会授权的教师 / 213

二、教师授权的障碍 / 217

> 一个优秀的班主任不仅善于用权，更应善于授权；如何做一个轻松的授权者，创建一个民主、平等的班集体？

第十二章 学生管理的四种境界

一、当班主任累不累 / 222

二、要不要和学生交朋友 / 223

三、严一点好,还是宽一点好 / 224

四、魏书生的方法为什么不起作用 / 227

五、管理的四种境界 / 229

当班主任累不累?名师的经验如何学?要不要和学生交朋友?管理是严好,还是宽好?……如何提升学生管理的境界?

主要参考文献 / 231

后记 / 232

"不讲屠龙术，只谈杀猪法"
(序)

当前，中小学教师继续教育培训往往涉及学生管理的内容。面对基层的中小学教师，来自高校的专家学者也常常讲授和学生管理相关的心理学话题。然而，事实上，很多时候这种培训的效果并不理想，原因之一在于讲课者与听课者的思路不匹配。

对于专家学者而言，他们更关注如何把心理学的理论与研究成果准确、平实地传递给教师们，至于这些知识如何解释教育现实，在现实教育中究竟怎么运用，则希望中小学教师自己琢磨、领悟。而对于那些听课的一线教师来说，他们知道专家们讲的理论很先进，研究很现代，但更希望讲授在现实中如何具体运用这些理念，否则，再先进也没用，也不爱听。显然，当前的教师培训，在专家学者的高端理念与基层教师的教育实践之间，常常存在一条难以逾越的鸿沟。基于以上认识，把专家学者的先进理念与基层教师的具体操作联系起来，把高高在上的理论拉到现实中来，努力去架设一座连通心理学理念与学生管理实践的桥梁，就是本书的目的所在。

回顾百年来心理学发展的历程，我们就会发现，一些伟大的先行者早就做出了非常卓越、天才、具有开创性的研究；近年来，随着时代的发展和技术的进步，国内外的心理学研究也越来越精致，越来越巧妙，专业性与科学性越来越强。这些发现足以改变我们的生活，影响我们的教育实践。然而，我们也遗憾地发现，与心理学百年来蓬勃发展不相称的是，学界对于心理学的发现如何应用于实践的努力并不充分，这一点在国内表现得更为明显。许多人亦步亦趋在伟人身后，绞尽脑汁，忽略了现实对心理学的强大需要。研究很丰满，现实很骨感。这种现象应该改变，也必须有所改变。

在本书中，我们不谈心理学的高端研究只研究小问题；也不讲脑科学的最新发现，只讲那些基本的，甚至在心理学领域已经是常识的一些心理学规律，如何具体应用于教育管理实践，如何利用心理学知识提升教师的工作效率，让教师的生活更和谐、更美好。

本书努力围绕以下几点进行写作：

一、以问题为中心,"六经注我"

本书的讨论紧紧围绕着学生管理这一核心问题而展开,心理学原有的学科归属并不是本书考虑的重点,只要能和学生管理相关联的心理学内容,笔者都采用"拿来主义"的原则,为我所用,不是"我注六经",而是"六经注我",甚至不惜"捞过界"。所以,如果你仔细阅读本书就会发现,在散落的心理学知识点叙述中,有管理心理学的内容,有社会心理学的内容,有发展心理学的内容……也有不那么科学的作者的个人观点与见解。在这里,构筑"学生管理心理学"的学科属性与内容方法不是我们考虑的问题,而如何利用各个心理学科、各种心理学知识来解决学生管理中的问题才是我们考虑的核心所在。这也是本书名为《学生管理的心理学智慧》而不称《学生管理心理学》的原因。

二、以现实为基础,谈"真"问题

对于大多数中小学教师而言,中国的教育现实并不理想,许多现实中的问题由于各种原因谁都不愿意谈,但又确实是教育中的真问题。比如说,"教师要不要学生怕"的问题,在理想的教育中,教师表达的是爱心,是尊重,是用专业能力与人格魅力来树立自己的威信;然而,在现实的教育中,一名教师面对五六十人的班级,工作起来常常劳神费力,苦不堪言。如果学生对教师没有一点敬畏之心,则管理上多半会一塌糊涂。总之,本书谈论的,不是理想中的教育应该什么样,不是泛泛地谈教师如何"爱",如何"尊重"与"感化",而是基于中国的教育现实,一名中小学教师应当如何遵循青少年身心发展规律去"管"学生,去处理相关的学生管理问题,"让学生听话"。

三、叙述通俗,不"掉书袋"

中小学教师都学过一点儿心理学,但大部分教师的专业不是心理学。对于他们而言,学习心理学的主要目的不是为了成为心理学的研究者,更多的只是想"用心理学",即心理学有哪些可以直接用于教育实践的知识,拿来促进一下工作。作为一本心理学读物,如果表达方式太规范、太严谨,讲"学生管理"先概念辨析,"什么叫学生"、"什么叫管理"、"什么叫学生管理",诸如此类,心理学读物就会变成催眠的读物,背离我们的初衷。所以,笔者尽可能采用通俗的表达方式,尽可能少用专业术语,希望以一种接近口语的、聊天的而不是教材式的叙事方式,和广大教师漫谈心理学在学生管理中的运用,尽可能让平时就很累的中小学教师们读得轻松一点。

四、表达多样化，方便阅读

在注重以通俗方式传递专业心理学内容之外，本书也尽可能用灵活的、多样化的方式来表达相关内容。首先，尽可能运用案例来说明问题，"小故事大道理"，心理学的大道理往往通过真实的小故事来呈现；其次，提供扩展阅读，以专栏的方式呈现与正文相关的内容，不局限于学生管理；最后，对于一些核心的专业术语，以侧栏形式呈现；而对于作者总结的一些心理学法则与操作建议，则以专色在正文中呈现。通过这些多样化的表达形式，本书希望在一个快餐化阅读的时代，更加方便老师们的阅读。

近年来，关于学生管理问题的著述颇多，尽管许多教育理念先进，但操作性不强。有人将之戏称为"屠龙之术"，招法虽然漂亮，但实用性不强，现实中哪里有什么"龙"给你屠呀。与"屠龙之术"相比，本书更愿意做"杀猪之法"，虽然理念不够先进，招法也不漂亮，甚至姿势难看，但如果能够为中小学教师的教学实践提供一点切实的帮助，我们就心满意足了。

笔者在另一本心理学著述中曾说过，希望告诉读者的是：心理学不神秘，很可爱。今天，在这本关于学生管理的心理学读物中，我希望告诉读者的是：心理学不难懂，很有用！

迟毓凯

2012 年 4 月

第一编
学生管理中的教师定位

教师既然是一种社会角色,就需要扮演。那么,教师如何根据学生的心理特点演好属于自己的角色呢?

第一章
学生管理的关键

教育案例：魏书生的方法不灵了[①]

拜读魏书生老师的《班主任工作漫谈》一书，我被魏老师的教育智慧所折服，被其教育艺术所感动，很想把那些显效而又艺术的方法借来一用。然而，当我尝试用魏老师的方法来管理班级的时候却出了问题。

有一段时间，我班学生喜欢在自习课及晚上宿舍熄灯后偷偷说话。我一时找不到合适的管理方法，刚好在魏老师的文章中看到"自习说话接力本"及"评选说话大王"的管理方法。我如获至宝，马上套用。一周下来，自习课上不再传出嗡嗡声，熄灯后也不再有学生讲话。我暗自欣喜——魏老师的方法可真管用。可才过两周，我却发现班里的学生变了，变得沉默寡言、消极倦怠，原本团结向上的班集体风貌一下子消失了。我百思不得其解，究竟哪里出了问题？

魏老师的方法应该没问题吧？肯定没问题，魏老师是全国有名的教育专家，我就是按照魏老师的方法做的，一点也没走样呀。过去我也借用过魏老师的一些方法，效果确实挺好。那么，这次的问题究竟出在何处呢？我迷茫了。找班委、学生询问，他们支支吾吾，表现出一副想说又不敢说的样子。

每一位教师，无论是否做班主任，都会牵扯到学生管理问题，否则，你的教育、教学也就无法开展。许多专家，包括一线有经验的教育工作者，也总结出了各种各样的管理学生的理论和方法。很多时候，教师所面临的问题并不是没有办法来处理学生问题，而是挑选什么样的办法来处理。千头万绪，如何梳理？或者说，必须要清楚一个问题：什么是学生管理的关键因素？

[①] 顾广现,刘党桦.经验不能生搬硬套[J].班主任之友(中学版),2008,(12)：45—46.

一、爱心价值几何

管理学生,既要考虑到内因,又要考虑到外因,学校、家庭与社会结合起来处理问题会更有效。然而,这毕竟只是一种理想状态,事事都是重点也就没有了重点。当年"百万雄师过大江"的时候,不是齐头并进,而是要寻找一个突破口,学生管理也一样。那么,究竟什么是学生管理的关键?究竟是什么导致了一个教师的成功或者失败呢?对于这个问题,每个人都可能有自己的答案。

许多教师常常会考虑一个因素:爱心。

我看过许多教师的教育论文,也听过许多教师总结自己的教育经验,在谈及自己管理班级时,他们常常将"爱心"放在首位。除此之外,还有"耐心"、"细心"、"恒心"、"虚心"、"责任心"等等,也有一些教师将这些统称起来,总结为"五心说"、"六心说"。我有时候和一些教师开玩笑说,一些班主任似乎患了"良心肥大症",总担心自己的爱心不足,"心眼不多"。

许多全国知名的教师,今天或已经成为教育专家,或成为许多基层教师的"偶像",他们也总是愿意谈教师的爱心问题。全国知名的优秀班主任任小艾一次在广东做报告,曾提及教师职业的伟大之处,她给出的一个理由是:教育行业之外的人,只是爱自己的孩子,这是谁都能做到的,但教师职业之所以伟大,就是当教师的不仅要爱自己的孩子,还要爱别人的孩子。因此,当教师的必须要有"爱心"。

又如知名的中学教师李镇西,也是以"爱心"而闻名。他的第一本书,就名为《爱心与教育》。这本曾再版印刷多次的书,记录了他教育实践中的大量故事,感动了许多人。

扩展阅读 1-1 李镇西的"爱心"故事①

1983年,是他参加工作的第二年。这年春天他因劳累过度,患上了严重的神经衰弱症,最后不得不住院治疗。

他本不打算告诉学生,想悄悄离开学校,但还是让学生们知道了。在离校那天下

---

① 朱寅年.特级教师李镇西:从"爱心"到"民主"[EB/OL].[2004-09-09].新浪教育,http://edu.sina.com.cn/l/2004-09-09/ba84063.shtml.

午他为学生上最后一堂课的时候,教室里哭成了一片!

在住院的一个月里,孩子们分批分批地去看望他,为他哭,为他笑。学生们那样爱他,使他深深地爱上了他的学生。他甚至偷偷地从医院溜了出来,带着学生去峨眉山玩了整整一天!晚上回病房被护士长狠狠批评了一顿,但他觉得那天晚上是住院以来睡得最好的一夜。他经常想:怎样才能报答学生对我的厚爱?

那时,他住在单身宿舍,条件很艰苦,一位家长来学校看他很关心他,第二次来的时候,给他提来一筐鸡蛋,让他补补身子。人家硬让他收下,他只好收下了。他感到非常温暖。第二天课间操时,他用煤油炉子煮一个鸡蛋,然后,叫来那个家长的孩子,把热鸡蛋塞给他说:"这是你爸爸托我给你煮的,快趁热吃了!"以后每天一个,直到吃完为止。

如今,有许多青年教师问他:当班主任疲倦了怎么办?他的回答是:一是感受学生的爱,为了学生的爱尽自己的责任;二是把每一个工作日都当作创造日。

这二十年,李镇西就是这样走过来的。

虽然优秀教师们的"爱心"案例很让人感动,但我仍然要说,爱心并不能成为学生管理、教育影响的关键因素。理由很简单:

其一,如果爱心能教育好一个孩子,那么教师这个职业似乎都是多余的了,教育工作由家长来做最好了。因为如果比"爱心"的话,教师对学生再爱,也不如父母对子女爱得更深,"谁的孩子谁不爱呀"。很遗憾的是,许多父母不是不爱自己的孩子,但就是教育不好自己的子女;其实许多教师也一样,不是不爱自己的学生,但就是教育不好自己的学生。教育是一门科学,而爱心只是一种道德的诉求。

其二,爱心是教育的关键,这种观点对教师职业是一种简化甚至侮辱。高尔基曾经说过:"爱孩子这是母鸡也会的事。可是要善于教育他们,这就是国家的一桩大事了,需要才能和全部的生活知识。"如果在接受多年的师范教育,经过真正的教育实践后,就得出教育秘诀是"爱心",教师的重点是做"老母鸡都会做的事",这也太小瞧教育的复杂性了。

其三,把教育的关键归结为爱心因素还给许多教师造成了心理压力。因为事实上,许多教师在实践工作中都会或多或少遇到困境,但是,如果总是强调教育的"爱心",就会造成许多教师把工作的失败归结于自己"爱心"的缺乏。前面谈过,爱心本质上是一种教师道德层面的要求。不从教育能力上来探究失败的原因,而在道德上寻找理由,这无疑是对教师心理层面更大的打击。这种事情其实正在甚至已经发生了,比如,我们前面案例中谈到的"李镇西的爱心故事",许多教师看完这类故事,在敬佩李老师的同时,也可能对自己的爱心不足产生深深的愧疚。其实,包括李镇西在内的那么多的优秀教师之所以能做好教育工作,爱心绝对不能成为其关键,虽然许多教师常常这样总结。

既然爱心不能成为教育影响的关键因素,那么爱心究竟是什么呢?

爱心是教育工作的前提和基础,没有爱心是不能做教师的。换言之,没有爱心,就不应该也不能做教育工作。爱心的问题,应当在一个人成为教师之前、在他教书育人之前就解决。其实不仅做教师,做一个人就应该有爱心,从事任何一种人与人互动的工作,都需要爱心。换言之,爱心其实并不是做教师职业的要求,而是做人的要求。人之所以区别于禽兽,就是对他人有爱。

但爱心对于教师而言不重要吗?当然重要,但对于教师重要的因素不一定是决定教师教育成败的关键。对于一个人而言,相对于爱心,吃饭更重要,一个人天天都需要吃饭,不吃饭就可能活不下去,但是否有谁在天天强调吃饭的重要性呢?同样道理,爱心不是不重要,但今天各种各样的领导讲话、教育培训中谈得过多,宣传得太多,就会适得其反。给人的印象就好像现在许多教师在师德这方面都有所欠缺似的。天天在教育系统内谈论爱心问题,就好像生活中不停地谈论吃饭多么重要一样。谈吃饭,没有抓住做人的关键;谈爱心,也没有抓住做教师的关键。

其实,绝大多数的教师都是有爱心的,他们所遇到的教育困境,不是缺乏爱心,而是面对那些"难搞"的学生没有办法。

二、名师方法也失效

在爱心之外,班主任们更感兴趣的是具体的管理学生的办法和技巧。在这方面,全国著名优秀班主任魏书生的影响比较大。从 20 世纪 80 年代开始,魏书生已经在全国 31 个省、市、自治区和台、港、澳地区做了 1 300 多场报告,出版《班主任工作漫谈》等多本著作,可以说,他的教学与管理之道对很多教师而言已经耳熟能详。魏书生之所以受人欢迎,其中一个重要原因是他在交流班级管理的经验时,更多地谈及各种各样"治理"学生的方法。这些方法充满了智慧和创造性,深受中小学教师的欢迎,他也因为出色的教育能力被许多教育界人士称为"当代孔子"。

如果说魏书生的《班主任工作漫谈》已经成为许多教师床头的经典"红宝书",那么,近年来崛起的万玮老师的《班主任兵法》则称得上是"受宠新贵"了。万玮老师是上海浦东的一名教师,他的班级管理系列案例最初发表在 K12 教育论坛,流行于互联网,后来又陆续在《教师博览》等杂志连载,最后集结成一本流行于中小学班主任中间的畅销著作——《班主任兵法》。

扩展阅读 1-2　魏书生教育案例——治病救人周[①]

人追求平静,人也追求波澜。人们看惯了湖面的平静,便想去看看大海的波澜。怒涛翻滚的大海喧闹了几天后,人们又盼着它能平静下来。

生活也是这样,每天有波谷,也有波峰,每周有高效日也有常效日。每月呢？每学期呢？

也应从平静中涌出波澜,使每个星期都涌出不同内容的教育波澜。

我和学生商定,确立每学期中的几个星期围绕一个重点问题,掀起波澜。

有的叫"高效学习周",有的叫"控制闲话周",有的叫"发扬特长周",有的叫"增强注意力周"。还有"发现新我周"、"增强信心周"、"助人为乐周"、"开拓胸怀周"……

"治病救人周"主要以自己给自己治病为主,每位同学找出自己心灵中的一种主要病症,然后写出症状、发病时间、治疗方法和疗程。

以我自己为例,10 年前的那个"治病救人周",我找出自己主要的病症是拖拉。我这样描绘发病时的症状：

"三岔路口,一个人走过来,踱过去,徘徊,观望,选择,犹豫,当终于选定其中一条路时,青春已经逝去。"

"一件事已经做完,面对明天,将要去做些什么新事呢？想着拖着已经到了明天的下午。"

"反正业余学习没有人逼迫就往后排,排到天黑了,夜深了,胡乱看一点就入

[①] 魏书生.班主任工作漫谈[M].桂林：漓江出版社,2005：143—145.

睡了。"

"做正事，写东西，总盼望有个无干扰的环境，稍有干扰心便乱起来，钻不进去，而没有干扰的时间在一天当中又极少，于是分分秒秒就在这盼望中流过……"

怎样治这种病呢？我当时想的办法是，马上就做，不停地做。尽管没有现在想的治疗方法多，但是集中时间治"犹豫症"还是取得了较好的效果。

我对学生们谈了自己集中一周时间治病的体会，激发了学生参加"治病救人周"活动的兴趣，同学们纷纷进行自我诊断，自我诊治。

大多数同学都找到了自己主要的病症，并且找到了较科学的治疗方法，本来要求写500字的病历，张斌同学写了1 000多字，连不爱动笔的刘志军也写了1 400多字。学生们都能够把找出自己的病症，作为分析能力强的表现来看待。

许多中小学教师从魏书生、万玮等优秀班主任那里学到了很多管理的办法，比如，多让学生做班干部，互相监督，犯了错误要写错误说明书，等等。但有个问题令许多教师困扰：这些优秀班主任的经验，用到自己的班级，用到自己的学生身上，有时候起作用，有时候不起作用。许多管理学生的办法在魏书生那里管用，在万玮那里管用，自己的班级里实施的时候就不管用了，为什么呢？

金庸的武侠小说《天龙八部》里面有一个人物叫段誉，他学了一种功夫叫"六脉神剑"，但这种功夫有的时候威力无边，有的时候却难以发力，让段誉莫名其妙。难道对教师们来说，这些优秀班主任的管理技巧也是段誉的"六脉神剑"，有的时候管用，有的时候不管用吗？

许多教师因此产生了一个令人悲哀的疑问：学生管理的关键是人吗？不论什么技巧，在魏书生等优秀班主任那里起作用，在我这里就不起作用，换句话说，有些人适合做班主任，适合管理班级，而有些人并不合适。

关于名师的办法为什么在我们的班级管理中不起作用，我们在随后的章节中会谈到。这里，我们先谈一下是否有些人不适合做班主任的问题。

三、班主任是天生的吗

一些教师认为，学生管理的关键不是爱心，不是技巧，是"人"。有些人天生就是做班主任的料,而有些人,即使再努力,也难以达到令人满意的教学管理效果,甚至有的教师觉得自己管理能力有限,出现"教育效能感丧失"的现象。许多教师也存在这样的想法:让我教书可以,问题讲明白没问题,但是管理学生却不行。他们惧怕承担班主任工作,而且也认为自己当不好班主任。

管理能力是天生的吗？有些班主任管理不善是因为不具备管理的天分吗？确实,从领导心理学上讲,一些人格特点是有效管理所必需的,一些卓越的领导者在人格上确实有其共同之处。但是,我们也要说,成为一名"卓越"的班级管理者,成为"国家级"优秀教师,可能需要一些先天的因素,是一种天时地利人和的结果；而要成为一名"优秀"的班级管理者,成为"学校级"的优秀教师,则是可以通过努力来实现的。在现实中,我们已经看到,许多年轻教师在刚接触学生时,管理上一塌糊涂,但因为随后的认真学习与琢磨,在后来的班级管理中日益进步,最终也练就了一身本领,做起学生管理工作游刃有余。因此,可以说,班级管理中人的先天因素固然重要,但它绝对不是唯一起作用的因素。班级管理能力,是一种可以通过学习培养起来的能力。

扩展阅读1-3　有效领导的一般人格特质[①]

领导心理学的研究表明,以下一些人格特质与领导的有效性密切相关：

自信：自信而不自大的领导会坚定团队成员的信心。

谦逊：谦逊在一定意义上承认你并非无所不知、无所不能,承认你对团队成员和他人所犯的错误。

诚信：领导者应该言行一致,越来越多的证据表明,诚实可靠与领导的有效性有关。

外倾：外倾的人更愿意承担领导角色,参与到集体活动之中。

果断：果断的人能够坦率地表达需求、观点、感受和态度,从而有助于完成任务并达成目标。

---

① 安德鲁·杜伯林.领导力:研究·实践·技巧[M].王垒,等,译.北京:中国市场出版社,2006:33—40.

情绪稳定：情绪稳定者拥有将个人情感控制在合适范围内的能力，而团队成员都会期望并需要领导态度的连贯性。

热情：热情会收获团队成员积极的回应，会有利于成员之间建立良好的关系。

幽默感：幽默使得领导者更容易接近和更有人情味。

温情：富有温情的人给他人带来温暖，有助于与团队成员融洽相处，也有助于提升领导魅力。

四、学生管理的三要素

我们认为，学生管理、班级管理其实是许多因素共同作用的结果。要想管理有效，至少要考虑三个因素：

第一，教师的自身定位。教师自身的定位所体现的是人的因素，其中的重点在于你的班级管理策略是否与你面对的学生相匹配。学生之间是有差异的，小学生、中学生和大学生的心理发展特点不同，知识基础不同，他们对教师的要求也不同。从这个意义上说，只有与学生发展相称的教师定位才能收到好的效果。有时，一些中小学教师在听一些高校教授的讲座时，常常不服气："别看你教授在上面说得头头是道，你到我的班级不见得能管得了我那些学生。"可以说，这些质疑是有道理的，大学教授不一定管得了小学生，因为小学生与大学生的要求不一样，所以在大学受欢迎的教授到中小学不见得也受到认可；反过来也一样，用中小学教师的办法来管理大学生，效果也不见得明显。

因此，小学生有小学生的管理策略，中学生有中学生的管理策略，大学生有大学生的管理策略。如果教师的自身定位与学生发展产生错位，那么管理就会出现问题。比如，面对小学生，教师自身定位是一个大学教师的形象，那你管理小学生就管理不好了，反之亦然。因此，教师在管理学生之前，必须清楚：小学生需要怎样的管理，中学生需要怎样的管理，大学生需要怎样的管理。教师自身定位、班主任形象塑造必须与学生相匹配，这样才能更好地促进管理工作。

第二，相关的影响策略。教育从本质来讲是一种"人际影响"，就是教师和学生之间彼此互动，然后学生就会受到教师的影响，这种影响的过程就是教育的过程。比如，在教育培训中，有的教师会以授课者为圆心，尽量坐得离授课者远一些，离后门近一些，这也是一种社会影响。

人对人的影响有几个规律：

一是认知的规律，也就是我们被影响而发生改变是由于观念发生变化。现在不管是我们的教育行政机构还是一些教育专家，都想通过转换教师的观念来改进教育工作，但我们知道这并不容易。

二是情绪的规律，因为情绪体验的变化而发生改变。你因为高兴、兴奋，就做出了一些事情。比如说，许多女教师在逛商场的时候，一高兴就买了许多自己可能一辈子都不会穿到的服装。

三是社会互动规律，因为受到人情脸面、社会压力等而发生改变。比如，有些教师参加研究生考试是因为周边的年轻教师都考了，自己再不努力面子上过不去。

四是行为习惯规律，因为习惯的变化而产生改变。但行为习惯改变起来并不容易，比如，讲座中有的人为什么坐后面，他习惯性地坐后面，哪位教师来了他都坐后面，并不是因为讲课者长得难看他就坐后面。

人的行为习惯是有规律的，人们之间彼此影响也是有心理规律的，那作为教师的你有没有认识这些规律，有没有运用这些规律，是我要讲的问题。可以说，有些教师可能不熟悉这些策略，但一样把班级管理得很好，但是不管你是否熟悉，只要你管理好了班级，就会有意或者无意间符合了相关的心理规律。

第三，管理的情境因素。同样的策略方法，同样的管理者，在不同的情境下，其管理效果是不同的。那么，如何根据班级的现状、班级的发展来实施管理？你自己现在的班级处于什么状态，在班级发展的哪个阶段，就应该根据班级发展水平，采取相应的有针对性的办法。班级情境处于不同的状态，教师就要采用不同的办法。

换句话说，班级管理是人、策略、情境三个因素共同起作用，缺一不可。这三者的关系可以用下面的一个公式来说明：

管理效果＝f（教师定位×影响策略×班级情境）

接下来，我们就围绕这个公式，谈谈如何从上述三方面入手，做好班级管理工作。第一个方面是谁来管——学生管理中教师的定位问题，教师如何塑造自己，塑造一个对学生有影响的教师形象。第二个方面是如何管——学生管理中有哪些策略，人心有哪些规律，学生发展有哪些规律，按照这些应该采取何种管理方法。第三个方面是何时管——学生管理中的情境问题,即什么时候采用什么样的方式管。我们会介绍一下班级发展的动态流程,学生在从班级建设到班级解散过程中的心理状态的发展变化,并描述教师在这期间可以做哪些工作。

本书的整体结构也据此而来,共三编分别探讨教师定位、影响策略与情境策略问题。

第二章
做有影响力的教师

教育案例:"缘"来第一印象①

有一次,我接手一个五年级的新组建的班级。那一阵子,学生中间正流行着一种带有"缘"字的书签、卡片、小饰品等。于是我利用这个"缘"字,给学生上了一堂使他们难忘的始业课。我先在黑板上写了个"缘"字,微笑着说:"同学们,今天我们能坐在一起,说明我们很有缘分。"学生们的脸上都呈现出喜悦和赞同的神气,教室里的气氛一下子活跃了。接下来的自我介绍进行得非常顺利。此刻,我见学生已对我表现出亲热与敬佩,就说:"既然我们有缘分走到这个班,那么让我们互相关心,互相爱护,把我们这个班变成一个温暖的大家庭。你们说好不好?"在学生响亮的回答声中,我板书了"大家庭"三个大字,然后说道:"那么,既然我们每一个人都是大家庭中不可缺少的一个成员,那就让我们在这个大家庭中快乐地成长,让我们为大家庭中的每一个成员的进步而高兴,让我们每一个人都伸出热情的手去帮助有困难的同学,你们说好不好?"学生的回答更是响亮。就这样,学生带着愉悦的心情很自然地进入了集体成员的角色。这时,我趁势说道:"同学们的回答使我坚信:你们个个都是好样的。现在,我向大家提出一个奋斗目标——争创优秀班集体。你们有没有决心?有没有毅力?"回答不用说是肯定的。没想到,以前我要通过一两周的磨合才能提出的目标,如今竟在一堂课上就顺顺当当地提出来了,学生又是那样乐意接受,对我又表现得那样友好。事隔两年后,一个学生在给我的来信中写道:"周老师,你是否还记得我们刚上五年级时的那堂始业课,它使我和同学们确信,你是一个与众不同的新型教师。两年的共同生活也证实了我们的判断。"没想到我给学生的第一印象竟这么好,这么深。我从中深深地体会到了贴近学生心理,塑造好第一印象对师生亲和力的培养是多么重要。

---

① 周丽月.师生亲和力的培养.[J].班主任,2002(6):23—24.

良好的第一印象展示了教师的亲和力,也提升了教师的影响力。那么,教师影响力的根源在哪里?如何做一个有影响力的教师?

一、要做学生喜欢的教师吗

在进行学生管理之前,首先涉及的一个问题是教师的自我定位,即教师应该以什么样的方式在学生面前展现自己,在学生面前树立一个怎样的教师形象。

一些教师觉得回答这一问题并不难,既然现在很多时候我们谈及民主的教育、尊重的教育,甚至生本教育(以学生为本的教育),那么,"学生喜欢什么样的教师,我们教师就怎样来塑造自己呗"。而学生喜欢什么样的教师呢?

扩展阅读2-1 学生喜欢的十种教师[①]

一是严而有度的教师。这种教师往往把班级管理得井井有条,又受到学生的尊敬和喜欢。他们认为,学生正处于成长发育阶段,难免有这样或那样的缺点和错误,所以必须按照学生的言行规范来严格要求他们,又正因为这些缺点和错误是难免的,所以对他们的要求应该有度,按照他们的成长规律,给予他们改正缺点和错误的时间和机会,不能一味地批评和指责,甚至体罚或变相体罚。

二是像妈妈的教师。这种教师多为中年女教师,她们有抚养孩子的经历和体验,知道抚养一个孩子的艰难辛苦,所以对待学生表现出关爱和耐心,体现出一种母爱。学生愿意将自己的心里话和烦心事告诉妈妈教师,而且在妈妈教师那里总是得到满意的回答和耐心的指点,所以他们对妈妈教师感到特别亲切,也特别听她们的话。

三是实习教师。这种教师处于实习阶段,把刚刚所学的教育理论用于实践,没有受到教育世俗的影响。他们的年龄与学生很接近,是大哥哥大姐姐,所以与学生很合得来。他们受到自己学校的约束,不敢指责或体罚学生,同时又不对学生将来升学负

---

① 刘良华.最受学生欢迎的十种老师[J].新课堂(综合版),2013(8):1.

责,代课少,与学生相处的时间多,经常跟学生一起玩耍,很知己,自然受学生欢迎,离去后学生念念不忘,保持通信来往。

四是有宽容心的教师。这种教师心胸开阔,善解人意,对学生的缺点错误采取宽容的态度,给学生很好的印象。比如,一个学生上语文课的时候在画画,被语文教师发现后,教师指出他画画选错了时间和地点,在语文课上画画是不对的;同时鼓励他在合适的时间和地点发展自己的兴趣和特长。动之以情,晓之以理,让学生心服口服。后来这个学生不但打好了知识基础,而且发展了个人兴趣和特长,很感激老师。

五是热爱学生的帅哥教师。长得很帅的青年男教师,学生常视之为青春偶像。但有个前提,就是他跟他们合得来,是哥们,而且课讲得特好,有本事,让人崇拜。学生痛恨那些动不动叱责甚至体罚学生的青年大个子教师,认为他们无能,只会用武力来征服学生。

六是温柔的美女教师。学生欣赏的年轻女教师通常长得漂亮,衣着得体,温柔又大方。她们声音好听,讲课有表情,绘声绘色。学生特别喜欢上这种教师的课,觉得听她们上课很轻松,是一种享受。她们对学生有耐心,常扮演知心姐姐的角色。学生痛恨那种急躁而恶狠狠的青年女教师,会背地里喊她们"母老虎"、"恶鸡婆"。

七是风趣幽默的教师。这种教师讲课往往用具体生动的事例引入新课,深入浅出。在学生感到疲劳时就会来几段风趣幽默的段子逗学生快活,使学生乐意学习。特别善于激发学生的兴趣和热情。调动学生学习的积极性。学生学得轻松愉快而且效率高。讨厌那些讲课枯燥乏味而成天要学生死记硬背的教师。

八是充满爱心的教师。有位教师特别关心贫困家庭学生和离异家庭缺乏家庭温暖的学生,经常将没有饭吃的学生带到自己家吃饭,将自己孩子的衣服给没有衣服穿的学生。教师的行动深深地感动和感染着学生,使学生对教师无限崇敬,自然会得到学生的喜欢和爱戴。

九是以身作则,说到做到的教师。这种教师是学生的表率。凡是要求学生做到的,自己首先做到;凡是学生一下子难以做到的,从不强求学生。教学生做人,自己首先做好人。总是实事求是,循序渐进。计划性很强,阶段性很强,大计划往往由小计划组成而逐步实现。教育的针对性很强,因材施教,因地制宜,从不好高骛远或简单粗暴。

十是真才实学的教师。这种教师并非有多高的学历,而是勤奋学习,严谨治学。

要给学生一杯水,自己就要有一桶水。这水不仅是知识方面所要准备的,也是人格和魅力必须具备的一种能力,具体地反映为教师的道德观念、面貌和才智。这种教师德才兼备,并要求学生品学兼优,他们是学生的表率、榜样和楷模。

虽然上面所列的十种教师并非来自科学、严谨的调查,但还是反映了许多学生喜欢的教师的模样。

面对这样的结果,教师应该怎么做?一个思路是既然学生喜欢,那努力去做就是了。其实并非如此简单,这十种教师,风格各异,如果眉毛胡子一把抓,按照这十条标准来塑造自己,教师倒不见得能把自己塑造成一个学生喜欢的人,反而像一个人格解体的精神病患者了。

其实,要求教师十条标准都符合是不可能的,也不现实。不仅十条不行,这十种教师类型的随意结合都可能让学生受不了。比如,十种教师中有一种是"像妈妈的教师",一种是"热爱学生的帅哥教师",如果这两种结合,就不见得招人喜欢了。你见过"像妈妈的帅哥"型教师吗?这种教师会招人喜欢吗?

再进一步,这十种类型教师不必要也不可能全部做到,因为这十类教师的特点是针对不同时期的学生而有不同侧重的。学生在不同时期有不同的特点,某些时期的学生只需要某种教师而不需要其他的类型。换言之,学生在不同的时期喜欢的教师类型应该是不同,我们必须作出选择。

二、教师的"威"和"信"

从另一个角度来讲,每个人在生活中,随时都会受到他人的影响,不管此人是否在场,不管此人是真实的还是想象中的。教师与学生的互动过程,也是对学生产生影响的过程。在心理学中,以这种人与人互动中相互影响为主要探讨内容的分支学科称为"社会心理学"。从社会心理学的角度而言,教育的重要目的就是要对学生产生影响,而教师就需要在日常教学和管理中不断提升自己的影响力。因此,我们可以在教师定位中换一种思路,先把学生的喜欢放一边,"我管你喜欢不喜欢,只要我说的话起作用就行",换言之,我的教师定位,目标是对学生起作用,产生影响,以此为主。

那么,什么样的教师影响力大呢?学生为什么要受你的影响呢?

从心理学上讲，人们之所以受别人影响，其中一个很重要的原因在于"信任"，学生听你的是因为信任你。

人在生活中，每个人总会相信一些人，相信一些人所说的话。虽然我们都知道人的独立思考很重要，但一个人如果凡事都仔细思考，别人的任何话都经过批判性思维过滤的话，那他会活

> **认知吝啬者（Cognitive Misers）**
>
> 美国学者麦硅尔（McGuire，1969）认为，人在知觉他人时，常常试图去掉琐碎的信息以节省精力；人们并不去知觉或记下所有信息，而只是从发生的事件中挑出对形成印象所必要的信息。简言之，人加工信息时总有简化、节省脑力的需要。

得很累。比如，我和你见面打声招呼："早上好。"你会不会因此而仔细思考："为什么他要和我打招呼？""为什么他说'早上好'，而不说'晚上好'？""为什么他问'早上好'，而不问'吃了吗'？"……这样的人，会活得很累，这样的思维方式也"不经济不实惠"。事实上，人在本质上是一种"认知吝啬者"，通俗地说就是懒蛋，不愿意动脑筋。但如果一点都不动脑筋的话，别人的任何话都不作思考，那么你在生活中上当受骗的机会也比较大。因此，人类在进化过程中，已经选择了一种颇具"性价比"的认知习惯，有的时候会仔细思考，但另一些时候会自动地、有选择地相信一些人的话。而对于教师而言，如果学生对你所说的话信任度比较高，那么教育、管理起来就更容易一些，这毋庸置疑。

人们之所以受别人影响的第二种原因，是"恐惧"，学生听你的是因为敬畏你。

因为恐惧，所以受别人影响；因为"恐惧"失去教职，所以在课堂上我们不敢乱说话；因为"恐惧"得到惩罚，所以在生活中我们不犯罪。由于对别人的"信任"而受到影响，是一种主动选择，而由于对别人的"恐惧"而受到影响，是一种被动选择，但不管是主动还是被动，时间长形成习惯，就是一种自动化的选择。学生也一样，他们之所以规范自己的行为，不任凭欲望驱使，很多时候，是源于对周边人的"恐惧"。具体到师生关系上，说"恐惧"这个词不大让人认可，我们可以换一种说法，即学生之所以受教师影响，原因之一是"敬畏"。

让学生"敬畏"和"信任"，就是教师的"威信"。一个有威信的教师，无疑是一个有影响力的教师。具体到教师的影响力，我们下面准备讲三点：一是专业能力，让人钦佩；二是人格魅力，让人喜欢；三是威慑力，让人害怕。专业能力与人格魅力解决的是如何让学生"信任"的问题，威慑力解决的是如何让学生"敬畏"的问题。

三、如何让学生钦佩你

一般人会选择什么人来相信？首先是专家。同样的话，是否是从专家的口中说出来，

对听者的影响是不一样的。在讲课过程中,对于听讲的众多中小学教师而言,我在心理学方面是专家,讲一点心理学的知识大家就容易相信我所说的话,但是,如果讲人生应当怎么过,我就不是专家了,可能需要在人生际遇上有更多经验的人来讲。比如,我们找一位德高望重、白发苍苍、年逾古稀的资深优秀教师,让他来谈谈人生问题,可能影响力会更大一些。

再进一步,假设他今天就来到我们面前,颤颤巍巍站在讲台上,你都担心他随时会跌倒,他哆哆嗦嗦说出一句话,"人生啊,就是一场梦",你什么感觉?是不是会有教师激动得在本子上记下来:"某某老师:人生就是一场梦。"还有可能觉得老教师真是了不起,一下子就找到了人生真谛。同样一句话,我们换一个人来说,会怎么样呢?比如,我们在附近幼儿园找一位小朋友,他来到讲台,用稚嫩的语气向大家宣称:"经过我几年人生经验的总结,我觉得人生就是一场梦。"此时,你会怎么想,会不会尊敬一下小朋友的发现?你不仅不会把他的语录记下来,而且还会嘲笑他:"小屁孩,才过了几个年啊就人生如梦,你做过几场梦?"所以说,同样的话,讲出来的人专业水平的高低,会决定其言语的影响力大小。

每年中考或者高考之前,我常会受邀到某些学校,直接面对中学生,给他们讲一讲如何在备考中进行心态调整的问题。像这样的问题,他们的班主任,他们的心理老师也常常会提到,但为什么还要邀请我呢?我所讲的内容也不会超过本校心理教师讲的内容,因为在中国这样一个教育的背景下,如果有一些科学的发现可以促进学生考试水平的发挥,早就会付诸教育实践,轮不到我来提出这些新的主张。但是,可以肯定地说,我讲的效果,很多时候会比学生的班主任以及他们的心理教师的效果好,原因就在于我在学生心目中的定位:一位高校来的心理专家。

心理学的发现也是如此:

人们常常受那些被认为更有特权、更有经验的人的影响,而且这种影响的程度往往超出人们的想象。拒绝别人本来就难,拒绝权威的要求更难。

扩展阅读 2-2 心理学经典服从实验①

美国耶鲁大学的心理学家斯坦利·米尔格莱姆提出假设,人类有一种服从权威命令的倾向性,即使这个命令违背他们的道德和伦理原则。他认为,虽然许多人从未故

---

① 迟毓凯.我问心理学[M].北京:中国发展出版社,2009:140—141.

意伤害过别人,但是在权威人士的命令下,却很可能对受害人做出伤害行为。

米尔格莱姆设计了一个看起来非常骇人的电击装置。他准备了一个大设备,里面有30个调节开关,不同开关代表着不同的电压。电压从30伏开始,每次以15伏为单位递增,一直增加到450伏。主试想用这个装置让权威人士命令被试不断地增加电压去电击另外一个人。不过请注意,那只是一个伪造的电击装置,虽然看起来十分逼真,却不会让任何人遭到电击的痛苦。

参与这项研究的被试有40人,全部是男性,年龄介乎于20—50岁。研究者通过报纸广告或直接发短信的方式,征集他们参加耶鲁大学一项关于学习与记忆的有偿研究。为了获得更多的被试,研究者付给每位被试4.5美元,并清楚地告知被试,报酬在他们来到实验室后便会付清,这就保证被试不会因为担心得不到报酬而在实验中表现得不自然。

除了被试之外,该研究还有两位关键人物,一位是研究者的助手,扮演一名"被试",另一位是"演员",扮演主试。当被试到达耶鲁大学社会互动实验室时,工作人员便安排他坐在另一名"被试"(研究者的助手)的旁边。很明显,实验的真正目的是不能告诉被试的,因为那样将会彻底改变他们的行为,所以,主试给他们讲一个"假故事"。他对被试解释道,这是一项对学习中惩罚效应的研究。实验通过被试从帽子中抽纸条来决定谁当老师,谁当学生。这个签是研究者事先安排好的,因此,真正的被试总是抽到老师,而助手总是抽到"学生"。需要注意的是,那名"学生"以及"主试"都是研究者的伙伴。

然后,"学生"被带到隔壁的房间,被试将看到工作人员将他绑在椅子上,用电线将电极与邻近房间里的电击装置连在一起。虽然"学生"的胳膊被绑着,但是他的手仍能够得着标有A、B、C、D符号的按钮,并以此来回答隔壁房间里老师提出的问题。

图2-1 经典服从实验的设置场景

主试向老师和"学生"清楚明了地交代了学习任务,该任务是让"学生"对各种各样的单词配对进行联想记忆。单词表很长,因此,这并不是一个简单的记忆任务。老师把每对单词读给"学生"听,然后检查"学生"的记忆情况,主试要求被试在"学生"作出错误的反应时给予电击惩罚。最重要的是,每增加一次错误反应,老师就要将电压强度提高一级。所有的这一切都伪装得极为逼真,没有被试对电击的真假表示怀疑。

"学生"的反应是预先安排好的,正确和错误的反应顺序对所有的被试来说完全一致。所以,当电击总量随着错误的反应增长时,"学生"开始从另一间房间发出痛苦的叫喊(这也是预先安排好的,包括其叫喊的话语内容及其心脏不舒服的事实)。当电压达到300伏之后,"学生"变得完全沉默,拒绝回答任何问题。主试告诉老师用处理错误反应的方式来处理不反应的情况并继续进行应有的电击程序。

大部分被试在电压达到某一点时会转向主试询问是否继续进行电击。当这种情况发生时,主试会命令被试继续,且在此过程中很有必要向被试发出一系列语气渐重的命令。

命令1:请继续。

命令2:实验需要你继续。

命令3:继续进行是极其必要的。

命令4:你别无选择,你必须继续。

通过记录下每位被试拒绝进行时的电击水平,就可以对服从行为进行测量,在这个电击装置上有30个开关,那么每位被试的得分就在0—30之间,全部过程执行后,获得满分的被试被称为"服从的被试",而在较低点就中断的被试被称为"对抗的被试"。

被试会服从命令吗?他们最多会用多高的电压?你预测的结果是什么?想想你自己、你的朋友和一些普通人。你认为有多少人会使用所有30个电压水平,达到最高的450伏。在讨论这个实验的真正结果之前,米尔格莱姆让耶鲁大学心理学专业的四年级学生以及其他同事对结果作一预测。他们的估计最低是0,最高是3%,平均是1.2%,也就是说,100个人中会对"学生"施加最高电压电击的不足3人。

但是,实验结果让人惊讶。在主试的命令下,几乎所有被试都将电压提升到了300伏的水平,直到"学生"猛击墙壁,要求离开实验室,并拒绝回答问题为止。但是,最令人惊讶的是使用全部30个电压水平并使电压达到最大值的被试数量。尽管有14名被试不服从命令,在达到最高电压之前中断了实验,但40名被试当中仍有26名,也就是65%的被试按照主试的命令继续进行实验,并使用了最高电压。当然,被试并不能心平气和或很高兴地去做这些事情,许多被试表现出极大的心理压力并为受电击者的境况而担忧,甚至对主试非常愤怒,但是,他们最终还是服从了命令。

如同心理学经典服从实验中所看到的,人们对于专业权威的服从水平远远超过我们的日常想象。心理学类似的实验很多,比如,让医生开一个明显错误的处方,但会得到护士毫无怀疑的执行,等等。然而,如果卸下这个专家身份,人们服从的可能性就大大降低了,比如,在米尔格莱姆所设计的实验中,如果把其中的主试换成一个研究生,而不是一位做心理实验的教授时,抗拒命令的现象就会大大增加了。

许多人已经熟谙专家定位对于一个人的影响,所以在决定影响一个人之前会首先树立自己的专家形象,然后再说话。作为教师,现在听报告的机会很多。在每次报告开场之前,组织者都会对演讲者进行介绍,有的演讲者在主持人介绍完之后,还要不遗余力地用数页PPT来谈自己的"所谓成就"。其实,有的报告内容也不过尔尔,有的自我介绍也和今天的演讲主题无关,但是,这个介绍对很多组织者和演讲者而言似乎不可缺少。因为他们的介绍,很重要的一个目的,就是塑造自己的专家形象。当一个人被听众确定为专家了,那么他的影响力就会激增,他说的话会更起作用。

这一点早为被一些商业人士所知,所以很多商品的广告推广诉诸专家,用专家来推销药品、食品等。不过,有的时候,这些专家只是演员而已,但却被不良商家标记为有名有姓的专业人士,进而欺骗消费者。互联网上,曾有文章揭露出电视广告中出现的相貌一样但名字不一样的所谓专家们,实质上是顶着专家的名号来欺骗消费者。

一位慈眉善目的长者在医疗广告中被称为"吕青"教授,在为某理疗服的广告中叫"张国行",而在纪念钞广告中他又变身为钱币专家"孙云"。其实他们都是一个人,只是根据不同的商业需要而被塑造成了不同的"专家"。

一方面,我们容易相信专家;另一方面,每个人都知道拒绝别人比较难。那么,你所相信的人来要求你,即有专业素养的人要求你,你就更难拒绝。我们经常看到一些心理学的小文章——"学会说不"。为什么要学会说"不",因为我们不会说"不"。比如,我在课堂上讲课,要求一个听课的教师回答问题,我想每位教师基本上都会回答我,即使你很讨厌我。因为本身拒绝一个人就难,在这样的一个大庭广众之下拒绝别人就更难了。

这是第一个影响他人的重要因素,专业能力让人钦佩。专家身份虽然有的时候遭到滥用,但是,这些事实也表明了心理学的规律,我们一不小心就会受到"专家们"的影响。那么,回到教育领域,作为一名教师,你是否有着较为突出的教育能力,你是否是一名教育领域的专家?你的教学能力、管理能力是否得到学生们的认可?或者更进一步讲,在学生们的心目中,你是否是他们所敬佩的教育专家?这些问题的回答决定着你影响力的大小。

四、如何让学生喜欢你

人们相信他人的第二种原因是其具有魅力,让人喜欢。亚里士多德说:"人格的魅力胜过任何介绍信。"《学记》中也有句话,叫"故安其学而亲其师,乐其友而信其道",这就是我们常说的"亲其师,信其道"的原始出处。虽然在《学记》的原始意义中,"亲其师"与"信其道"之间不见得就是因果关系,但对于许多教师的日常经验而言,如果一名教师让学生感觉到亲近,那么他(她)确实容易听从其教诲。也可以说,学生是会因为喜欢教师这个人而学习的。

当然,如果你已经是一个成年人了,比如,你是一位中小学教师,在听我讲课的时候,如果觉得讲的东西有道理,就会记下来,不管我是否长得难看,是不是招人喜欢,这表明你很理性。不过,作为青少年学生却不见得这样。我想很多人都有过这样的经历:在学生时代,愿意学习一门科目不一定是因为自己擅长,或者课程有意思,而是因为喜欢讲课者,即因为欣赏一位教师而爱好一门学科。而自己原先的某些学科,即便擅长,但是由于讨厌讲课的教师,也会有所怠慢,最终置之不理。反过来,作为一名教师,也肯定希望做学生喜欢的人。其实不仅教师,我们生活中的每个人都希望做他人喜欢的人。那么,从心理学上讲,具备什么样的魅力容易导致学生的喜欢呢?我们都会喜欢什么样的人呢?

> **我们喜欢的三类人**
>
> "我们喜欢美人";"我们喜欢喜欢我们的人";"我们喜欢和我们相似的人"。

1. "我们喜欢美人"

"美的就是好的",我们喜欢外形有魅力的人。心理学上有一个"美即佳"效应,即"美的就是好的",我们经常会下意识地把一些正面的品质加到外表漂亮的人头上,如聪明、善良、诚实、机智等等。

比如，看到一个美女就会觉得她善良、温柔、贤惠、可爱、可亲可敬，但是那些美女是不是都那么善良温柔啊？不一定。有的简直是野蛮女友。但是我们看到美人，下意识就会觉得她有优秀品质。当然，"美即佳"的刻板印象是有文化差异

> **美即佳效应**（Beauty Means Nice Effect）
>
> 对一个外表英俊漂亮的人，人们很容易误认为他或她的其他方面也很不错。

的。在西方文化下，"美丽"的人常常被认为拥有个人力量的性质，如个性丰满等；而在东方文化下，如中国，"美丽"的人常常被认为拥有正直和关心他人等优秀品质。

我有的时候开玩笑，说现在的女研究生越来越漂亮，那是不是说明大学教授们好色啊？其实，不论何种行业，人都是丰富多彩的，"好色"，即喜欢美丽的事物是人的本性，是多少年来人类进化的结果。中小学教师就没有"好色"之心吗，就不受"美即佳"效应的影响吗？教师们可以想一想，在你们班上，班干部的漂亮程度是不是高于班级平均水平？

1992年，心理学家做了一个研究，发现教师认为长得好看的小孩比不好看的小孩更聪明；而另外一项管理心理的研究也显示，相貌漂亮的人比不漂亮的人在工资水平上平均要高12%—14%，这其实也是现在有的女大学生毕业前要美美容，投资一下自己的原因所在。因此，可以说，"美的就是好的"这种心理上的效应是普遍存在的。学生们也一样，帅哥、美女类的教师就是招人喜欢。

然而，人的容貌毕竟受先天的因素影响比较大，很多教师，比如，像我这样的，长成这个样子就容易产生心灵上的自卑，如果再知道了"美即佳"的心理效应，就更容易丧失教育信心。难道只有漂亮的人才能从事教育工作吗？其实不然，"美即佳"效应虽然存在，但并非外形不漂亮的人就不能当教师，这种心理效应给我们的一个启示就是教师应当适当注重自己的外在形象。

给大家讲一个例子，我在读研究生的时候，曾经在一所中学兼任心理教师，所授的课程也得到了学生们的认可。然而，在征集学生对教师意见的时候，有一条是我没有想到的，有学生说，老师讲课什么的都好，就是衣着太邋遢。这才使我认识到，作为教师，学生不仅对你教书育人有要求，其实对你的外在形象也是有要求的。

那么，什么样的打扮才算美呢？

心理学者朗格卢瓦等人（1990）曾做过一个有趣的实验来研究这个内容。他们收集了许多人像照片，然后扫描进电脑，接下来再用软件将两个不同的人像合成一张相片，即成为一张合成面孔，合成面孔是原本两张面孔平均混合的结果。最后，他们发现，越多人像合成

的面孔,人们越会觉得漂亮。也就是说:

"平均的脸孔最漂亮",人们更喜欢大众脸!

因此,教师的衣着打扮也最好大众化一些,不要奇装异服;这样,更容易获得最大多数学生的认可。从某种意义上说,科学家可以不修边幅,但管理者一定要注重仪表。

另外,不同的学生对教师的外在形象要求也不相同。说句玩笑话,在高校内,集中了一批长相"奇形怪状"但受学生欢迎的教师,你别看迟老师我长得难看,在高校里比我还难看的多的是。但这些长相很有"创造性"的教师为什么在大学里也不见得招学生讨厌,甚至还很受欢迎呢?还是跟学生心理的发展有关。对于中小学生而言,不管谁来讲课,都是那几个知识点,还不如找一个顺眼的;而且许多学生正处在青春期,更希望有帅哥美女类的教师陪伴。而对于大学生而言,教师的形象固然重要,但更重要的是,你作为教师能否讲出一些受学生认可,触动其心灵的东西,这才是最关键的。所以,大学里就充斥了一批"奇貌"、"奇才"的"奇人"。

2. "我们喜欢喜欢我们的人"

心理学研究发现,人际交流中适当的赞美会收到很好的影响效果。

可以说,"谁欣赏我,谁对我好,我就喜欢谁",这是很多人的心声。喜欢通常是相互的,心理学研究也发现,一个人喜欢他人的程度,可以反过来预测对方喜欢他的程度。而且,实验研究也证实:

告知某些人他们被别人喜欢或仰慕时,他们就会产生一种回报的情感(Berscheid 等,1978)。

这就是人性。学生喜欢那些认可和欣赏他的教师,教师也一样,同样喜欢那些夸奖他的学生。有一则笑话,说一位物理教师给学生布置了一个作业:要求学生写出谁是最伟大的物理学家。有一个学生的答案是"爱因斯坦",结果成绩一出来,全班就他一个人不及格,原因就在于其他人写的都是这位教师的名字。

一位教师也给我讲了一则师生之间由赞美导致亲近的真实案例。她是一名初中教师,已经送走了很多届学生。一次过教师节的时候,她收到一条已经毕业的学生的祝福短信。和其他同学有所不同的是,这条短信不是网上摘抄或者转发,而是学生自己写的,并且比较长。当然,教师节给老师发短信,当然要说点好话,所以,学生也真的是从这位教师的优点出发,对其作了一番赞美。这位教师看到之后很高兴,她也想起了给自己发短信的这名学生。说实话,这名学生在念书的时候很普通,也不是教师喜欢的那种学生的类型,她的优点也不明显,因此对她的印象不深刻。但是,人家发来短信,总要回复一下,所以这位教师就凭自己的印象,夸大着说了发短信同学的优点,然后表示了感谢。不想,这位同学立即打了电话回来,和她做起了交流。两个人越交流越觉得,学生是好学生,教师是好教师。现在,她们还常常亲切地电话交流。这位教师在给我讲述这则案例的时候感慨地说,要知道这样,早点对她表示一下认可和赞美,对方会在学生时代更开心,对教师也会更信任一些。

其实,不仅教师和学生是这样,只要是一个对生活有着美好希冀和憧憬的人,谁不希望得到别人的赞美呢?比如,很多女性就盼别人夸她,特别是夸她漂亮,这样一夸,她们就觉得对方很好,可以亲近。一位男士跟我抱怨说,真受不了自己老婆,每次买完衣服都要穿给他看,而且还要对其进行"逼问",问她穿得漂亮不漂亮。坦白讲,这么多年了,谁愿意看啊。我对他说,在这个时候,你不仅要看,而且还要很真诚地说,真的是非常漂亮,这套衣服,没有比她穿着更合适的了。这个时候是不能说实话的。因为一方面,如果说实话,她也觉得穿着不漂亮了,那么她会拿你的银行卡,再去买几套,经济损失更大;另一方面,是心理方面的,其实女士买衣服回家,给自己心爱的人穿,目的就是想获得一个肯定的回答。可以说,这套衣服,首先她是觉得漂亮,才会买回家的,否则的话为什么要穿给你看。如果你这个时候说不漂亮,无疑是对她的判断力和自信心的一种打击,对于多数女人而言,这种打击比听到虚假的恭维要难受得多。因此,不管怎样,都要夸你面前的女士漂亮,这是一种礼貌,也是一种心灵的安慰剂。

话说回来,我们讲了两种让人喜欢的人,一种是"美人",另外一种是"愿意赞美别人的人"。拥有这两种特质,容易让我们喜欢,也容易让我们因此而受影响,我们在日常生活中的上当受骗也常常因为这两种原因。不过有意思的是,这两种特质对于两性的影响力略有区别。生活经验告诉我们:男人上当受骗,往往是因为第一种因素,即因为对方太漂亮;而女人上当受骗,往往是因为第二种因素,即因为对方的花言巧语,不吝惜赞美的语言。

教师对于学生的影响其实也一样,我们相信,如果一个教师注重外在形象,又愿意赞美、认可自己的学生,那么,他没有理由不得到学生的喜欢。

3. "我们喜欢和我们相似的人"

心理学研究表明,相似的人带给我们一种自己是正确的感觉。人们趋向于认为,那些和我们相似的人将会喜欢我们,所以我们有可能会主动建立人际关系。相反,对于重要问题上意见不一致的人,我们常会做出一些负性的推论。

相似性(Similarity)

在社会心理学中,相似性是人们态度、价值观、利益、人格等方面匹配的紧密度。许多心理学研究表明,相似性是导致人际吸引的重要因素。

两个人接触,有没有共同点对于其后来的交流质量有很大影响,其中的原理我们平时可能并不知晓,但在日常生活的沟通交流中,我们常常会不自觉地利用这一点。可以设想,假设两个人头一次见面,他们也希望今后能进一步沟通,那么他们在第一次的接触中会怎样通过谈话促进彼此的好感呢?虽然可能聊的内容千奇百怪,各不相同,但是有一点肯定相同,即他们在寻找彼此的共同点。

(1) 共同点意味着什么

中国人与陌生人接触,常常爱问的第一句话是:"你是哪里人?"哪里人最有利于随后的交流呢?当然是老乡。俗话说,"老乡见老乡,两眼泪汪汪",一谈到彼此是老乡,马上就涌起浓厚的交流意愿,因为找到共同点了,不由自主地就会亲热一些。有一些善于交流、招人喜欢的人就特别善于寻找自己和别人的共同点,说得夸张点,不管见到什么人,即使不是老乡,他也能拉成老乡,没有关系都能找到关系。

比如,如果他是辽宁人,而你是黑龙江人,他就说咱们是"东北老乡";如果你不是黑龙江的,是河南人,他就会说咱们都是北方人,是"北方老乡";如果你不是河南人,是湖南人,他会说自己也在湖南工作过多年,和你算"半个老乡";如果你是海南人,他会说自己的前任女朋友是海南人,和你也算"半个老乡"……总之,不管哪里人,他都会和你找到一些共同点的。当然,在人际接触中,可以找的共同点有许多种,并非只有"找老乡"一项。工作相关,生活相关,娱乐相关,等等,只要你和别人找到了共同点,找到了相似之处,彼此有了共同的话题,你们就会觉得彼此好感倍增,越聊越觉得对方可亲可敬,颇有相见恨晚之感。

下面列出一些人们在沟通中可以寻找共同点的内容:

① 品位和兴趣:食物、音乐、读物、影视、家具、聚会;

② 态度和观点:宗教、教育、喝酒、性道德、漂亮标准、男人渴望;

③ 工作或学习:喜欢做的、自我优缺点、职业抱负;

④ 金钱:工资、债务、存款、收入来源;

⑤ 个性:不喜欢的内容、难以控制的情感、性生活状况、害怕的事、羞愧的事;

⑥ 身体:面貌长相、身体健康、病例病史、减肥经历;

……

为什么人在接触中交流双方找到了共同点,或者说,发现对方和自己的相似之处就会开心呢?表层原因是,这样一来双方有了共同语言,可以更进一步交流;而其中的深层原因,心理学认为,是因为每个人生来都是孤独的,都需要、渴望得到他人的认可。那么什么时候觉得得到了别人的认可呢?一种情境就是当两个人有共同点的时候,当一个人发现了另一个人与自己的相似之处,就觉得对方更可能认可自己。换言之,一个与自己有共同点的人,他存在的本身就是对自己的一种肯定和认可,他的存在就在某种程度上证明了自己的正确,而当一个人受到认可和肯定的时候,开心则是必然的事情了。

反之,如果在交流中不找共同点,两个人一见面拼命找不同点,那么,人们不会觉得你在反对我的观点,而是觉得你不认可我这个人。

比如,我是辽宁人,你是黑龙江人,你说"咱们是东北老乡",而我却说,"哪里是什么老乡,中间还隔着吉林省呢,咱们不算老乡"。

你说,"我最近看奥运会了,很热闹",我却说,"奥运会有什么可看的啊,那么多国家争那几块牌,有什么意思啊,跟我有什么关系啊"。

你说,"那不看电视我们上网看看新闻,网上新闻很有意思",我却说,"网上新闻都是骗人的,我从来不上网"。

"那你平时干什么?""你干什么我不干什么。"

……

这样下去,沟通的效果可想而知。所以,从某种意义上说,与人沟通的前提是寻找彼此的共同点。那么,你能否找到与他人的共同点,你善不善于去寻找这些共同点?

事实上,关于"寻找共同点"的规律,人们在生活中可能不由自主地遵循,也有可能在不知不觉中违背着。比如,面对学生,你可能说过,"你们这届学生真让我失望,我教的上届学生……,我们当初做学生的时候……";面对孩子,你可能说过,"今天这么好的条件你还不好好读书,想当年我们那时候……";面对下属,他可能说过(或者面对上级,你可能听过),"你们现在的一些年轻教师,干什么工作都挑三拣四,还讲条件,当年我们做班主任的时候,什么待遇都没有,也不一样干了……"等等。

你知道这些表达的问题在哪里吗?这是专门在和对方找不同点。如果对方处于弱势或者附属的地位,没办法就得听了,但很难收到良好的影响效果;如果对方处于同等级别,肯定一挥手,"你不用多讲了,反正咱们不是一路人",让你也碰一鼻子灰。

因此,教育工作者应该反思一下,我们在做学生思想工作的时候怎么做的?我们在和学生接触的时候,是否首先去寻找了自己和学生的共同点?很遗憾,一些教师不仅没有主动去寻找自己和学生之间的共同点,反而拼命去亮出自己和学生的不同,以此来表达对学生的不满。例如,有的教师常对学生讲:"你们这一届学生多么差劲,与前几届学生不可同日而语","现在的孩子让人失望,我们当初做学生的时候……"这些表达方式,只能给学生一个感觉,教师并不认可他们,和他们没有共同点,自然,教师在学生心目中的魅力也不会高,影响力也会受挫。

优秀教师在做学生工作的时候,都有一个共同的口头语,即"老师在你这样的年纪,也……"

这样的说法有什么好处?很简单,表明和学生有共同点,暗示对学生现状的理解和认可,而这正是进一步深入交流的基础。

例如,一个女同学为了自己的恋爱问题而不知所措,颇感踌躇,找到教师后想说又不敢说,欲言又止。这时候怎么办?有经验的教师一般会说:"老师在你这样的年纪,也有过青春期的困惑,这是人之常情,当年我……"这样的表达,容易引发学生对困惑的深入说明,从而利于教师对学生思想动态的了解。但如果在这个时候,教师先一顿训斥,表达自己对早恋的鄙夷,强调早恋多么影响学习,可以想象会是什么效果,而学生下次有这种问题的时候也不会再来找你。

然而,也有教师会说,这样一来,为了和学生找共同点,总是向学生叙述自己的过去,会不会讲自己的秘密太多,最后影响到教师的威信,学生不怕或者瞧不起自己了呢?这也有一定道理。其实,和学生找共同点并不是要求教师都成为个人隐私的"暴露狂",有的时候调整一下表达方式即可。比如,还是上面的情境,如果一名教师觉得为了争取学生的认可而暴露自己的隐私有些危险,完全可以这样说:"老师在你这样的年纪,有一个最好的朋友,她也……"然后把自己的经历放到这个所谓的"好朋友"身上说出来,这样,既维护了自己的隐私,同时也向学生传达了一种信息:"曾经有一个人,也和你有过相似的经历,但她就是老师最好的朋友,你这样的人老师理解,也一定可以成为老师的知心朋友……"

对青少年学生而言,和他们寻找这种共同点非常重要。那么,如何利用心理技术去和学生寻找这种共同点,找到之后又如何达到我们的教育目的?

（2）如何与学生找共同点

在人际沟通中，寻找两个人的共同点可以促进更深层次的交流；对青少年学生而言，若想真正走入他们的内心世界，寻找共同点则是一种更显重要的手段，或者也可以说，是一种必需，这与学生时期独特的心理发展特点有关。

人在青少年学生阶段，常常以自我为中心，而自我中心的表现之一在心理学上称为"个人神话"（Personal Fable）现象。具体来说，青少年学生常常会错认自己经验的独特性，即认为自己是独特的、与众不同的，自己的经验别人没有经验过，因此，谁都不理解他，跟人没法沟通，没有共同点，尤其是父母、教师。所以，青少年学生才会时常发出"没有人理解我"之类的感慨，与父母的冲突理由也常常是"你不理解我，跟你说也没有用"。

所以，在这个时间段，他们开始写日记。写日记的根源不在于完成作业，而是他们觉得没人理解自己而写给自己看的。通过日记，他们向自己倾诉心中的喜怒哀乐，他们的自我感觉是"少年维特之烦恼"，但其实更多的时候是"为赋新词强说愁"。一般而言，小学生可能是为了完成教师的作业而写日记，中学生则更多是为自我倾诉而写日记。大学一过，写日记的人就少了，因为

> **个人神话（Personal Fable）**
>
> 青少年常常会有这样的想法："别人不能理解我正经历的一切"，"那种事不会发生在我身上"或"我能应付一切"。这些观念反映出青少年认为自己的情感和体验是与众不同的，他们相信自己是独特的、无懈可击的、无所不能的。心理学家 Elkind 把青少年这样的心理特点命名为"个人神话"。

生活中又有了更多可以倾诉的对象，生活也变得更为理性一些。更为关键的是，人生走过了那个"自以为是"的"个人神话"阶段，就不必麻烦地写什么日记了。当然也有的人养成了写日记的习惯，还一直保留着，但大多数的人放弃了。

总之，小学生写日记，是作业，是给教师看的；中学生写日记，是孤独，是和自己对话的；大学生写日记，是鼓励，是给自己打气的；毕业后，写日记——什么，毕业后还写日记，你是贪官吗？

近几年，屡次发生腐败官员因日记东窗事发的社会新闻。从心理层面上讲，这些人之所以将这些贪污、腐败的事实记入日记，其中重要的原因是这些人善于自我反思，同时许多心里话无处倾诉，贪恋权色的经历与心得无人分享，也是一个孤独的群体。

扩展阅读 2-3　写日记的心理分析

为什么中学生爱写日记？

在回答为什么中学生爱写日记这个问题之前，应先说一说为什么人要写日记。日记基本上可以说是自己与自己的对话。中学阶段，正处在人生的青春期，此时的孩子有一个心理特点：由自我中心所带来的"个人神话"效应，主要表现为认为自己无所不能、无所不对，但中学生常常错认自己经验的独特性，认为他的经历成人不知道，他的思想成人不了解。"谁都不理解他"，那怎么办，写日记呗！当然，今天网络时代，许多青少年已经演变成了匿名在QQ空间或者微博上抒发孤独的感情的一族。

为什么日记中记载的痛苦多？

仔细翻开过去的日记本，你可以查一下，即使你认为自己最美好的青春时光，如中学时代，分析其日记内容，痛苦也多过开心。为什么会这样，那时候你不快乐吗？当然不是，因为对一般人而言，痛苦而又孤寂的时候最容易拿起笔了，开心的时候呢？开心的时候只记得高兴去了，哪有什么时间记日记。

写日记中那自叹自怜的情绪只有一个人记得，由于是写给自己的对话，怕别人发觉，所以许多人在日记中会不由自主地或者有意识地运用一些暗语来标注，许多人年少时的日记也总是写得很晦涩："今天，又在食堂遇到……TA竟然……但是，我，因为……哎，都怪自己……然后……我永远都不会忘记这一天！"结果，若干年后，连TA是谁都早已忘得一干二净……

写日记有什么好处？

当然，也有些人的日记内容比较欢乐。但不管日记的内容是欢乐还是忧伤，写日记对于情绪的调节都有好处。两位心理学家分别做了相似但不同的实验：前者让一些人连续四天，每次15分钟写下自己最痛苦的经历；后者让另一些人连续三天，每次15分钟写下自己最高兴的经历。结果，不论写痛苦日记的人，还是写快乐日记的人，大家的情绪都变得更加积极了。这是因为，疏导痛苦的情绪和强化快乐的经验一样，都会让人开心。

为什么人在写下痛苦日记后情绪反倒好了？有人会有疑问，对痛苦历程的回顾，唤醒的不是痛苦的情绪吗？事实也是如此，连续书写惨痛经历确实使得人们倍感焦虑。但过一段时间后，这个焦虑值就会下降，并可长时间保持稳定。研究者分析，书写痛苦疏导了焦虑，加强了对世界的理解和自我的反思，并增强了应对能力，所以最终收获了快乐。

沙哈尔认为，通过日记可以强化人的三种能力：

第一，理解的能力。通过日记，让我们更好地梳理和认识这个世界。

第二，应对的能力。通过日记，我们能感知自己应对的能力，进而增强自信。

第三，反思的能力。通过日记，可以让我们从错误中吸取教训，获得成长。

从"个人神话"现象而言，打开青少年的心扉会更为不易，但如果教师与其交流时能够适当地运用寻找共同点的办法，则不仅会让他感觉到自我被认可，还可以有效地防止"个人神话"的副作用，即让他（她）认识到，他（她）的经历并不特别，他（她）的苦恼教师理解，他（她）的问题完全可以向教师倾诉。因此，和青少年学生交流时寻找一下彼此的相似之处非常重要。

但必须要说明的是，寻找共同点（或相似之处）只是教育的开始，它本身并不是目的。我们之所以和学生一起寻找共同点，是为了让学生受到我们的教育影响，让教师所说的话能进一步影响和改善学生的现状。可以说，寻找共同点，是一个"跟"的过程，即有意识地"跟"上学生的思想和情感，而后面必须有一个"带"的过程，即将学生从当前的不良状态中"带"出来，让他（她）有更佳的行为和情感体验。这其实也是心理咨询中常用的"先跟后带"技术，我们完全可以将其引入到影响学生的师生交流中去。

先跟后带是 NLP（Neuro-linguistic Programming，神经语言程序学）辅导中用得较多的技巧。所谓"先跟"，就是建立亲和感，去肯定和配合对方的信念、价值观和规条，运用当事人自己的感知模式去引导当事人的一种方法。人际沟通效果中，文字占 7%，声音占 38%，身体动作及表情占 55%，因此，建立亲和感的快速方式就是模仿别人的肢体语言及声调（共占 93%）。曾有位心理辅导员面对一个大吵大

> **"先跟后带"**
>
> 本意是 NLP 辅导中常用的一种技巧，这里借用这一术语表达教师引导学生的一种方法，即在影响学生的时候，可先表达理解和认可，然后再进行教育和引导。

闹的小孩,倾谈多次也无效,最后辅导员学小孩大吵大闹,小孩突然安静了,慢慢地将自己内心的世界说出来。这是因为小孩觉得辅导员了解自己,从而进行了有效的沟通。

"先跟后带"的过程其实质有一个固定的模式:首先"跟",重复对方的话,肯定对方的正面动机,让对方感受到被尊重、重视;然后"带",提出一些让对方一定回答"是啊"、"对啊"、"是的"的问话,随后,将对方带到你想要他去的方向。

从上面的介绍中可以看出:

先跟后带中的先"跟",其实就是表达理解和认可的过程,而表达理解和认可最简单的方法就是去寻找与交流对象的共同点。不过在这里,"共同点"不仅仅局限于谈话的内容,也包括对对方思想、情感和行为的认可和理解;而"后带"的时候,则一定首先要让其认可你的观点,提出一个对方最可能回答为"是"的问题,慢慢地,让其形成回答"是"的言语习惯,最后提出你的希望和要求,对方就被"带"到你所希望的地方。

我们用几个例子来说明"先跟后带"的运用:

吃过午饭,我带着胃的满足和满脸的惬意,和同事有说有笑地往办公室走去。刚走上楼梯,迎面遇到班里的小坚同学正怒气冲冲地往楼下冲,他那时候完全没注意到我,和我撞了个满怀。我心中一愣,这个"冲动大王"要干什么呢?

于是我大喝一声:"小坚,站住!"

他下意识地站住了,我赶忙走过去,两眼直视他,问:"看样子,发生了不愉快的事,你很愤怒,是吗?"

他气呼呼地说:"是的。"

我提高音调,与他的语气语调保持同步,"嗯,看得出来,你还真是气得不轻,看来你是想去找对手算账,给自己出口气,是吗?"

他大声地说:"对,老师你就别浪费我的时间了,我要下去砍了他!"

我一听吓了一跳,要出人命案了。我心里急,但脸上却没有表现出来。接着他的话茬,我说:"哦,砍了他,可你两手空空,拿什么去砍呢?要不,你等等,老师给你找把刀?"

"啊?你给我找把刀?"他觉得不可思议,注意力开始转向我说的话。

"当然啦,我给你找把刀。我还想问你一个问题,你砍人的目的是什么?"

他脱口而出:"解气!爽!舒服!"

我继续追问："好啊,你把人砍了,解气了,那么你接着准备做什么呢?"

"我就回教室,高高兴兴地上课!"他显得有些兴奋,仿佛真砍了仇人一般。

"嗯,回教室,继续读书,好!可是,你想过没有,被你砍了的人会怎么样?"我开始引导他。

"他被我砍了,大不了来和我打嘛,我不怕!"他的火气又上来了。

我放低语调,心情有些沉重地说:"可我想,你把对手砍倒回到教室后,来找你的不是和你打架的人,而是来抓你的警察。"

"那就把我抓起来,我去坐牢,这样就不用担心没有吃饭的筷子了,更好!"他有些激动。

这时我才明白事情与午餐有关。我依然不动声色,接过他的话头,装着有点吃惊地问道:"原来你是为了一双筷子呀!宁可坐牢也要争取到筷子,那你家里平时没有给你筷子用吗?"

"那倒也不是……"他有些难为情起来。

"能不能讲讲怎么为了一双筷子打起来的?"我开始询问事情原委。

"今天中午放学后我有事,等办完事回来吃饭,已经迟了,发现没筷子了,于是去楼下找送饭的工作人员要。没想到他一听说要筷子就骂我,说:'筷子有什么好玩的,饭都吃过了还要筷子。'当时我也没跟他计较,好说歹说他总算给我一双。可我们是两个人,一双筷子怎么吃呢?我就把筷子一分为二,两个人凑合着用半截筷子把饭吃了。然后我们到楼下玩,没想到经过送饭处的时候,看到筐里有一堆筷子。我质问不给我筷子的那个人,没想到他张口就骂。我可不是被骂大的。我马上抓了一把筷子到楼上,从二楼走廊里扔了下去。这下他骂得更难听了,还很凶的样子,像要把我吃了似的……我就要收拾收拾他!"他像爆豆子似的,一口气讲了出来。

这时,我心里有数了,微笑着对他说:"难怪你火气这么大,确实是受气了。我想请你先做几个深呼吸,然后再回到我们刚才谈话的内容,你想想你要是进了牢房,你爸妈看着自己的宝贝儿子为了这么一件小事被关进了牢房,他们会怎么样?"

我看到他闭上眼睛,还不时地摇头。几分钟后,他睁开眼睛,眼眶有些微润,对我说:"老师,不管是他砍伤我,还是我砍伤了他,我爸妈都会被我气死的。看来,还真不能把他砍了。"

"那么,老师不用去拿刀了?"

"老师，你别笑话我了。我知道刚才我太冲动了。"他不好意思了。

"好，那我也不开玩笑了，说正经的吧。我们现在就来想想，假如同样的事情再次发生，你怎么做才能既让自己心情舒畅，又能和那位送饭的工作人员搞好关系呢？现在老师留给你这个作业，去想出三个以上的办法，好吗？"

"Yes！我下午再向您汇报！"

他笑了，我也笑了。①

在上面的案例中，在"跟"的部分，教师先表示接受学生的情绪，先分享情绪，再分享事情，并在了解事情原委后加以肯定和引导。找出已发生的事情中一些可以肯定的地方，认同学生的感受或解析这一行为的动机，然后引导学生看到自己的行为可能带来的负面结果，从而使他意识到这一行为的不妥。最后，到了"带"的阶段，策划未来。和学生一起谈论，如果类似的事情再次发生，怎样可以把事情做得更好，引导学生思考并找到更好的方法。案例中教师的做法，完整地体现了"先跟后带"这一技术的基本流程。

我们都知道纠正网络成瘾的专家陶宏开教授，在一次央视的追踪报道中，他只是利用几个小时的谈话，就顺利地转化了一位网瘾少年。你知道他是如何与该少年沟通交流的吗？请看下面的谈话片段。

对话中，周阳是沉迷网络的学生，周文凯是周阳的父亲。

周阳：主题就是上网成瘾怎么解决。

陶宏开：我没有谈这个问题，我没有说你上网成瘾，我并不了解你，我不想谈这个问题。说老实话，因为你不是上网成瘾的问题。

周阳：那我是家庭问题，我就是家庭问题。

陶宏开：对呀，家庭问题。

周阳：随便举个例子，有一次我去刷碗。

陶宏开：你主动去的？

周阳：是呀，我主动去的。

陶宏开：（对周文凯）那你还要孩子怎么样呢？

---

① 马琳.我给你一把"刀"——先跟后带，巧妙化解突发事件[J].班主任，2008(10)：26—27.

周阳：结果第一次没刷成功，不小心打了碗，父母一下子唠叨我两三个小时。

陶宏开：唠叨你两三个小时呀。

周阳：从此之后我就想啊，我内心也起变化了，我想：行，我不干了。今后不管干什么事情，我都不干了。

陶宏开：(对周文凯)所以你要懂得孩子的心态，就是说你们总是按照自己的想法去塑造孩子，这是错误的。很多孩子就这样被家长误导了，没有成功。所以为什么现在我到处讲课？就是希望首先我的主要对象是你们，因为孩子生下来是一张白纸，那你们怎样做父母，你们是否认识到你们自己有错误？

周文凯：也感觉有。

陶宏开：什么地方错了？

周文凯：我感觉就是娇惯太重了。

陶宏开：哦，娇惯的。我觉得从小教育来讲应该让孩子自然地去发展，一个孩子你让他随自己的兴趣爱好去发展，对吧？没有必要你强迫他做一些事情，那是错误的。

……

在这一段中，虽然谈话内容比较杂，但陶教授的表现是首先站在周阳这一边，"教训"周父，寻找自己与他的共同观点，以"跟"的方式解决周阳对自己的信任问题。我们再看交流的最后段落：

……

陶宏开：你愿意让他们(父母)更快乐吗？

周阳：让他们更快乐？愿意啊。

陶宏开：你知不知道你怎么样才能使父母更快乐一些呢？

周阳：要让他们快乐就自己少打电脑，就是自己做得优秀一些。

陶宏开：说得非常好！说老实话，这对自己有好处，懂不懂我的意思？另外，你别搞错了，我从来没有说不打电脑。我是怎么说的？

周阳：你说上网不要成瘾。

陶宏开：那也不是我说的，我说电脑是用的而不是玩的。懂不懂我的意思？

周阳：懂。

陶宏开：我会把电话号码给你，你还愿意跟我沟通吗？

周阳：愿意。

陶宏开：那我真正希望你今后有一个新的起点，走向更成功的人生，好不好？

周阳：谢谢。

陶宏开：今后有什么事情跟我交流。

周阳：好。

陶宏开：来跟你爸爸妈妈也握握手，感谢爸爸妈妈带你过来……

周阳妈妈：太感谢你了陶教授，谢谢！

很明显，在这里，陶宏开教授开始展开"带"的技巧，首先提出一个正常人无法否定回答的问题"你愿意让父母更快乐吗？"，然后步步紧逼，最后提出要求和希望。

可以说，陶宏开教授，包括很多的善于和青少年沟通交流的教师，也许并不熟悉和认可"先跟后带"技术，也许并非刻意寻找交流对象的"共同点"，但是，在良好的沟通的影响之后，往往可以看到这些技术的身影。如果做教师的，能更主动地运用这些符合心理学原则的方法技术，那么教育影响学生，也许不是一件难事。

最后说一个我身边的例子，这是一位小学女教师讲的：

在她的班上，孩子们都喜欢一部动画片——《奥特曼》，但是她觉得，里面超人怪兽之类的，打打杀杀，并没有什么教育意义。题外话，孩子们喜欢奥特曼的一个原因就在于奥特曼中的那些超人们，浑身充满能量，满足了一个弱小孩童的心理渴望。然而，这位教师虽然不能剥夺孩子们对动画片的喜爱，但是她的确希望孩子们能看一些更有意义的内容。不过她也知道，贸然制止孩子们看这部动画片，不仅不可能被孩子们认可，而且还会给他们的心灵造成伤害。于是，她转换了一下交流策略，首先她向学生表示，和他们一样喜欢奥特曼，也喜欢看动画片，说到这里，孩子们欢呼起来，毕竟，找到一位有着和他们一样童心的教师并不容易。在获得孩子们的认可之后，她又继续，说要给学生们介绍一部他们没有看过的，又比奥特曼还精彩的动画片，孩子们当然喜欢。所以现在，在她的班级，她和学生都在看一部相当古老的动画片——《皮皮鲁和鲁西西》。

这里也需要指出的是，与学生寻找"共同点"实质在于表达对对方的一种理解和认可，只不过这种认可是用"共同点"的形式表达出来。有时候，表达是容易的，但让对方感知到却并不容易，因为正如很多教育者所了解的，都要理解学生，但学生是否认可你的理解却是有难度的一件事。

扩展一点讲,寻找共同点,先跟后带,不仅学校教育中用得着,家庭教育中也使得上,教师在家校合作的时候,也可以对家长们提出类似的建议。所有的教育规律其实是相通的,而一些家庭教育的问题,也源于家长的急性子,只想"带",不想"跟"。其实,他们没有意识到,"跟"不上,就"带"不走。

五、需要让学生怕你吗

在如何教育、管理学生的正规文献中,许多专家,当然也包括一些有经验的班主任,所谈的多是如何去爱学生,如何亲近学生;但是,在真正的教育实践和教师们私下的聊天中,往往谈及如何在学生面前树立自己的威严,如何让学生"怕"自己。这里存在一个很有意思的现象,似乎让学生"亲近自己"更适合公开谈论,而让学生"怕"自己却是一个做得却说不得的事。那么,作为一名中小学教师,需要让学生"怕"我们吗?

下面,先举一个万玮老师的例子。

> 我工作的第一年,日子过得充实而快乐。事实上,我受到了全班同学的欢迎。那时,我不知道怎么做老师,也不知道怎么上课;我没有老师的架子,和学生的关系很近。课堂上,我给他们讲故事,用故事说明道理;课后我和他们平等地交流,他们也邀请我参与他们的活动;春天来了,我带他们走出校园,到野外去踏青,去熟悉各种农作物和植物;双休日,我领着他们去溜冰场溜冰,去娱乐公园游玩。我们在一起度过美好的时光,一直都很顺利。
>
> 可是,问题在第二年伊始很快暴露出来。学生进入初一,逐渐表现出心理上的叛逆,没有经验的我处理不当,进退失据,很快便陷入巨大的迷惑和痛苦之中。而很多事情,一开始没处理好,导致后来彻底弄僵。初二的时候,年级重新分了班,我的情况不但没有改善,反而更糟,因为那些调皮的男生还在我的班里,别的班级的调皮学生又加入了进来。
>
> 那时的我虽然很努力,可是对学生已没有什么正面的影响力了。我说的话再正确,他们也不一定听。即使他们知道我是为他们好,他们也不照着做。那时的我经常痛苦得无法入眠,我不断反思自己,哪里做错了?面对着一群处在他们一生中最叛逆时期的男孩,我体会到了黔驴技穷的感觉,也终于明白因为我一开始的"一着不慎",而

造成后面的"满盘皆输"。到了初二结束，因为我这个班级频频"出事"，学生成绩差，纪律也差，我终于被学校撤去了班主任的职务。①

你看，在万玮老师初当班主任之时，对学生充满爱心，学生也喜欢他，但是，最终却遭到了管理学生上的挫败，丧失了作为一名教师应有的影响力，原因何在？很简单，缺乏教师应有的"威严"。

教师为什么需要学生"怕"一些呢？

从学生层面来说，中国人常说"人之初，性本善"，认为学生本质上都是善良的，但其实，人性就其本质而言，既有善的一面，也有恶的一面。如果教师对于学生的本能欲望不加克制的话，那么，他们在显现善良、可爱一面的同时，自私、懒惰的本性也会自由发展，而有效节制这种负面效应的一种方式，就是让他们对教师心存"敬畏"。

从教师层面来说，管理心理学的研究认为，一个领导者的影响力由两部分构成：一是由领导者人格、能力构成的非权力影响力，这是一种个人权力，是一个领导者"信"的根源；二是由领导者的合法权、强制权等权力所构成的权力，这是一种职位影响，是一个领导者"威"的根源。教师，作为学生的教育和管理者，自然也拥有这两种权力。一方面，教师自身的人格魅力、专业能力对学生产生非权力性的影响；另一方面，教师的角色、奖惩权力也对学生产生着职位的影响。俗话说，"有权不用，过期作废"，不管会不会作废，作为教师，完全可以通过这种职业权力来对学生产生影响，那么，何乐而不为呢？

从现实情况来说，虽然我们现在更多的时候喜欢谈教师给予学生的"爱"，但俗话说"严师出高徒"，如果没有威严，学生对教师没有一点敬畏之心，其教育影响的效果也是会打折扣，甚至会影响到教师自身在学校的生存的。在万玮老师的例子中，就是学生对教师的不"怕"，甚至丝毫不在乎，导致教师失去了班主任的职务。

一般而言，现在中小学常见的班级学生人数也有四五十人之多，那么多的学生即使都是喜欢自己的教师，肆无忌惮地表达这种喜欢都会对正常的教学秩序产生影响；如果一点都不"怕"老师，那学生最后肯定就"疯上天去了"。

因此，教师在教育和影响学生的时候，适当树立自己作为一名管理者的"威严"，让学生

---

① 万玮.班主任兵法[M].上海：华东师范大学出版社，2004：1—2.

心存敬畏之心，不仅是必要的，也是必需的。

然而，虽说教师在教育中建立适当的"威严"，做到"不怒自威"是一种较为理想的角色状态，管理班级效率也比较高，但作为教师必须清楚的是，教师不能始终依赖"威严"来管理学生。例如，当年在中国叱咤风云的马俊仁教练，他在带长跑队员的时候多采用的是让队员"害怕"的惩戒手段。虽然在前期的教练管理工作中运行良好，也带出了几位出名的世界长跑冠军，但在后期，这种管理模式却导致教练和队员之间矛盾丛生，最后导致"马家军"的解散。此外，教师的"威慑力"和"亲和力"所体现的是教师"威"与"信"的两极，这两点在现实的表现上是有些冲突的，教师如何做到既"威"且"信"，而不是时"威"时"信"，让学生产生不可捉摸、变幻莫测之感，这都是我们必须思考的问题。

因此，作为一名学生的教育者和管理者，首先要清楚，教师的"威严"虽然是必须的，但何时树立这种"威严"，以什么样的方式树立这种"威严"，在什么情境下表现这种"威严"，这些内容我们在后面的相关章节中将会陆续谈到。

到这里，我们已经谈了作为一名教师应有的"魅力"、"能力"和"威慑力"，其实不仅仅是教师，从一个小小的班主任，到一个国家领导人，都需要这三种因素来提升自己的影响力。不过，也许有的教师也会有疑问：做一名教师，既要有能力，还要有魅力，也要有威慑力，要求太多了。如果我能力强，魅力大，威慑力猛，那我还做什么教师啊，自己开公司做个老总不好吗？

确实，要一名教师能力、魅力、威慑力俱全确实有些强人所难。即使是一个国家元首，也不见得三种"领导力"都强的。比如，在一些民主国家中，领导人常常需要通过人格魅力的展现来亲近选民，如美国前总统小布什，到幼儿园给孩子讲故事，当着农民的面生吃玉米，等等，都是这类体现；而在一些集权国家中，领导人则常常通过展示威慑力来控制自己的百姓，当年的萨达姆就是以此来加强自己的统治的，所以到最后能以近乎100%的选票"当选"总统；还有一些领导人，会通过展示自己领导国家的能力来增强其影响力，比如，朝鲜领袖金日成建立"主体思想"，使自己成为建设国家的理论权威，并据此展开对百姓的领导。

然而，看到这里，也许有的教师会说，如果作为一个人，我专业能力超人，人格魅力超群，威慑力无敌，即我这三种能力都那么高的话，管理国家都可以了，为什么还在这里当一名普通的人民教师来"委屈"自己呢？一个人有能力，有魅力，还有威慑力，在哪里不能找一个当领导的好差事？确实如此，作为一名普通的教师，即使有意学习和锻炼自己，这几种能力一般也不会都强于他人,对教师有这样的要求确实也有些勉为其难。那么,作为一名教师,如何在学生面前定位自己就只是说一说的事吗?

答案当然是否定的。我们说,作为教师,不一定能力、魅力和威慑力都强,但必须要和你所教的学生特点相适应。换言之,你的三种能力虽然不是项项都强,但恰好满足了管理学生的需要,这就够了。其实,就学生而言,不同阶段的学生,不同情境下的学生,对教师的要求是不一样的,受影响的侧重点也是不一样的。教师不一定要做有超强影响力的人(当然如果真的是这样更好),但要做学生的"重要他人"。

第三章
做学生的重要他人

教育案例：谁是你的重要他人①

在心理学课堂上，我曾带学生们做过"谁是你的重要他人"的活动。首先，我要求学生们拿出一张空白纸，在上面写下标题："×××的重要他人"（×××为每个学生自己的名字）。然后，让他们另起一行，依次写出在他们心理和人格形成过程中，起过巨大影响甚至是决定性作用的人物，并标明他们入选的原因。

> **重要他人（Significant Other）**
>
> "重要他人"是美国心理学家哈利·苏利文（Harry Stack Sullivan）提出的一个概念，指的是对一个人的心理发展和人格形成极具重要性的人物。这些人可能是双亲、老师、其他长辈，或是手足、朋友、同事，甚至是萍水相逢的路人。

十分钟后，大家开始一起分享每个人的生命历程中的重要人物。例如：

"我小时候是在奶奶家里长大的，每天上学都是由爷爷骑着自行车送我。有一天，爷爷参加别人的婚礼喝多了，就要我自己去上学，他不送了。我很着急，因为爷爷不送我就只能走着去学校了，路途远很容易迟到。出门后，我快步向学校跑去。由于心里着急，没有顾及到脚下的路，一不小心就跌倒了，膝盖也磕出了血。我站起身，一瘸一拐地继续向前走，也走不快了，肯定是迟到了，心中不由得更加埋怨起爷爷来。猛然间，我一回头，看到了那个熟悉的身影：爷爷骑着自行车，就在我身后的不远处。原来，他一直在后面悄悄地跟着我！看着爷爷，又看看不远处的学校，那一刻，我突然觉得自己长大了。"

"我初中的班主任老师是一个非常保守的人，她见不得男女同学之间的任何交往。而我又是一个大大咧咧、开朗活泼的女生，喜欢和很多男女同学一起热闹，这样一来，

---

① 迟毓凯.做学生的重要他人[EB/OL].[2009-03-11].世纪心理沙龙. http：//www.xlxcn.net/archives/1464.

我自然成了她眼中令人讨厌的女生。一次自习课上,我正在和同桌的男生打闹,被她抓到了。她说了许多很难听的话,使我在整个班级中很丢脸。从那以后,我沉默了许多,性格似乎也发生了改变。我恨我的班主任,我的整个初中阶段都不快乐,过得很压抑,我觉得和她有很大关系。"

"我的男朋友对我影响最大。我们是高中的同学,我是一个内向、自卑的女孩,而他却是一个外向、活泼的男生。他常常鼓励我去尝试新的事物,在我最没有信心的时候给我鼓劲。高考填报志愿的时候,我是没有勇气选择当前的学校和专业的,是他的鼓励给了我自信,最终也如愿以偿。到了大学,在他的鼓励下,我又参加了许多社团活动,充分展示了自己的爱好和特长,也交了更多的朋友,现在已经是学校心理协会的负责人了。"

……

谁是你的重要他人,你能不能成为学生的重要他人?

一、人生发展中的重要他人

所谓重要他人,从心理学上讲,是指一个人心理和人格形成过程中,起过巨大影响甚至是决定性作用的人物。回到教育领域,如果每一位教师都能成为学生生命成长中的"重要他人",那么他(她)对学生的影响和教育一定更有成效。然而,很明显,教师并不必然成为学生心目中的重要他人,一个人在成长变化的过程中,重要他人也并非一成不变,因此,作为一名教师,如果想成为学生心目中的重要他人,就一定要了解学生心理发展的规律。

1. 学前阶段的重要他人

发展心理学的研究表明,人生的不同阶段,重要他人会发生一些变化,在生命的最初几年,对个体产生重要影响的人物无疑就是我们的父母。一般来说,在个体离开家庭,上幼儿园和小学之前,父母对孩子的影响无可替代。可以说,在这个时候,也是为人父母最舒服的时候,自身权威意识膨胀,孩子的崇拜也无限。我们生活中常常见到这样的场景:

两个小孩子见面,互相不服气,然后相互比爸爸,都认为自己的父亲是天底下最伟大的父亲。

一个说:"我爸爸最厉害,他是警察,有枪,可以打你爸爸!"

另一个当然也不甘示弱："我爸爸更厉害,他是市场卖菜的,我们家买菜不花钱!"

……

从某种程度说,市场卖菜的商贩本来是社会的"弱势群体",无权少钱,但学前的孩子不管你官大官小,钱多钱少,只要你是我的父母,你就是最牛的人。

所以在这个时候,当父母的也最有成就感。小孩子常常围绕在爸爸身边,问东问西:"爸爸,为什么太阳在天上啊?""为什么月亮圆了又缺,缺了又圆啊?""为什么星星一闪一闪的啊?""我是从哪里来的啊?"……没完没了的为什么,简直把自己的爸爸当成了知识的权威、活字典。当然,如果爸爸愿意,会耐心地回答几个问题,没有耐心的爸爸对这类问题往往有一个共同的标准答案:"去问你妈。"

总之,对于学前的孩子,你可以看到,不管爸爸是什么身份、什么社会地位,总之,只要你是爸爸,就会受到孩子无原则的认可和崇拜。

2. 小学阶段的重要他人

然而,好景不长,当孩子们飞速成长为一名小学生的时候,父母的权威地位无疑被孩子的教师所代替。说起来,和大学、中学教师比较起来,不见得小学教师的水平是最高的,但论起在学生心目中的地位,却绝对非小学教师莫属。在中国,几乎所有的小学生都有一句口头禅:"我老师说……"这时候的家长往往因为自己失去的权威地位而心里酸溜溜的,有时候也不满地来一句:"你老师就没有错的?"孩子却不依不饶:"我老师当然是对的了,她不对还你对?"

> **皮格马利翁效应(Pygmalion Effect)**
>
> 也称"罗森塔尔效应"或"期待效应",由美国著名心理学家罗森塔尔在小学教学上予以验证提出,指人们基于对某种情境的知觉而形成的期望或预言,会使预言成真的现象。
>
> 该效应因希腊神话皮格马利翁的故事而得名,故事中的皮格马利翁爱上了美女雕塑,后来梦想成真,雕塑复活。

有小学教师曾讲过一个好笑但真实的故事。他上课的时候背过去写板书,有学生做小动作,在转过身来的时候,根据经验判断,就是那几个学生搞的鬼。于是就批评他们:"你不要以为老师背过身去就看不见,老师背后长眼睛的。"结果小朋友回家和妈妈说:"妈妈你知不知道,我老师可厉害了,后面还长眼睛呢!"这些事例说明,小学生对教师的话基本是没有怀疑的,有时候甚至到了迷信的程度。

美国心理学家罗森塔尔曾做过一个实验,他在一所学校中对学生进行一般能力测验之后,随机选出一些学生,对教师撒谎说,这些学生很有发展潜力,前途远大。半年之后,当罗森塔尔重新回到学校的时候,却发现他当初的谎言成为了现实,那些他随机选出来的学生果然各方面都成长得更快,甚至智力水平都有所提高。罗森塔尔认为,正是他向教师们宣传这些学生有潜力,教师才有意无意中对这些学生的发展有所期待,而这种期待却真的将学生们的潜能激发出来了。这就是教育上有名的教师期望效应,也称为罗森塔尔效应,或借用古希腊神话称为皮格马利翁效应。

> **重要他人的发展**
>
> 一般而言,学前阶段的重要他人是父母;小学阶段的重要他人是教师;中学阶段的重要他人是朋友;大学阶段的重要他人是恋人。

罗森塔尔的实验几乎每个教师都知道,但你知道实验中所用的学生是什么样的学生,教师是什么样的教师吗?是的,是小学的教师和学生。个人认为,如果这个实验放到大学,甚至中学,并不见得会得出这样的结果。然而,这种神奇的效应出现在小学师生的身上,就不足为奇了。从对学生的影响力来说,小学教师无疑是最值得骄傲的,她一个简单的任务,可以指挥到几十个随时听命的家长;她一个期待的眼神,都会造就一个努力向上的儿童。直到现在,我还记得我小学时教师的一些话,这些话,一直以来也是促使我不断前行的动力。

然而,可以肯定的是,影响大,责任也大。从小学教师对学生的影响力而言,可以说是最牛的教师了,他说什么话学生都相信。然而,也正因为如此,小学教师麻烦最多,因为小学生相信你,什么事情都告诉你。小学教师是好当的,因为我们正赶上了孩子把教师作为最权威人物所推崇的时候;小学教师也是难当的,因为我们不小心的一句话,可能伤害的是学生的一辈子。

3. 中学阶段的重要他人

有意思的是,当孩子们一到中学,教师的权威地位又受到了挑战。心理学家将人生中的一个发展时期称为"暴风骤雨"期,这也就是我们所说的青春期。这个时间,说起来,应该是在小学末端开始,终点应该是大学左右了。如果根据中国的学校现实,中学阶段的学生表现得最为明显。

或早或晚,"忽如一夜春风来",我们的孩子们突然间发育起来。女孩子真的是"十八变"一般,一下子就出落得亭亭玉立了;男孩子的发育有些怪,开始的时候像豆芽菜,以后再慢慢充实。所以初中的孩子,女孩子更耐看一些,她们一下子就像大人了;而男孩子则好像长得很快,但不大规范,需要慢慢成熟。不论男孩还是女孩,他们的表现不再像小学时候那么乖巧了,他们要努力证明:自己已经是一个成年人了。

就像当初父母曾经有过的失落一样,在初中阶段,该轮到做教师的失落了。初中生做起事来,大人不像大人,孩子不像孩子,但不管怎么样,他们心中都有一个目标,就是总想证明自己是一个独立的个体,再也不是父母和教师的乖宝宝了。为了拥有这种独立感和成人感,他们会不惜做一些标新立异的举动。从某种意义上说,初中生,包括未来的整个青春期,很多人做事情的目的就是为了与众不同,为了让教师和父母生气,也只有这样,才能证明他们的存在。

处在青春期的中学生们,在放弃将自己的父母和教师作为权威人物之后,他们会更加重视自己的友谊,自己能否在同龄人群体中找到共鸣,能否得到朋友们的认可。这个时候,对他们影响最大的人可能不是教师和父母,而是自己的铁哥们和好姐们。也正是在这个时候,教师的权威容易受到挑战,他们在学生心目中的威信很难建立起来。面对着一群处在"暴风骤雨"阶段的年轻人,作为他们的教师,很难有所作为。如果青春期的孩子,再碰上更年期的家长或教师,那可真是充满了戏剧性的冲突。

有经验的中学教师都知道,当批评一名学生的时候,最好不要在课堂上当着全班同学的面,而应该在私下里进行。当着全班同学的面批评学生,虽然可能这个学生平时表现还是比较乖的,但当众出丑搞不好会使学生反应激烈,他更不会听从教师的教导,甚至导致师生之间直接的对抗。为什么在众人面前去批评一个学生,他的反应会如此剧烈呢?是因为中学生不怕教师的批评吗?当然不是,作为一名学生,总体而言,还是害怕教师批评的,但中学生比较特别的是,他虽然害怕教师的批评,但他更怕周围同学瞧不起自己。每一个在课堂上受到批评的中学生都知道,当教师批评自己的时候,身边有许多人正在看着他此时的表现,这里面有他的同学、朋友,甚至单恋的对象……如果此时在教师面前"服软"了,任其批评,那么以后如何在这些人面前"混"啊?所以,千万不能让这些人看到自己丢脸,不管对不对,跟教师对着干总能保证自己的一点自尊心,就硬着头皮顶上去了。

一名中学教师和我讲过这样一个案例:当她初为人师的时候,由于没有这方面的经验,曾在课堂上当众批评一个女同学。这个女同学平时看起来乖乖的,她批评的时候语气也不是特别严厉,但令她没有想到的是,这个女生反应非常强烈,当场和她顶撞起来,令她非常难堪。最后事件的收场是她将这名女生叫到办公室,推心置腹地和她聊起课堂的表现,并询问女生:"你在课堂上为什么不给老师点面子呢?""老师,你也没给我面子呀!"这名女生回答。说到后来,学生和教师都因为课堂上的言行委屈得哭了起来。

扩展阅读 3-1　课堂师生吵架　15 岁少女自杀①

15岁,正值豆蔻年华,但她还是走了。前晚9时40分左右,深圳福田区益田村教苑中学初三(2)班女生小欣(化名)跳楼身亡。其母亲说,当天上午小欣因上课看小说与老师发生过争执,下午在家没去上课,学校要她向老师道歉后才能上学,而小欣坚称"老师侮辱了我,我向她道歉,她也得向我道歉"。学校则表示,老师没有这样的要求。

小欣的表姐说,当晚小欣跟她说有事出去一下,一会儿就听到她跳楼了。小欣家住深圳益田村益荣居某栋楼,一共有18层,她家在四楼。据14楼一住户反映,当时他看到窗户外有东西掉了下去。小欣父亲说,他家所住的单元除了楼顶是开放之外,其他各层窗户都是封闭的,可以推断,小欣是从顶楼18楼跳下。

现场目击者称,令人惊异的是,从18楼跳下的小欣坠地后竟然能说话,叫了声"身上很疼"。记者了解到,小欣坠地处是一块茂密的草丛,因此有一些缓冲。

小欣被送到深圳市二医院。当时主治医生邓医生说,小欣受伤极其严重,昨日凌晨1时20分许,小欣被送往重症监护室。但奇迹没有再次出现,昨晚6时40分左右,抢救21小时后,小欣永远地走了。

家长说:小欣称"老师侮辱了我"

前天晚上11时许,记者在深圳市二医院抢救室大厅见到小欣的父母。小欣母亲介绍,小欣是深圳福田区益田村教苑中学初三(2)班学生。前天上午9时许,小欣在语文课上看小说,因坐在第一排,被陈老师看到,在被老师说了一下后,小欣抬头看老师,老师叫小欣不要用这种眼神看,小欣回答自己没休息好。

"争吵时,小欣把小说放在桌子上并推了下桌子,小说掉在地上。她起身要捡时,老师不让捡,双方发生争执。老师捡起小说将其撕烂并甩在小欣脸上。"小欣母亲说。

正巧当天上午小欣母亲到学校交学费,在过道看到小欣和班主任在一起,学校告

---

① 程文.课堂师生冲突　少女回家跳楼[EB/OL].[2008-04-03].南方都市报,http://epaper.oeeeee.com/H/html/2008-04/03/content_430956.htm.

知小欣要向老师道歉才能上学。但小欣坚称"老师侮辱了我,我向她道歉,她也得向我道歉",小欣母亲说。

教苑中学位于益田村内,离小欣家只有几分钟的路程,因临近中午,小欣母亲将她带回家,整个下午都待在家里开导小欣。

"孩子除了比较内向、学习成绩不是很好外,还是很乖的。"小欣母亲介绍,为怕小欣出事,还专门喊来小欣表姐到家陪伴。自己一直努力说服小欣给老师道歉,"我替她写好的检讨书还在家里桌子上"。

"晚上吃完饭,孩子还笑嘻嘻的,感觉状态不错,也和班主任通电话肯向老师道歉了。看到孩子没啥事了,大概晚上8点20分的时候,我去公司。没想到我一走就出事了……"

小欣母亲去公司之前,小欣称在卧室休息一下,家里有表姐和她作伴。"我在客厅看电视,大概9点半,小欣说自己有事出去一下,看到她没事,我也没在意,但没过一会就听楼下在喊有人跳楼。"小欣的表姐哭着说。

学校说:没要求必须道歉后再上课

昨日下午,教苑中学在给记者提供的一份书面说明中,介绍了当天上午课堂上发生的情况:当时小欣上语文课时看《简单死亡》(英国彼得·詹姆斯著)被老师发现,要求其认真听讲时,小欣向老师翻白眼。并将小说啪地放在桌子上后将桌子推向老师,同时书掉了下来。生气的老师捡起小说后撕下封面向小欣扔过去,封面飘到小欣肩膀位置。该书还在学校,仅撕掉封面,可以去学校查看。

这时,小欣质问老师:"难道你当老师的就可以不尊重学生吗?"听到学生质问后,老师当即回答:"当你要求老师尊重你的时候,你是不是尊重老师了呢?己所不欲,勿施于人。当你要求得到尊重的时候,老师的尊严也不是可以被你自由践踏的!"听到老师的回答后,小欣再次将桌子推向老师,然后冲出教室。

下午2时许,小欣母亲给班主任打电话请假。学校称老师没有要求学生必须道歉后再上课的行为。

"出现这种情况,我们和家长一样,感到非常痛心。"教苑中学严校长说。针对小欣家长对学校提出控诉的要求,校方表示会按照相关法律程序处理。

目前,该事件已上报深圳市教育局,警方也介入调查。

她的最后 12 小时

4 月 1 日上午 9 时许,小欣在课堂上看小说,被老师发现,两人发生争执。

临近中午,母亲将小欣带回家,整个下午都待在家里劝她给老师道歉。

吃完晚饭,小欣和班主任通电话肯向老师道歉了,"还笑嘻嘻的"。

晚上 8 点 20 分,看到孩子没啥事了,母亲前往公司。

晚上 9 点半左右,小欣跟表姐说有事出去一下,没过一会就跳楼了。

课堂上看课外书遭到批评就轻率自杀,这起悲剧事件的起因是教师在课堂上的当众批评,因为中学生太在乎自己在同龄人心目中的形象了。其实,作为中学教师,如果想让自己的教育教学措施能真正收到实效,能真正在自己的学生心目中产生影响,那么他最需要做的,也不是很复杂,那就是:放下自己的身段,去做学生们的朋友。因为在这个时期,我们的学生是只认朋友,不认老师和父母的。学生心目中的好老师,绝对是以能够做他们的朋友为前提的。

4. 大学阶段的重要他人

如果生命历程比较平稳,顺利地升到了大学,这时候朋友对于个体而言还是很重要的,但这时朋友有了分化,具有更强的选择性。尤其是,当大学生谈恋爱的时候,恋人的影响就更大了。有的时候我会开玩笑地说,人生在哪个阶段最容易"重色轻友",答案很明显,就是大学阶段。

当大学生谈起了恋爱,给人的感觉就像参加了邪教组织,或者"被传销"一样,精神亢奋而又迷迷糊糊。为了亲密的爱人,他们可以对周遭的一切视而不见,所以,在大学校园,不论是在操场,还是在食堂,你都可以看到落在爱情之河中的莘莘学子忘情地依偎在一起,时不时也有些"少儿不宜"的举措。很多岁数比较大的领导者们,觉得恋人的举止实在不雅,于是在许多场合布置了摄像头或者标语,以提醒恋人们的言行。什么"本处已安摄像头,注意自己言行",什么"禁止在食堂相互喂饭"之类的,甚至有些学校还会在夜半时分出动"纠正风气"小分队,在校园的小树林里用手电筒照来照去……但这些举措,效果往往不见得明显,最重要的一个原因是,大学生正处在这个阶段,爱情使他们忘记了一切清规戒律。

其实,不仅大学生谈恋爱,现在的中学生也谈,不过,中学生和大学生谈恋爱的表现有所不同。大学生谈恋爱的时候具有强烈的排他性,"我的眼里只有你",不等到他(她)失恋,周边的人就可以当没有这个人了。而中学生谈恋爱的一个重要目的是炫耀。两个人虽然也是有了心心相印的感觉，但有了恋爱对象之后，觉得自己在同学朋友面前更有面子，更让同学瞧得起，这可能是更为深层的中学生谈恋爱的目的。

由于我们讲的内容多是针对中小学的，大学生的内容点到为止，不多谈了。

父母、老师、朋友、恋人……在人生的不同阶段中，对我们产生重要影响的人物是有所变化的，有些人会陪伴我们一生，有些人只会陪伴我们一段路。

其实在谈及对自己的发展产生重要影响的人物时，每个人心中都会有所震颤，甚至出于某种原因，一些人会不愿意，或者是不敢提及自己的"重要他人"。因为，我们之所以成为今天的我们，在心灵上是深深印刻着他人的痕迹的，有时候，这种烙印如此之深，以至于会像伤口一样令人不敢触及。

一个人生下来，从家庭走向社会，是一个不断向外延展的过程，重要他人的变化在所难免。而在适当的阶段，能否遇到适当的人物就看每个人的造化了。对我们大多数人而言，在幼儿时期你遇到一位什么样的家长，在童年时期你遇到一位什么样的教师，在青少年时期你遇到一位什么样的朋友，在青年时期你遇到一位什么样的恋人，你的一生，会因为这四个人而改变。

回过头来，虽然我谈了人生发展中重要他人的演变，但在这里我要讲的不是发展心理学，而更多想谈的是根据人生发展中"重要他人"的演变规律，以及我们当教师的能做什么，如何依据青少年心理发展的特点做好教师自己的定位。接下来，我会重点讲一讲中小学教师的自我定位问题。

二、小学教师的自我定位

1. 有个教师样

小学教师什么样？换言之，什么样的小学教师对学生的影响力最大？回答这个问题时请回想一下小学阶段的重要他人。在小学，谁对我们最重要呢？恰恰就是教师。所以，小学教师的第一个形象定位要点就是：要有个教师样。小学生对教师最重要的要求是你要像个教师，如果他（她）不把你当成教师，不承认你的权威性，那么你的教育就很难起作用了。所以，从这一点上说，小学教师最好不要打扮得奇装异服，得有个人民教师的样子。

小学教师定位

有个教师样；像妈妈一样；充满自信；"多管闲事"。

大家还记得张艺谋拍的电影《一个都不能少》吧，里面有一个初中没有毕业的孩子，叫魏敏芝，因为原先村小学高老师的妈妈病危，村长便让她去代几天课。村长把魏敏芝带到几十个参差不齐的孩子面前，给大家作介绍：这是你们新来的魏老师，叫魏老师！孩子们心口不一，一些人叫起了魏老师，但有一个叫张慧科的学生不叫，因为他知道魏老师的"底细"，便当场"揭露"说："她不是老师，她是魏某某她姐，她姑姑就住在我们村。"后来，就是这个张慧科，到处捣乱，还跑进男厕所不出来，让魏敏芝费尽了脑筋。电影的片名《一个都不能少》，其实最后"怕少"的就是这个张慧科。撇开张艺谋电影的主题不谈，在这里，我们可以看到，当一名小学教师不能得到学生的认可时，他的教育效果就无从谈起。

电影《一个都不能少》中，代课教师魏敏芝遇到的教育困境是一个典型的小学教师的困境，那就是当学生不认可你是老师时，管理的效果就不理想。

我们前面曾谈到过"学生喜欢的十种教师"，包括严而有度的教师、像妈妈一样的教师、实习教师、有宽容心的教师、帅哥教师、美女教师、风趣幽默的教师、充满爱心的教师、以身作则的教师以及真才实学的教师。其实，就这十种教师而言，也不是对任何阶段的学生都起作用的，至少不见得都符合小学生的需要，如实习教师。

实习教师如果亲和力较强，那么和小学生一起玩的时候也会得到他们的好感，但是，他们在课堂组织方面往往会受到挫败。一些实习教师在上课的时候，往往需要班主任在教室后面"坐镇"才能顺利地开展课堂教学，如果班主任不在，小学生们往往不会买实习教师的"账"。为什么呢？很简单，实习教师往往还脱离不开自己的学生身份，他们不像个教师。而小学生最听的就是教师的话，尤其是班主任的话，其他人，甚至是那些在社会上有很高威望的家长，都得排在他们班主任的后面。

2. 像妈妈一样

当然，仅有个教师样还不够，小学教师最好还要像妈妈一样。其原因是：小学生从家庭中出来，刚刚学会在校园中生存，他们还没有完全脱离对家庭的依赖，对母亲的依恋。所以，当他们刚刚踏入小学的校门，也希望在里面遇到一位可以满足他（她）对母亲依恋、对家庭温暖需要的人物。如果一位小学教师，能像妈妈一样关心学生、爱护学生，将会得到学生更多的认可和喜欢。因此，就像我们所看到的，那么多的案例表明，像妈妈一样呵护学生的教师，在小学是多么受欢迎。

3. 充满自信

自信是管理者必备的一种品质。作为领导需要自信，对于小学生而言，对教师自信的需求更强。现实中我们也可以看到，优秀的小学教师更多的是一个自信的人。为什么呢？因为小学生还没有独立，在很多问题的决策上还要依恋成人，如果教师恰恰是一名自信的领路人，那么就可以充分满足小学生的这种依恋。简言之，小学教师要自信，原因就在于小学生在许多问题上没有自信。如果教师没有自信，小学生就会觉得无所依靠，没有了"主心骨"。

实习教师之所以在小学可能遇到管理上的困境，在其不像教师之外，不够自信也是重要原因。教师在成长的过程中，会经历关注生存、关注情境、关注学生等连续的几个阶段，而实习教师恰恰多处在关注自我生存的阶段，在教学管理中，他们往往更多考虑的是自己能不能适应学校的生活，换言之，他们表现得还不够自信。这样，让小学生"瞧不起"就顺理成章了，因为他们敬爱的班主任，早已度过了这个阶段，那是一个面对学生充满自信的人。

其实，有的小学教师，自信只是无理由的自信，有的时候甚至会"充满自信地胡说八道"，但学生不管，只要你是个教师，又充满自信，他们就会喜欢听你的，没办法。

4. "多管闲事"

小学生还对教师有一个要求，就是希望教师多管他们的事，是一位可亲可敬的权威者。在他们心目中，教师必须管事，必须主持公道。所以，在小学阶段，当一名学生不管是受到别人欺负也好，看到"坏人坏事"也好，最多的选择就是"告诉老师"。在这一点上，小学生和中学生是不一样的，中学生是尽可能不让教师参与自己的事，而小学生是尽可能让教师为自己做主。

在张艺谋的电影《一个都不能少》中，一个有意思的镜头能说明这一点。魏敏芝教学无术，便在黑板上抄课文，然后让学生们跟着写。自己则把教室门一关，在教室外坐了下来。过了一会，班级的女学习委员走了出来，和魏敏芝说，张慧科（就是不认魏敏芝为老师的同学）在教室里打闹，其他同学无法学习。魏敏芝说，他我管不了。这时候学习委员说了一句话，突出体现了小学生的心理特点："你是老师，就应当管。"是的，"你是老师，就应当管"，这就是许多小学生对教师的要求。

以上谈了我个人认为的小学生对教师的几点基本要求，那么还有其他要求吗？当然有，不过有一些可能没我们想象中重要。比如，我们前面谈到教师影响力之一是专业能力，那么小学生对教师的学历有要求吗？其实不见得。小学生最关键的是看你有没有个教师样,至于学问如何,他们不会来测试你,其实也测不明白;他们才不管你的学历是本科还是大专呢,作为小学生,很多人其实不知道大专和本科哪个"大"。作为他们的指导者,只要你有一个教师样,又像妈妈一样关心他们,还能充满自信地"为民做主",那么你在小学就生存无忧了。

三、中学教师的自我定位

1. 中学、小学不一样

中学教师定位

有能力,会绝招;有个性,重仪表;有活动,善分享;真诚,够意思。

前面谈到,人生重要他人发展的顺序是:学前——父母;小学——教师;中学——朋友;大学——恋人。按照这样的规律,作为一名中学教师,如何定位自己呢?很简单,既然他们最在意朋友的看法,那么教师要想将思想工作落到实处,就需要去做他们的"朋友"。

在小学教师的定位部分,我们曾谈到"妈妈型教师"和实习教师,小学生喜欢"妈妈型教师"而不认可实习教师。到了中学,这两类教师在学生心里的地位却产生了变化。"妈妈型教师"在小学是受欢迎的,因为可以填补小学生离家在外母爱缺乏的空白,但是"妈妈型教师"在中学(甚至从小学末段起)就不见得受欢迎了,因为中学阶段正是人生的青春期,中学生们强调独立、强调自我,这个时期也是亲子冲突比较多的时期。对某些学生而言,在家里,就最讨厌自己"庸俗"的妈妈了,结果一到学校,又遇到一个"妈妈型"的教师,这无疑是一件令人烦心的事。

实习教师则不同了,虽然在小学不受欢迎的原因在于其不像教师,但他们也可以因为同样的原因受到中学生的欢迎。理由很简单,中学生正处在一个"朋友依赖"的阶段,而实习教师恰恰像一个个充满智慧的哥哥、姐姐,受欢迎也就不足为奇了。一位刚刚实习回来的大四学生跟我讲,到中学后,他们几个实习教师简直成了学生们的"心理宣泄中心",学生和他们谈了许多属于自己的秘密,包括对学习、对友情的看法,也包括对学校的不满,对教师的失望,等等。

做学生的朋友的观点对教师而言并不陌生。当前流行的一些教育观念层出不穷,如"生本教育"(以学生为本的教育)、尊重的教育等等,都把师生关系放在教育的重要地位上,一些中小学教师也曾在班级放言,希望学生把自己当成他们的朋友。但是,学生有了心里话,还是不和教师说。所以,有的教师很苦恼:我们不是不想和学生交朋友,但学生不把我们当朋友,怎么办?

这确实是一个问题,然而,我们必须要清楚:作为一个人,谁是他的父母是没有选择的,谁是他的教师大抵也没有选择,但是,朋友却可以选择。因此,做学生的朋友并非一件简单的事情,朋友不是想交就能交的,当教师的还想和教育局局长交朋友呢,人家和不和你交呀?学校门口的乞丐还想和你交朋友呢,你又愿不愿意和他交呢?所以,对于中学教师而言,工作中必须解决的问题是:怎样把自己塑造成学生可以选择、愿意选择的朋友?

在回答这个问题之前,我们先自我反省一下,我们的朋友都是什么样的人?换言之,我们选择什么样的人作为自己的朋友?当然是"有用"的人了。这里的"有用",既包括物质层面的,比如,困难时候可以借钱的朋友;也包括精神层面的,比如,失恋时候可以倾诉的朋友。那么,作为教师,要想与学生交朋友,就必须首先成为学生心目中"有用"的、值得交的人。

我们认为,一个学生乐于与其交朋友的教师往往具有如下特点。

2."有能力,会绝招"

中学教师之所以愿意和教育局长做朋友,重要原因在于教育局长的能力大,可以办事。从学生的角度讲,他们也不愿意把一个知识贫乏、缺乏能力的教师当朋友。从这里可以看出,中学生与小学生不同,他们对教师的能力是有要求的。那么,如何在学生面前树立自己有能力的专业权威形象呢?

当然,最明显的是教师要不断提升自己的专业素质,让业务水平不断精进,从而获得学生的认可。然而,我们也必须清楚,自己有能力是一回事;让学生感知自己有能力是另外一回事。那么,哪种情况下对学生的影响更大呢?答案很简单:是"让学生感知的教师能力",而不是"教师存在的能力"。许多名校毕业的教师,虽然有学问,但茶壶煮饺子——有货倒不出,这样的话,你专业能力再强,也未必得到学生认可。

作为一名教师,你真有什么能力是一回事,你的学生感觉到你有能力是另外一回事。后者对学生的影响力更大。

因此,这里的能力要求并不是说,中学教师应该读完大专读本科,读完本科读硕士,读完硕士读博士……不是这样没有穷尽地学习下去,学生就敬佩你了。教师能力塑造的重点是"让学生感知到自己的能力",通俗点讲,在这里,教师首先要做的不是酒香不怕巷子深,而是有本领要有所展现,适当时候"露两手",这样学生才会敬佩你。

作为中学教师,让学生认可、佩服的关键并没有多么复杂,其实你只要会一些学生做不到、做不好的事情就足以让他另眼相看了。所以,在现实生活中我们也看到,那些中学生所喜欢的教师都会一两手"绝活"。

学生们都会景仰这样的教师：上课的时候虽然拿来了教材和讲义，不过，在讲课过程中从来没有打开过，但是这一点也不影响讲课，因为教师几乎将所有的授课内容都背下来了，哪一页哪个概念是重点，哪一页哪道习题要多看，甚至作业是练习册上的哪几道题……他不用打开任何参考资料，所有的授课内容信手拈来。

可以说，作为一名教师，做到这一点并不是特别难，因为熟能生巧嘛，很多教师同一门学科已经讲了多年，只要用心下点功夫，都会做到。但是，如果你真的做到了，会得到学生由衷的敬佩，因为他们做不到。当然即使做到也不必骄傲，理由很简单，教师能做到是因为多年只讲这一门课，而学生做不到是因为他们一年要听许多门课。所以，作为中学教师而言，也不一定能力有多么多么强，只要有些东西你能做到而学生做不到，就可以"俘获"他们的心。

扩展阅读 3-2　任小艾"潜水镇学生"[①]

任小艾"潜水镇学生"的故事，大概不少班主任都听说过。

刚参加工作的时候，任小艾就没有能"攀上高枝"。她所在的学校，在北京市朝阳区，在 24 所市重点中学排名中列倒数第三。学校的校名是 119 中学，有人开玩笑说：119 中，火情不断，老出事！学校教导处，有一张特别的办公桌和椅子，那是给派出所的专职人员准备的。远近闻名的 119 中流传着一句人尽皆知的顺口溜：119 中门朝北，不出流氓出土匪。

一群初中生哪会把一个年纪轻轻的女班主任放在眼里？任小艾刚走马上任，就遭遇到了下马威。

一天，任老师给学生上体育课。这是一堂游泳课。说起游泳，那可是她的拿手好戏。5 岁那年，任小艾被游泳体校招去参加游泳训练。一直到高中毕业，她参加过多次比赛，在北京市拿过前三名，可学生哪里知道这些？

---

① 齐学红.今天，我们怎样做班主任[M].上海：华东师范大学出版社，2006：208—209.

所以,当任老师提出要和他们比赛——看谁的潜水时间长的时候,男同学们跃跃欲试,来了劲头。

"预备——扑通!"纵身一跃,任老师率先入水。学生也"扑通"、"扑通"地紧跟其后。

一分钟,五分钟,十分钟,十五分钟,几拨学生都熬不住了,他们一个个抹着满脸的水珠,大口大口贪婪地呼吸着空气爬上栏杆扶手。

可水池里毫无动静。有学生在鼓掌。

依然没有动静。学生开始窃窃私语,急性子的忍不住探出身子向水池张望。

时间一分一秒继续流逝,任老师却一直不见上来。学生渐渐地开始恐慌,最后害怕了:老师不会出不来吧?这种恐慌迅速蔓延,他们在岸边大声在呼喊:"任老师——"

这时候,"哗⋯⋯"任老师从水里探出了头。孩子们一片欢呼。

从那以后,再没有一个不佩服她的了。

任小艾会游泳,有这项运动爱好,就可以让学生受益。她所教过的学生,在初三和高三毕业时,每个人都考取了深水合格证,都会游泳了。学校搞运动会,她带的班提前一两个月就进行训练,所以只要参加学校运动会都是拿团体总分前三名。

任小艾老师的案例很生动,但如果仔细思考的话,你会发现其中的蹊跷之处:一名教师潜水潜得再好,和教学有关系吗?和管理有关系吗?很明显,一个人的潜水能力和教育能力是风马牛不相及的两件事,两者确实没有什么关系,但它确实有用。任小艾的教育案例恰恰说明,如果教师有点"绝招",展现出一两件学生难以完成的事,即使与教育无关,也会得到学生的敬佩,继而可以更好地开展教育工作。

扩展阅读 3-3　从自傲到谦卑[①]

初一年级有几名很聪明的男生,最近成了老师们头疼的对象。他们的成绩在年级

[①] 万玮.班主任兵法[M].上海:华东师范大学出版社,2004.

名列前茅,而且多才多艺。只是,看不起同学倒也算了,竟然也看不起老师来了!一开始我也不以为意,但是反映情况的老师多了,我倒暗暗关心起这件事情来。

几周之后,有一位数学老师突然需要在每周三的下午出去参加培训,这样他那天下午的兴趣选修课就没法上了。在教导处,我随口问道"哪个年级的选修课?"他说:"初一。"我心中一动,忙问:"蔡智在不在你班上?""在啊。"他说。"太好了!"我脱口而出,"你去吧,你的课我来上。"

蔡智便是这几名学生中的一员,真是天赐良机啊,我心里想,正好借这个机会会会这几名学生。我拿到初一数学思维训练选修课程的学生名单,不禁乐了。这个年级几名最骄傲的学生都在这个班里,不过想想也合乎情理,这些学生聪明,脑子转得快,数学一定也是他们的强项。

我们学校的兴趣选修课安排在每周三的下午,一周上一次,每次一个小时。想到要给这些"刺头"学生上课,我不禁生出一种盼望来。

星期三下午来到了,我拿着讲义走进教室,面对着有些诧异的学生,我说:"郑老师因为以后周三要外出开会,所以以后的课就是我来上了,下面点名。"于是我就面无表情地开始点名,每点一个名都要很认真地看这名学生两眼,看到他浑身起毛之后,又点下一个名。点到蔡智时,我故意多打量他几眼,说:"哦,原来你就是蔡智啊!"蔡智昂着个头,反问道:"我怎么了?""没什么,我听说你做题速度很快。""老师,你怎么知道的?"蔡智嘴一咧,得意地笑起来。

点完名,我开始上课。我说:"听说我们这个班的同学水平挺高,所以,今后每次我们上新课之前都一起来做一道题。每道题的答案都是一个数字,我给大家十分钟的时间,十分钟之后每个同学都要把自己的答案报出来,我们来看看哪位同学能做出正确答案。"说完,我在黑板上写下了一道题目:有一个人要吃10块巧克力,每天至少吃1块,共有几种不同的吃法?

学生们紧张地算开了,看着他们在纸上一一地列着不同的情况,我就不禁好笑。答案是2的9次方,也就是512种,如果一种一种地列出来,只怕做一天也不一定做对!

10分钟到了,我开始按照花名册的顺序让学生们报答案,很多人都是一个一个数的,数出来的答案都很离谱,大部分都只有几十,个别超过100。蔡智本来报了一个答案是200多,大概是后来觉得大多数人的答案都不过100,于是提出来改成97。我问他:"你确定了吧?""确定了。"他点点头。"好啊。"我也点点头。后面有一名学生报出455的答案,惹来其他人的一阵哄笑。我把每个人报的答案一一记下来,然后我说,下面我们来看一看这道题目的答案究竟是多少,看谁的数字最接近正确答案。"我!"有一个声音说。"我!"另一个不知好歹的声音响起来。我说:"你们先不要争,我来教大家方法,待会儿你们自己算一算就知道了。"

我说:"10块巧克力太多,我们先从简单的讨论起。如果只有1块巧克力,那么有几种吃法呢?""1种。"很多声音回答道。"很好!"我一边说,一边在黑板上写下1。"如果有2块巧克力呢?""2种,几秒钟后答案趋于一致。""非常好!"我又在黑板上写下了2。"那么,3块巧克力呢?"学生很快说出了4的答案。我又写下了4。有同学小声嘀咕道:"2倍。""有同学已经发现规律了,"我肯定道,"我们再看一下4块巧克力的情况,看是不是符合这个规律。"学生们花了半分钟的时间确定了有8种吃法。"好,1、2、4、8,我们大家看出规律了吗?""后面一个数字是前面一个数字的2倍。"学生们此起彼伏地叫起来。"那么,按照这个规律,你们算一算10块巧克力应该有多少种吃法?然后比较一下你们的答案。"我看着他们,脸上似笑非笑。

"最终答案是多少?"我问道。"512。"学生们回答。"我们的答案中最接近的是455,"我严肃起来,"我记得好像一开始还有人嘲笑这个答案,谁刚刚在笑话别人我都看得一清二楚,我很失望,我们这次没有一个人做对答案,还有一些人的答案比较离谱。"我说这话的时候,眼睛看着蔡智,蔡智不说话,可是脸孔有些红。"以后每次我们都会做一道这样的题目。"我说。

接下来的课,我用另一种更简单的方法把刚才那道巧克力的题目又重新解答了一遍,听懂之后,这些学生都像猫一样"妙啊妙啊"地叫起来。

以后每次课,我都会编一道结果是一个数字的数学题,让他们做,因为每次的题目都有一定的难度,所以每次做出正确答案的人都很少。

我绝不放过机会,每次都趁机对那几个比较骄傲的人冷嘲热讽一番。他们虽然沮丧,但是因为自己确实不争气,没算出正确答案,也无话可说。当然了,每次我都会把这类题目的解法很透彻地讲给他们听,有时候还用几种不同的方法,每一次上课,他们都会留下很深的印象,也都学到了很多解题的方法。

同时,在每一次上课时,我都会点名,其实这近 20 名学生我眼睛一扫就知道都来了,但是我仍然每次都煞有其事地点名打勾。前后也不过多花一分多钟,但是给学生的感觉却是不一样的。果然,在我上课的日子里,没有人迟到,更没有人缺席。

一段时间之后,这些学生在我的面前就比较"谦卑"了,有时候在校园里见到我,他们还会问我:"老师,这个星期三做什么题?"我摇摇头,说道:"这个不能告诉你们。"他们便悻悻地走开了。

……

万玮老师的例子和任小艾老师的例子有异曲同工之妙,不过这次万玮老师是在学科专业领域展现了自己的高超之处,从而获得学生的认可。其实,各科教师都应该用心琢磨两个在学生看来做不到的"绝招",以增强学生对自己能力的敬佩。比如,数学教师板书的时候"圆"画得特别圆,历史教师可以随意说出历史事件的年代,或者地理教师在黑板上可以手绘地图,等等。有"绝招",并恰当地在学生面前展露出来,就等于向学生暗示,你是一个有能力、值得敬佩的人。如果此时你又表现出愿意与学生交朋友,他们可能就更容易接纳你了。

当然,如果你的能力展现不仅让学生敬佩,还能让学生感到受尊重,就更好了。那么,有没有可以速成的"绝招",既能让学生敬佩,又能让学生感到受尊重呢?有的,那就是当一名教师刚刚接触一个班级时,迅速记住每位同学的名字。

扩展阅读 3-4 记住学生的名字[1]

在每个班级上课,郭国霞老师都能够迅速记住学生的名字,有教师问起郭老师有什么秘诀,郭老师笑着说:一颗对待学生的真心。那时每年六个班,每班将近 70 名学生,总数达 400 名学生啊。

一个教师有事业心、责任心和爱心,经常与学生交流、沟通、谈心、帮助,是不可能

---

[1] 马俏. 记住学生的名字[EB/OL]. K12 教育空间, http://space.k12.com.cn/?uid-894425-action viewspaceitemid-25221.

记不住学生的名字的。记住学生的名字是教师应该具备的最起码的素质。教师是与人交流的职业,你不与学生交流,你连学生的名字都记不住,或是你根本不想记,更甚之你从来就没有问过或关心过哪个学生叫什么名字,怎么能得到学生的尊重和信任?你所教的科目怎么能得到学生的喜爱?

我们大多数人都有过这样的体验:作为普通的一员,在众多的人群当中,被领导或者长辈准确地叫出姓名,往往倍感亲切与温暖。作为学生,我想也会感同身受,能被老师叫出自己的名字,师生距离一下就拉近了,师生关系也很易融洽。

曾经有人问一位擅长销售游戏的人:"世界上最美妙的声音是什么?"他的答案是"听到自己的名字从别人的口中说出来"。通常能叫出对方的名字,会使对方感到亲切、融洽;反之,对方会产生疏远感、陌生感,进而增加双方的隔阂。

吉姆·佛雷10岁那年,父亲就意外丧生,留下他和母亲及另外两个弟弟。由于家境贫寒,他不得不很早就辍学,到砖厂打工赚钱贴补家用。他虽然学历有限,却凭着爱尔兰人固有的热情和坦率,处处受人欢迎,进而转入政坛。他连高中都没读过,但在他46岁那年就已有四所大学颁给他荣誉学位,并且高居民主党要职,最后还担任邮政首长之职。有一次有记者问起他成功的秘诀,他说:"辛勤工作,就这么简单。"记者有些疑惑,说:"你别开玩笑了!"他反问道:"那你认为我成功的原因是什么?"记者说:"听说你可以一字不差地叫出1万个朋友的名字。""不,你错了!"他立即回答道,"我能叫得出名字的人,少说也有5万人。"

法国皇帝,也是拿破仑的侄儿——拿破仑三世得意地说,即使他日理万机,仍然能够记得每一个他所认识的人。他的技巧非常简单。如果他没有清楚地听到对方的名字,就说"抱歉。我没有听清楚"。如果碰到一个不寻常的名字,他就问:"怎么写?"

在谈话当中,他会把那个人的名字重复说几次,试着在心中把它跟那个人的特征、表情和容貌联系在一起。如果对方是个重要人物,拿破仑就要更进一步。一等到他旁边没有人,他就把那个人的名字写在一张纸上,仔细看看,聚精会神地深深记在他心里,然后把那张纸撕掉。

这样做,他对那个名字就不只是有眼睛的印象,还有耳朵的印象。

我不想成为他们那样的伟人,我只想记住学生的名字,郭国霞老师说。

每一个人在内心深处都会有些自恋情结,对于现在这些正处在自我中心阶段的中学生来说,更是如此。如果一名教师,在刚刚接触学生不久,就能流利地叫出学生的名字,不仅让学生惊讶于你的记忆力(这一点足以让他们佩服了),而且还有一种被尊重、被认可的感觉。另外,对于那些"调皮捣蛋分子"也能起到一种"威慑"的作用,"老师这么厉害,对我的名字如此熟悉,是不是对我的'案底'也了如指掌啊?"

当然,带一个班级时间长了,班主任自然会记住自己学生的名字,但是,那样的话,就不会产生这些效果了。所以,我在这里的建议是:在接触一个班级的学生之前,要提前下点功夫,多研究研究学生的档案,争取在学生们彼此还没有熟悉之前,就自然地叫出他们的名字,让他们既"惊"又"喜"。这会让你收到意想不到的效果,也容易让你走进他们的心灵世界,从而成为他们的朋友。

以下是6个记住别人名字的小技巧,希望对教师们有帮助①。

(1)展示你对别人的兴趣——我在与人见面时,总是集中于给别人塑造一个自我的好形象而忽略了聆听对方的谈话。说起来,还真是讽刺,这往往使对方对你印象下降。

(2)重复一遍名字——你可以重复一遍他的名字来确认自己是否记忆和发音正确。如果他的名字比较难记的时候,你可以多重复几遍。

(3)多多使用名字——当你与对方交谈时,尽量多使用对方的名字,不一会儿你就会记下来了。

(4)将名字对上人——将你记忆的名字与对方的相貌相互对应,心里重复这个联系并且记忆多次。

(5)使用相联系的词语——如果对方名字和你所知道的某些词语或者与你的朋友的名字有着相似之处,那赶快将这个相似点记下来。

(6)写下来——把他们的名字写下来,多翻几次笔记本,久而久之就印入你的脑海了。

---

① 弥缝.6个技巧让你轻松记住别人的名字[EB/OL].[2007-08-19]. http://www.mifengtd.cn/articles/6-tricks to help you remember names. html/comment page-1.

总之，名字作为每个人特有的标识，是非常重要的。所以去尝试记住别人的名字，不仅是对他们的尊重和表示你对他们的重视，同时也让别人对你产生更好的印象。

让学生感知自己的能力，教师首先要做到的是"自我提升"，这是前提，教师要不断地自我学习和进步；其次是"有意展现"，这是树立教师专业形象的重点，教师要做点准备，适当的时候在学生面前"露两手"；此外，还有一种展示教师专业能力强的办法，那就是"借用外力"。

所谓借用外力，就是通过别人的嘴来帮助自己树立个人的形象。举个例子，如果一个讲课者当着听课者的面，不断讲述自己多么光辉伟大，下面的听众一定觉得他自恋；但是，这些话如果由主持人来讲，那么听众就觉得很正常，也容易形成对讲课者的好感，现实生活中教师所接受的培训、讲座之类，大抵也是这么做的。教师在学生面前塑造形象时当然也可以"如法炮制"：当着学生的面"吹嘘"自己多么有能力会给学生形成浮夸的印象，但教师之间如果能互相支持一下，当着学生面表扬一下其他老师的能力，这就有利于教师在学生面前形象的塑造了。我有的时候开玩笑讲，这也是做教师与同事要互相团结的重要原因，教师们要善于在学生面前互相"吹捧"，这不仅有利于相互关系的促进，也有利于教师形象的塑造。

尤其是对于一些刚刚站上三尺讲台的新教师而言，这一点很有帮助。中学生对新教师是感兴趣的，但有时候也会有意为难一下新教师，比如轮番问一些难题之类的，让新教师满头大汗，他们也会因此偷偷开心。由于新教师的威信还没有在学生面前树立起来，如果自我吹嘘多么有能力往往也不现实，这就需要有一些德高望重的教师为其"站站台"了。有的学校在新教师上讲台之前，都会派一些在学生心目中地位比较高的老教师陪伴其去班级，甚至有的时候校长会亲自出马，目的就是帮助新教师尽快树立起在学生心目中的形象。比如，对学生说些你们新来的班主任如何如何优秀之类。总之，要好好夸一下新教师，让他尽快在学生面前形成专业权威的形象，这样，随后的教育影响就更容易一些了。

其实不仅教育工作是这样，政治家在选举的时候，这种"站台"的手段用得更多，美国州长选举的时候，总统也会帮着站台说好话。这其中暗含的心理意义是一样的：如果你对我的好有疑虑，那么你相信谁，找一个你相信的、德高望重的人当着你的面来说我的好，结果会怎样？所以，"借用外力"来建立教师的威信也是可选的重要办法。

3. "有个性，重仪表"

中学生是希望教师有一些个性的，因为中学生正处在一个追求个性的时代，他们中的每个人,都觉得自己与众不同,都觉得主流的成人世界有些问题,这是他们追求自我的需要,也是他们逐渐成熟的结果。希望自己有个性的一个结果是他们喜欢一些有个性的教师,一些教师,正是因为与周边的主流价值观有所不同,有自己的一些独到思想,所以更容易受到学生的喜欢与认可。

电影《春风化雨》(又译为《死亡诗社》)就描述了这样一位教师,在一个传统甚至有些刻板的学校中,学生们倍感压抑的气氛,而一位有自己独特个性的教师——基廷的到来,改变了这一切。

扩展阅读 3-5　关于电影《春风化雨(死亡诗社)》[①]

故事简介:

威尔顿贵族学校 1959 年度开学典礼暨建校 100 周年华诞正隆重举行。校长诺伦博士骄傲地回顾着学校的辉煌,为学校一百年来始终坚持传统、荣誉、纪律和卓越四大信条并因此成为美国最好的大学预备学校而骄傲。也就在这一天,威尔顿的荣誉毕业生、从伦敦回来执教的新教师约翰·基廷回校出任英文教师。

新学期开始了。沉闷的氛围、陈腐的说教,让威尔顿的大男孩们倍感压抑,同学们私下里咒骂威尔顿是地狱学校,篡改威尔顿四大信条以示嘲弄。此时,同学们怎么也不会想到,新来的基廷老师和他们心中原始的渴望一样,他与众不同离经叛道的上课方式,立刻在同学们中掀起波澜。基廷哼着的《扬基进行曲》、及时行乐的信条、撕去教科书上伊凡所·普利查矫作的诗歌分析……在威尔顿学生长期被窒息的心灵中引发了一场地震。不久,尼尔在学校图书馆里意外发现了一本刊登着基廷简历的威尔顿年鉴。原来基廷曾是橄榄球队的队长,还参加过一个名叫"死亡诗社"的组织。

何谓"死亡诗社"?基廷给同学们讲述了诗社的秘密。在尼尔同学的倡导下,"死亡诗社"得以重建,查理、纳克斯、米克、卡麦隆等同学热烈响应,怯懦的托德也加入进来。从此,"死亡诗社"的成员们在当年基廷聚会的地方和着优美的诗句,扭动起节奏

---

① 张穷工.读影视·《死亡诗社》[J].湖北招生考试,2012,32:63.

强烈的非洲原始舞蹈,释放着青春生命的激情。

威尔顿学校发生着悄然的变化,麻烦和不幸在这悄然的变化中也随之而来。尼尔参加《仲夏夜之梦》演出遭到父亲的极力阻拦;纳克斯暗恋上名花有主的克莉丝姑娘;"死亡诗社"发表主张招收女生的文章……一切的一切引起诺伦校长的注意。《仲夏夜之梦》演出结束的那天晚上,尼尔用父亲的手枪让自己的灵魂飘向了遥远的天国。

尼尔的死震惊了威尔顿。校方迫于舆论压力,开始调查尼尔自杀的原因。调查结果表明,基廷对于威尔顿开学以来发生的事情负完全责任。又是一堂英语课。同学们在诺伦的引导下朗读着伊凡斯·普利查的"鬼话"文章时,基廷前来告别。同学们以站上课桌大声朗读诗歌的庄重形式,目送着脸上荡漾着微笑离开教室的基廷。

精彩看点:

一群受传统教育的学生和一位反传统教育的老师之间究竟有什么是值得我们去深思的?学生们在无助的情况下所做的决定又是什么?《春风化雨(死亡诗社)》回答了这样一个命题。本片是导演彼得·威尔的上乘之作,曾获得四项学院奖提名,赢得最佳电影原创剧本奖。

本片超豪华的创作阵容是影片主题宣扬之外的又一个精彩所在。其中导演彼得·威尔1971年开始拍摄处女作《三个要走》,1974年又拍摄了黑色幽默影片《巴黎吃人车》,获得影评人的关注,1975年的《悬崖下的野餐》以深刻的寓意和超现实主义的风格博得一片好评,成为经典之作,随后佳作不断。威尔的影片从来没有全盘式的向商业化低头,他独特的风格和美学理念演绎着深刻、挣扎、矛盾的人性,呈现出深邃的内涵。主演罗宾·威廉姆斯的出色演技,也为本片增色不少。

很明显,一个带头撕掉课本、踏步站上讲台的教师不是一个循规蹈矩的教师,但是,就是这样一位充满个性的教师,却赢得了学生们的热爱。对于中国的教师们而言,电影《春风化雨(死亡诗社)》里面的教师形象曾给我们很多的震撼,互联网上也充斥着关于这部电影的讨论。作为一名教师,基廷老师的成功之处我们随后会在相关的章节中,以心理学的视角作一些讨论,在这里,我们只想说,许多影视中,也包括生活中赢得中学生喜欢的教师,他们往往本身具有独特的个性魅力。

然而,回到现实,我们必须考虑的是中国的社会和教育现实。在电影中,基廷老师的最终结局是离开了自己喜欢的教育岗位;另外一部电影《放牛班的春天》中的老师最后也没能保留住自己的教师身份。换言之,有个性的教师固然受学生喜欢,但太有个性,有可能与学校的整体氛围格格不入,即使在西方,在影视中,也会遇到教育和生活的困境。所以,笔者在这里的建议是:作为一名中学教师,应该追求一点个性,应该有一点自己的思想,但是,这种个性的追求是在遵循主流教育价值观念的基础之上的,否则,连自己的教育岗位都不保的情况下,是很难再谈教书育人之事的。

扩展阅读3-6　持"读书为挣大钱娶美女"怪论教师走下讲台①

"读书为挣大钱娶美女",湖南省株洲市二中语文教师尹建庭的这句话引得社会各界舆论哗然。根据最新消息,学校请示了省、市教育领导机构,解聘尹建庭教师职务,同时不允许他再在株洲市教育系统内任教师。

教师应该怎样为人师表?各大媒体的相关讨论如火如荼,昨日记者采访了当事人和有关专家,实录如下:

尹建庭已被解聘

采访过程的曲折似乎证明了这件事在株洲所产生的冲击力。

株洲市二中办公室的一位同志在电话里告诉记者:"了解情况只有找领导,我们不方便发表意见","但包括正副校长在内的领导都出去办事了"。

他只反复强调了一点"尹建庭已经被解聘了,而且学校也不知道与他的联系方法",随后很坚决地挂断了电话。

教务处的一位女同志显得颇近人情,她承认:"学校里有尹建庭家里的电话,但没有领导批准,也不能外泄。"她说,这两天大批的记者来找学校采访,领导的头都要大了。

几经曲折,通过当地一位熟人帮忙,记者终于接通了已"无所事事"的尹建庭家里

---

① 任荣昆,郭文才. 持"读书为挣大钱娶美女"怪论教师走下讲台[EB/OL]. [2001-09-07]. http://news.sohu.com/44/37/news146503744.shtml.

的电话,近一个小时的电话采访中,尹建庭叙述了此事的整个过程。

尹建庭1977年考入湖南省师范大学中文系,1981年毕业,按照其说法,本来打算进文化局搞文学创作,却"一不小心"被分到了学校教书,先是在南化二中,后来转入株洲市第二中学,至今教龄20年,解聘前是株洲市第二中学语文学科带头人、高级教师,而他本人也自认为"很热爱教育工作"。

今年3月,学校开学,作为班主任的尹建庭和往年一样给学生进行"入学教育","入学教育"是尹建庭独创的。他说,目的是让学生弄清楚"为什么而学习","产生学习的动力"。

尹建庭一字一句回忆起那段话:"你们是为自己读书,只有增长本领和才能,长大后才能有成就,获得优厚的报酬,取得良好的生活待遇。"

接下来便是那句引发争议的话:"甚至可以挣大钱、娶美女。"

尹觉得这个"入学教育"效果很好,让学生们"耳目一新"。而随后,这份"入学教育课"的提纲无意中被教务处同志看见,评价为"写得很好",校领导也非常欣赏,于是送到了株洲市教育科学研究所参加评奖,最后获得了二等奖。尹建庭为此觉得很自豪。

但不久,尹建庭的这番讲话受到周围人的质疑,并认为"作为一个教师,说这样的话与其身份不符",4月3日,中国青年报刊发《读书是为了挣大钱娶美女》一文,《株洲日报》随后也作了全文转载。

4月18日,湖南省株洲市教科所、株洲市中学语文教学专业委员会联合下文取消了《入学教育课》一文原来所获的二等奖。

株洲市教科所负责人解释这一决定时说,尹建庭的观点在老师之间交流是可以的,但作为一个老师,站在讲台上如此教育学生至少是不妥的,会误导学生。因此,根据学校的要求以及部分老师的反映,作出了取消奖项这一决定。这位人士还强调,对学生进行理想前途教育必须符合党的教育方针,符合《教师法》。当然也不能讲大话、套话,要讲究教育的实效性。

24句格言组成《我》

2001年5月,事情又有了进一步发展,株洲市第二中学部分学生、家长向教委反映,尹建庭出了一本内含一些错误观点的书,并要求所教班级的同学购买此书作为教材,并以此上了近一周的作文课。

尹建庭告诉记者,他其实一直没有放弃文学创作的兴趣,近几年,看着当年的大学同学纷纷出书，自己心里"很有些不甘心"。尹建庭于是写了两本书，一本散文集，一本就是被家长们斥为"观点错误"的《人世老枪》。

"错误观点"主要集中在一篇由24句"格言"组成的《我》，专门论"自我"，认为世上只有"我"是存在的。

"中国古代哲学讲做人的最高境界是'无我'。既然'无我'，那活着与死去有何差别？所以我说，最高境界应是'有我'。"

"世上的一切都必须为我服务，不然，这一切都没有意义。"

"天下最大的谎话，就是'毫不利己，专门利人'。"

"什么捡钱包啦……见义勇为抓小偷啦……不用问，80%是假话谎话。"

尹建庭在接受中青报记者采访时说："中国文学两千年，谁以'我'为题做过文章？而我，却要做这样的文章，这就是我伟大的地方。"

对于"强卖"一事，尹建庭矢口否认，他说，自己从未要求人人购买，学生是出于自愿。"别人的文章可以作为教材，为什么语文老师自己的文章却不能呢？"他还很委屈地对记者说："再说一本书才13.8元，吃点东西一下子就花光了。自己的老师出了书，做学生的买一本书又有什么不可以呢？"

而据报道，他的学生称："尹老师是先给每个同学发一本书，几天后通知课代表收钱，当不愿意买的同学找到他时，他说：'这本书你已经看得差不多了，至少要出一半的钱。'事后，所有学生都购买了此书。"有家长曾在家长会当面指出"这本书写得并不怎么样"，并要求更换语文老师。

尹建庭说，他对自己的学生"失望至极"，因此，6月份，他写了辞职报告，报告尚无结果。8月28日，湖南省教委作出了开除其教师职务并永不得在本省教育系统工作的决定。

目前，尹建庭赋闲在家，他说感到压力很大，主要是"儿子正在上大学，一年学费要1万多元"，对于自己受到的严厉处分，他似乎仍不能理解。采访结束时，他在电话里，思量许久的最后一句话是："报纸过分夸大地报道了我的那句话，其实，（文章）和我的本意是有区别的。"

和尹建庭老师相似的是 2008 年汶川大地震中的范美中老师，他也是因为张扬的个性言论（即"范跑跑事件"）被迫离开了讲台。有人会认为，尹建庭与范美忠老师不是因为个性，而是因为师德欠缺而离开了教育岗位，然而，这里所谓的师德，只不过是当着学生或者公众说了不那么光彩的实话而已，师德有问题的人也绝不单单他们两位，但是，又有哪些教师因为类似问题而被迫离开讲台的？总体而言这种结果还是张扬的个性使然。

根据我的经验，这两位老师都会是因为学识和个性而受到很多学生喜欢的教师，然而，在这样一个现实的社会下，却因为个性太过突出而失去了自己的教育岗位，很可惜。

所以，在这里，做"有个性"的教师有危险，我们不免调整一下，做"有特色"的教师就安全得多，保险得多。如果教育岗位都失去了，再有个性也没什么用了。我们追求的，是在遵循主流价值观的前提下，有自己一些鲜明的特色。这样，既能在教育岗位上立足，又可以获得中学生认可，何乐而不为呢？

在个性之外，中学生对教师的另外一个希望是他们最好在外在形象上"赏心悦目"一点。当然，学生都希望自己的教师能在容貌上充满魅力，但是，相对于其他阶段的学生，中学生对这一点更为注重和在意。这是因为，中学生正处在青春期这个特殊的年龄阶段，已经对异性产生了朦胧的情感，如果遇到一位更成熟、更有外形魅力的异性教师，那么对他们的吸引力是不言而喻的，所以，在中学，那些帅哥、美女型的教师更容易受到异性学生的欢迎。

一位中学校长曾给我讲过这样的案例：在他学校的初三年级有一个艺术特长班，里面的学生以情感丰富、艺术细胞浓郁的女学生为主。在这样一个班级发生什么事了呢？一个师范院校体育系的大四男生来这里实习，被分到了艺术班。我们知道，一般的体育系大学生都是高大威猛、青春阳光的样子，这位男生也不例外。在一个多月的教育实习中，这个明星一样的男大学生带着艺术气息浓郁的女孩子们搞活动、做游戏等等，不亦乐乎。一个月很快过去了，大学生实习结束了，在师生分别的欢送会上，所有的女生都哭成一团。校长后来对我讲，让这个体育系的男大学生到这个班做实习教师，真是失策。实习教师已经走了半个多月了，女生们的离别情绪还没有完全缓解呢，这样的教师太影响"军心"了！

处在青春期的女生容易对帅哥教师充满崇敬和喜爱，其实男生也不例外。再讲一个例子：一所高中新来了一名刚刚毕业的英语女教师，她才 19 岁，打扮起来也是青春靓丽，浑身洋溢着一种在其他教师身上少有的热情和朝气。这下，所有的男生都兴致勃勃地捧起了英语书,那些学习成绩比较好的同学,更爱学习英语了,比以往都认真;而那些难以用成绩来吸引教师注意的同学,有时候甚至故意在课堂上犯一点错误,以期吸引教师的注意。还有一个同学,在这名教师的课堂上犯了错误,被她叫到办公室批评了一顿,回来便兴致勃勃地讲起了自己与偶像"亲密交流"的经历,甚至还带着一点炫耀。

虽然并不是每个中学教师都是帅哥美女,当前的帅哥美女教师有一天也会老去。学生们对青春靓丽的教师的喜爱并不是要求每位中学教师都应该去整形,但中学生的这个特点给我们的启示是:作为一名中学教师,在教书育人之外,还应该注重一下自己的仪表。

其实我们在生活中可以感受到的一个事实是,相对于大学教师,中学教师会整体上更漂亮一些,而这种漂亮,从某种程度上说,恰恰是中学生的潜在选择和教师们环境适应的结果。换言之,容貌出众一些,更容易获得学生的认可,也更容易在中学校园中生存下来,所以自然选择的结果,中学教师也就整体上越来越漂亮了。而大学生虽然也喜欢漂亮教师,但他们更为关注的是教师是否有真才实学,能否讲出自己信服的东西,所以大学教师的容貌相对而言就不那么重要,大学老师可能也就没有中学教师漂亮了。

4. "有活动,善分享"

一名教师有绝活、有个性,是容易受学生的认可和喜欢,然而,并不是所有教师都具备这样的特点。没关系,我们可以从另外一个更重要的方面入手:有共同语言。我们知道,交朋友,有共同语言是前提和基础。在前面的章节中,我们曾谈过如何与学生寻找共同点,其实谈的就是从共同语言方面建立和学生交朋友的基础。学生之所以愿意在寻找共同点方面跟教师交流,就是因为这种行为让学生感觉到被认可,也让学生觉得教师是一个可以交往的人。

在这里,我们需要补充的是,心理学研究表明,友谊的特点和表现存在性别差异。也就是说,对于中学生而言,和男生交朋友与和女生交朋友,教师所采用的侧重点可能并不一样。一般来说,男性的友谊重点在共同活动,而女性友谊的重点在共同分享。所以,我们可以看到,那些愿意并且擅长和男生们一起踢足球、打乒乓的教师更容易和男生交朋友,全国优秀班主任任小艾老师之所以能"收服"班级中的那几个"捣蛋鬼",也是因为在与学生的共同活动中露了一手"水下憋气"的绝活。而对于女生而言,愿意和她们聊聊知心话,甚至分享一些私人秘密的教师则更容易成为学生的知心朋友。

5. "真诚,够意思"

最后一点,人们对于朋友的要求是"真诚,够意思",中学生也希望交一个真正讲义气的朋友。可以说,如果能让学生感觉到你真的是为他好,对他"够意思",那么,成为他心中的朋友也是意料之中的事。

然而,做到这一点并不容易,因为毕竟教师是一种职业身份,在你的影响下,学生进步的话,你也会有一种工作上的回报;用通俗的话讲,如果你把学生教好了,就更可能得到更多的奖金,或者评优秀班主任之类的。所以,你必须让学生感知到:你之所以对他好,并不是为了那点奖金,而是真的希望他进步。但是,作为青春期的学生,他们从心理上是容易走"偏激路线"的,他们也很难分清你对他的"好"是出于何种目的,由此他们将教师理解成仅仅为了奖金而不停奔忙的一群人也就不足为奇了。如果他真的这样理解了,那么你的"真诚"和"够意思"都会打上引号,引起他的怀疑,其教育效果也就打折了,更谈不上做朋友了。因此,从教师的这个工作谋生的角色而言,和受教育者交朋友本质上是非常困难的一件事,这就好比有钱人在谈恋爱的时候,即使遇到了真正的爱人,他也会不由自主地怀疑对方是否是冲着他的钱来的一样。

一位高中教师曾有点沮丧地对我说,自己辛辛苦苦为了学生,做了很多工作,学生的成绩也终有提高,但是却有学生"要挟"教师请客,因为他们觉得,学生们成绩的提高会给教师带来不少奖金。

做学生的朋友,应当让他们看到你的"够意思",但是你的职业身份却让他们怀疑你是否足够"真诚",做学生的朋友难,做教师也难。那么,如何做到让学生不再怀疑你的动机呢?这是一个值得每位教师深思的问题,我们不仅要爱学生,还要让学生感知到我们的爱。在后面谈及师生人际关系时,我会谈谈对这个问题的看法。

6. 真的要和学生交朋友吗

虽然谈了中学教师和学生交朋友的重要性,也谈了和中学生交朋友的一些要点,然而,一些教师仍然对于是否应该和学生交朋友存在顾虑。可以说,这种顾虑也不无道理,一些教师就是因为和自己的学生交友不当,引发了未曾想到的一些问题。

还记得我们说过的实习教师吧。作为中学生,是愿意与一群和自己年龄最贴近、充满朝气的大学生交流的,那些实习教师,也往往深受理想化教育理念的影响,非常愿意和学生们做朋友。实习的时间往往一个多月,而这一个多月,就如同新婚的"蜜月",师生之间关系亲密异常,甚至不分彼此,学生的一些心里话,也往往愿意给这些实习教师讲。这种师生关系的"蜜月期"会随着实习的结束而自然终结,在欢送实习教师之后,留给这些大学生和中学生的是彼此的感动和思念。然而,我们必须追问一句,实习教师和中学生的关系,是不是就是理想的中学师生关系呢？这是值得怀疑的，就如同结束了"蜜月期"的新婚夫妇一样，在开始柴米油盐的日子之后，会产生以往不曾想到的更多的冲突和摩擦。同样，如果实习教师把这个实习期进一步延长，那么，师生之间的关系还会如此和谐吗？

和实习教师的感受不同，对于那些已经真正从事教育事业的教师而言，尤其是一些年轻的教师，在和学生交朋友的过程中，往往心灵受过伤害。他们在和学生交朋友的过程中，也曾经历"蜜月期"，但随之而来的，往往并不是良好友情的继续，而是一段难堪的从教经历。这些教师，怀揣着美好的教育理想，试图从平等、尊重、友善的角度出发，也真心真意地想和学生交朋友。刚刚开始的时候，学生会觉得新奇，也愿意和这些教师亲近，但一般用不了多久，至多一两个学期，这些曾经和教师亲近的同学变得陌生和敌对起来。换言之，那些真诚地想和学生交朋友的教师所换来的结果是，学生更不听话，也更难以管教了。

一位教师和我讲过她刚从事中学教育的经历，刚开始当班主任的时候，她有些看不惯那些老教师整天面对学生阴沉着脸的样子，想采用一种民主的、朋友似的方式和学生交流。当然，她最初的努力是收到成效的，许多学生都把她当成了知心朋友，有秘密也和她分享，有活动也常邀她参加，她也倍感欣喜。然而，不久后，她就感觉到了这种与学生亲密无间的关系所带来的麻烦，因为学生把她当朋友，所以很多学生在她面前也不把自己当外人，随意出入她的办公室，甚至她办公桌上的杂志、物品之类也常常不翼而飞，过不多久可能又完璧归赵。追究下来，都是那些自称教师"朋友"的学生们干的。而到后来，问题愈演愈烈，学生也不怕她了，她的一些建议学生也不听了。因为这些原因，班级在各方面的年级评比中都名落孙山，搞得她十分落寞。

所以，这位教师和许多逐渐成熟起来的教师一样，在学生面前逐渐收起了微笑的脸孔，时刻表现出苦大仇深的样子，时不时找几个"倒霉蛋"训上一顿，以杀鸡儆猴。他们也知道，这样一来，自己和学生的心也越来越远了。然而，班级的管理毕竟逐渐正常了，自己在校园内生存下来也不成问题了，他们似乎也逐渐变得更有经验，并逐渐得出一个有些悲哀的共识："所谓的和学生交朋友本身就是不实际的，老师就不能给学生好脸子，否则他们就上天了！"

那么，作为一名教师，尤其是一名中学教师，真的不能和学生交朋友吗？

我们认为，教师要和学生交朋友本没有错。如果一位教师，仅仅想在学校中获得生存，没有什么教育理想，可以不和学生交朋友，但要想在教育学生的过程中真的抓出实效，真正地影响到学生的心灵深处，还真的必须和学生交朋友。一些教师在与学生相处的过程中出现的问题,其根源并不在于"给学生好脸色"了,或者和学生交朋友了,而是不知道怎样和学生交朋友。换言之,我们的观点是,与学生交朋友不是问题,这也是成功教育的必然条件,问题是如何与学生交朋友。

我们成年人也需要朋友,但成人世界的经验告诉我们,不善于适当地表达友谊同样也会让自己的心理很受伤。在面对我们的学生时,与他们结交为好朋友对教育影响有益无害,但交朋友不等于"滥交",不等于不分时间场合的对友谊的渴望和追求。具体而言,和中学生交朋友,要有一个时机的把握,从上面的讨论中我们可以看出,至少在刚接触学生的时候,便贸然地发展和学生的友谊是不恰当的。那么,在什么样的情境下才能和学生交朋友呢,在后面"学生管理的情境策略"部分我们会涉及。

第二编
学生管理中的影响策略

作为教师,要面对各种各样的学生。那么,如何运用心理学的规律去影响一个人?

第四章
学生管理的认知策略

教育案例：小要求与大转变

全国知名班主任魏书生老师曾在一次讲座中提到自己的一个案例：

一个学生语文成绩不好，每天学习的时候也是毫无兴致，常常趴桌子睡觉。当老师发现之后，便和他说："反正天天在这里百无聊赖，还不如找点事情做。""这样吧，"他建议学生，"反正本学期的语文课本中生字也不多，你就把语文课本后的生字看一看，如果一段时间后能把生字全部背下来，我会当着全班同学的面表扬你。"学生一看反正任务也不多，而且当着全班同学的面得到表扬自然也是脸上有光的事，于是就答应了。

过了不久，老师检查，学生果然把生字都背下来了，老师也按照原先的约定表扬了他，学生当然也得意洋洋。老师趁热打铁，继续提要求："既然生字都背下来了，生词也不多，顺便也背一下吧？"学生于是开始记忆生词，然后，老师步步紧逼："既然生词都背了，再造几个句子吧？"过一段时间，"既然句子也造了，不如再写篇作文！"……在教师的从小到大的不断要求下，学生也就不断地进步和成长了。

教育的一个目的是让学生身心发展，沿着教育目标转变。学生为什么会转变呢？如何根据认知心理学的规律促进学生的成长？

一、学生为什么会改变

毛泽东说，世界上没有无缘无故的爱，也没有无缘无故的恨。在人们的行为背后，总会有一些理由，而这些理由归纳起来，往往属于以下几类。

一是认知观念。

> **行为背后的四种原因**
>
> 一个人之所以改变，往往受以下因素影响：一是认知观念；二是情绪情感；三是社会互动；四是行为习惯。

比如，你去听心理学的课，其原因可能在于你认为现在的学生难以管理，又聪明又调皮，还打不得骂不得，所以应该学点心理学来对付一下那些令人头疼的学生，所以便去了，去了便认真听讲。这可以称之为"脑的法则"，即头脑中的认知观念在指导着我们的行为。

二是社会互动。

你听心理学的课，并不是因为对学生心理特点多感兴趣，而是迫不得已。教师培训，大家都到场了，你也不好意思不来。所以，在这里，是因为别人的压力导致你来到这里学习心理学，这是属于在别人的影响下产生的行为，这里我们可以用"脸的法则"来概括，换言之，是人际互动的规律导致了你行为的变化。

三是情绪情感。

你认认真真听心理学的课，没有别的理由，是因为你今天的运气比较好，来上课的路上捡到了一个钱包，心情愉悦，看什么都顺眼，听什么课都觉得好听，所以你在仔细地学着心理学。在这里，你的行为形成主要受到了自身情绪情感的影响，这可以概括为"心的法则"。

四是行为习惯。

你之所以会认真听心理学课，是因为认真听课已经成为你的习惯，当然要养成这种习惯还真不容易。比如，你一直参加培训，已经养成了下午要听点课、学习点什么的习惯，下午要是不上课还真是不习惯，所以你很自然地坐到教室里来听课了。由于习惯而引发的行为这可以概括为"体的法则"。

总之，人的行为生成可以归结为认知观念的原因、社会互动的原因、情绪情感的原因与行为习惯的原因，简化一下，即"脑的法则"、"脸的法则"、"心的法则"与"体的法则"。作为一名教师，要影响你的学生，必须要研究这些法则，并充分运用这些法则，才能让学生朝着你的教育目标前进。教育影响的过程，其实就是这些法则综合运用的过程。

接下来我们要分享一下在心理学上这些法则的主要内容是什么，以及这些法则如何演变成教师的主要工作策略。记得古龙有一本有名的小说，叫《七种武器》，我这里也学学他的样子，讲讲教师对付学生的"七种心理武器"。

二、如何对付"破罐子破摔"的学生

1. 认知的心理法则

我们首先从"脑的法则"说起，即谈谈从心理学的角度，如何转变学生的观念。记住下面的心理法则：

好人有好的行为，坏人有坏的做法，每个人都在寻求心理平衡。

现实生活中，每个人都要追求心理平衡。怎样才能平衡呢？一个自以为是好人的人，他做了好事心理就平衡；一个自认为是坏人的人，做了坏事也心理平衡。当一个人处于心理平衡状态，在他的内心世界，觉得是舒服的，也不会试图对自己作出改变。然而，当一个人处于心理不平衡状态时，他就会觉得不舒服。比如，当教师们听心理学课的时候，即使知道这个教室内有一些重要的电教设备看管并不严，也不会想到下课之后，趁着课室管理松散就偷点东西回家。因为大家都是做教师的，大部分人也都觉得自己是个好人，在他人面前也要为人师表，怎么会偷东西呢？即使偷也会感觉内心不安，因为作为一个好人来偷东西，自然会体验到一种心理上的不平衡。然而，如果进入教室里的人中有一个职业小偷，那么他看到课室管理如此松散，就应该会采取行动，偷一点东西，不偷反倒心理不平衡。老百姓有句话叫"贼不空手"，说的就是这个道理。一个窃贼，看到机会而没有下手，会因此而懊悔；而一个好教师，也会因为学生的误解而耿耿于怀，这很容易理解。

类比到学生身上，经验告诉我们，同样一个错误，不同的学生修正起来难度是不一样的。对于那些教师认为是好学生、家长认为是好孩子、自我感觉也良好的孩子，他们犯了错误，很容易改正。对于这样的学生，教师不用过多批评，只要向其表明，他犯了错误，那么他自己就会懊悔不已，随后在深深自责中修正自己的行为；但是，对于另外一些学生，就没有那么容易了。比如，有些学生，教师认为他是班级的"害群之马"，家长也觉得他"不可救药"，他个人也觉得自己"天憎人恶"，那么，他做起坏事来便心安理得了，既然我不是好人，为什么要做好事呢？做好事也对不起大家给我的这么多"称号"啊！所以，他们往往"破罐子破摔"，就这样了，随你处置。相对于前一种学生，处理起这种学生的问题就困难多了。

这里所谈及的心理平衡问题，可以用心理学上一个经典的理论加以解释，那就是认知失调论（Cognitive Dissonance Theory）。认知失调论是美国社会心理学家费斯廷格在 1957 年的《认知失调论》一书中提出来的，他认为，人有一种保持认知一致性的趋向。在现实社会中，不一致的、相互矛盾的事物处处可见，但外部的不一致并不一定导致内部的不一致，因为人可以把这些不一致的事物合理化，而达到心理或认知的一致。但

> **认知失调理论（Cognitive Dissonance Theory）**
>
> 费斯廷格（Leon Festinger, 1957）提出一种理论，认为在一般情况下，人们的态度与行为是一致的，在态度与行为产生不一致的时候，常常会引起个体的心理紧张，导致认知失调。
>
> 随着理论的发展，当前的认知失调论认为，只要是人们的态度以及所经历的事和自己良好的自我形象有冲突时，就会产生认知失调。

是倘若人不能达到这一点,也就达不到认知的一致性,心理上就会产生痛苦的体验。

费斯廷格认为,假如两个认知要素是相关的且是相互独立的,我们可由一个要素导出另一个要素的反面,那么,这两个认知要素就是失调关系。例如,一个学生有这样两种认知:"当学生不应该迟到"、"我迟到了",这个人就会体验到认知失调。因为由"当学生不应该迟到"可以推出"我不应该迟到"的结论,而自己当前的行为恰恰与这一结论相反。如果这种现象出现了,那么学生在心理上就会产生痛苦的体验。因此,对于学生犯错误,好学生之所以心里痛苦,恰恰是因为心中存在"好学生不犯错"、"我犯了错误"两种失调的认知;后进生之所以无所谓,是因为在其心目中存在的是"后进生常犯错"、"我犯了错误"两种并不失调的认知。

根据认知失调论的观点,当一个人处于认知平衡状态时,他并不会产生痛苦的感觉,也不需要改变态度和行为。所以,如果一个学生拿出"我是流氓我怕谁"的姿态,针扎不透,水泼不进,"是一个蒸不烂,煮不熟,捶不扁,炒不暴,响当当一粒铜豌豆"(关汉卿语),那么,确实也是让教师头疼。现在网络上流行的"人至贱则无敌"说的也是类似的意思,当一个学生把自己的姿态放得很低,"我就这样了,你能把我怎样?",确实难缠。很多教师对这样的学生简直失去了耐心,有时候甚至在心底里骂上一句"死猪不怕开水烫",却依然没办法。

对付这样的学生,真的没有办法了吗?当然不。其实处理这类学生的思路也很简单:

既然"死猪"不怕开水烫,那么,什么"猪"怕烫呢?

"活猪"。

那我们怎么办?

很简单,救活了再烫。

当然,这里我们用"活猪"、"死猪"来比喻学生有欠妥当,但话粗理不粗,这个思路恰恰说出了对付"破罐子破摔"学生的关键所在,即一些学生之所以犯错之后还丝毫没有悔改之心,恰恰因为他们把自己的姿态放得很低,用一个较低的自尊心来达到与犯错行为的协调,所以,他才能持"我就这样,你能怎样"的态度而毫不愧疚。所谓"将死猪救活再烫",转换成一般表达就是先帮学生找到自尊心,然后再批评他。那么,如何提高学生的自尊心呢?

2. 教师的第一种武器:赞美

关于赏识教育之类,教师们已经接触到很多,但你知道教师为什么要学会赞美学生吗?如何赞美学生才能达到教育影响的最大功效?这其中的心理依据在于:通过赞美,表达你对他的认可,帮他找回本该属于他的自尊心,提高其自我认知。自尊心提高后,再让其分析自身问题,体验心理失调,最后让其感觉到做了蠢事,进而完成转化。

所以,作为教师,我们必须记住的是:

批评一个学生的前提是他有自尊心,他有好人感。

> **"七种武器"**
>
> 在本书中,我们遵循心理学原理原则,总结了影响学生的七种常用策略:赞美、承诺、活动、成功、榜样、人情、强化。

只有一个有自尊心的孩子,面对自己的错误才能有所愧疚;只有一个对自己有良好期待的人,面对自己的错误才会感到认知失调;也只有认知失调,对错误有所愧疚的人,才能修正自己,不断进步。

当一个屡屡犯错的孩子,被老师叫住:"你,到我办公室来一趟。"走在路上的时候,他也清楚地意识到即将到来的是一场教师刮起的暴风骤雨,那么,如何应对教师劈头盖脸的批评呢?聪明而又错误不断的学生马上会意识到,将自尊心放低,将良好的自我期待收藏起来更容易自我保护,因为低自尊、低自我评价的人与犯错误之间还相对协调,不会引发更多的心灵痛苦。所以当着教师的面,他就会表现出"我就这个样子了,你尽可能批评吧,我无所谓"的样子。

一个本来就犯了错误的学生,面对教师的时候竟然拿出无所谓的态度,没有经验的教师看到此情此景,往往难以抑制心中的怒火,一通情绪高昂的训斥,一顿面红耳赤的说教,声音够大,情绪够烈,但有效果吗?有的可能仅仅是发泄自己的怒火而已,得到的往往是学生走后的挫败感。

有经验的教师会怎么做呢?他知道,学生之所以做出无所谓的表情,其实并非真的无所谓,生活中的每个人,即使那些人人皆知的所谓"差生",他们也对自己有良好的期待。这种无所谓的表情,只不过是面对可能的批评所做出的自我保护姿态,用低自尊来平衡自己的错误,避免认知失调的痛苦,进而躲避自我成长的修炼。而人又只有在心灵痛苦的时候才会寻求改变,认知平衡不会产生变化的需要,那么,教师要做的,就是帮助学生找回他的自尊心,培养他的高自尊,然后再点出错误,拨正失调和促进改变。所以,有经验的教师,面对这样的学生,交流往往是从赞美和认可开始的:

首先,聊聊家常以减轻学生顾虑,顺势迷惑学生,不让其了解此次谈话的目的。典型的语句如"近期怎么样……"之类的。

其次,主谈学生优点,助其建立自尊心。比如,谈到"你学习虽然一般,但同学关系非常好,讲义气众人皆知,老师我也对你充满期待……"之类,边谈边观察,当看到学生放松警惕,面露轻松,自我感觉逐步升腾之际,自尊心回来了,谈话的关键也到了。

最后,一剑封喉,点出其错误:"既然你这么好,为什么犯那么愚蠢的错误?"

<u>一个自我期待良好、有自尊心的人,面对自己的错误必然心生痛苦,而这种痛苦才是改变的起始。</u>

需要说明的是,学生所拥有的"有自尊心的学生应该积极进取"、"我犯了错误"两种认知虽然会导致失调,进而引发心理痛苦的体验,但最后的改变并不一定符合教师的期待。因为根据认知失调论的说法,减少认知失调的方法不止一种,至少下面这些都是可能的选择:

(1) 改变认知。如果两个认知相互矛盾,我们可以改变其中一个认知,使它与另一个认知相一致。当"有自尊"和"犯错误"两种认知引发失调时,学生可以通过改变"犯错误"的认知来恢复平衡,比如,死不承认自己的错误来平衡自己的高自尊。

(2) 增加新的认知。如果两个不一致的认知导致了失调,那么失调程度可由增加更多的协调认知来减少。例如,学生可以在"我有自尊心"、"我犯了错误"之后,再增加一个"谁都会犯错"来获得新的平衡。

(3) 改变认知的相对<u>重要性</u>。因为一致和不一致的认知必须根据其<u>重要性</u>来加权,因此可以通过改变认知的重要性来减少失调。例如,学生可以在认知上降低"犯错误"的权重来平衡高自尊,即形成"我是个有自尊的人,我犯了错误,但错误不大"进而达成心理平衡。

(4) 改变行为。认知失调也可通过改变行为来减少,即学生以在未来不再犯错来平衡高自尊,这恰恰是我们教育的目的。但很明显,行为比态度更难改变,作为教师,任重而道远。

这四种减少认知失调的方法也启示我们,在面对"破罐子破摔"学生的时候,通过赞美培养自尊心,进而引发认知失调仅仅是工作的开始,我们在行为改变之外,还必须阻断他不通过行为努力就恢复平衡的道路。比如,认真调查取证,让其对错误无法抵赖;告诉他"谁都会犯错误,但不是谁总是犯错误";提醒他所犯错误并不是小事,影响很大,等等。

扩展阅读 4-1 费斯廷格及其理论简介[①]

费斯廷格(Festinger,1919—1989),美国社会心理学家。父亲为刺绣工厂厂主。

---

① 利昂·费斯廷格[EB/OL]. MBA 智库百科,http://wiki.mbalib/com/wiki/费斯廷格.

1939年获纽约市立大学心理学学士学位,后前往爱荷华大学,在K·勒温的指导下从事研究工作。1940年获爱荷华大学硕士学位。1942年获爱荷华大学心理学哲学博士学位,应聘为爱荷华大学副研究员。1943—1945年在罗彻斯特大学任教,1945年任罗彻斯特大学飞机驾驶员甄选训练中心统计专员。1945年进入麻省理工学院,参与勒温在该校设立的团体动力研究中心的研究工作。勒温去世后,他于1948年担任了密歇根大学团体动力学研究中心的计划主任。1951年任明尼苏达大学心理学教授,1955年到斯坦福大学任心理学教授,同年成为美国国家科学院院士,1959年获美国心理学会颁发的杰出科学贡献奖。1968年起转任位于纽约市的美国社会研究新学院心理学教授直至逝世,1969年同布拉德利(Trudy Bradley)结婚。

继勒温之后,费斯廷格作为将完形心理学原理应用于社会心理学研究的学者,主要研究人的期望、抱负和决策,并用实验方法研究偏见、社会影响等社会心理学问题。他最著名的贡献即是在1957年提出"认知失调理论"。

其理论建构的主要来源起先是和他的学生隐身在一群信众之中,研究他们的认知失调。这些信众相信在某一日会有大洪水到来,他们的守护者会驾着飞船来解救他们,带他们到一个安全的地方。对此费斯廷格和他的学生提出一个假设:假设某人十分相信一件事,并假设他受到信仰的约束,因而采取不可挽回的行动。如此一来,假如在最后他有无法否认的证据显示自己信仰之错误,那么这个人不会消沉下去,反而会产生更坚定不移的信念。而费斯廷格他们的观察结果也正如之前假设一般,当预言会有大洪水的日期到来了,没有飞船也没有洪水,一些坚定不移的信众(可能辞了工作、变卖家产),反而更相信这样的信仰,以此来弥补信仰与现实之间的差异。

之后他又和Merril Carlsmith进行了一项认知失调的实验,他们要求受试者做一件无趣的工作,结束后告诉他们实验的目的在于测试"对于工作有趣与否的预期,是否会影响之后的工作效率"而这些人士属于"无预期组",并请他们告知下一位受试者这个实验很有趣,以形成他们的预期。在这些受试者中有些被给予1美元,有些被给予20美元,并被问到这件工作是否有趣。这个研究想要了解的是:事后所给予的酬金,会不会减少认知失调(一件无趣的工作,却被要求告诉别人这是有趣的工作)的冲突,而认为这件事是有趣的。研究结果出人意料,得到1美元的人之中,较多人认为工作是有趣的,根据解释:在那些得到20美元的人之中,他们会认为是因为20美元,而有合理的借口说谎;而得到 1 美元的人,只能改变自己的想法,告诉自己这个工作是有趣的,以减少认知失调的情形。

根据上述的一些实验结果,费斯廷格归纳出人类在处理自己信念受到挑战时,我们的认知系统会进行一些处理。简言之,"认知失调理论"主要在解释当个体知觉有两个认知(包括观念、态度、行为等)彼此不能调和一致时,会感觉心理冲突,促使个体放弃或改变认知之一,迁就另一认知,以恢复调和一致的状态。

三、如何应对"叛逆"的孩子

1. 叛逆的心理分析

在"破罐子破摔"的孩子之外,"叛逆"类型的学生也常常让教育工作者头疼。具体来说,所谓"叛逆"的学生常常是这样一群孩子:他们不听话,教师说东,他偏偏向西,你说不准染发,他专门在额头染一撮,你说不准留长指甲,她偏偏留一只,你说不准将 mp3 带到教室,他专门买一个更先进的 mp4 进教室……总之,他们处处跟成人对着干,还总愿意给教师挑毛病,有的时候明显强词夺理,但就是不听人劝。这样的孩子,如何应对呢?他们为什么要跟大人对着干呢?他们难道不知道,教师、家长都是为他们好吗?

其实,在成人应对这些难搞的叛逆少年之前,我们必须理解的是:从某种意义上说,年轻人的叛逆有其令人欣喜之处,这亦可能是一个人成熟的必经之路。

我们知道,一个人的成长,最关键的是能够独立去认识和应对这个世界,这也是我们教育的重要任务。孩子发育到一定阶段,受自然成长定律的安排,一定要学会独立,也自然从内心深处产生独立的需要。那么,什么叫独立?怎样才能标志自己已经独立了呢?很简单的一个表现,就是不人云亦云,有自己的观点和想法。换言之,一个独立的个体,应该是一个有自己想法的独立思考的人。所以,青少年发展到一定阶段,自然会表现出一些想法与成人不一样,这也是我们常说的青少年心理表现中的"认知独立性"。但是,有些青少年学生,为了表明自己的这种"独立性的需要",偏偏故意表现出和成人世界的不同,有的时候就成了"叛逆"了。

因此,从心理发展上说,叛逆心理其实源自青少年认知独立性的发展。一个叛逆的少年,首先应该是一个聪明的孩子,因为只有认知发展到一定阶段,才能产生独立性的需要,只有聪明的孩子,才能发现成人世界的不足,对成人世界产生批判,进而表现出叛逆。反之,一个一直没有自己想法的孩子,一个始终听话的孩子,可能是一个智商发展不高的孩子;也更可能在未来的独立求生过程中遇到困难和挫折,他可能成长为一个懦弱的男人,一个嫁不出去的女人。

扩展阅读4-2 为什么她们喜欢李宇春

她们是谁?她们有一个统一的名字:玉米。意思是超级女声李宇春的fans。"玉米"由什么人构成?没有确切的统计数字,但个人觉得她们中的大多数可能是一群15—20岁左右的年轻女孩子。为什么是她们?为什么她们喜欢李宇春这样一个歌手?

从心理学的角度看,以下是一些可能的原因:

其一,李宇春代表着一种叛逆精神,这对无数中学生大小的女孩子而言,无疑具有一种替代满足的功能。不管真实情况如何,对于一个忙忙碌碌、整天活在家长和教师的催促下的女学生而言,李宇春不是因为刻苦学习、考大学而找到好工作获得的成功,她仅仅因为爱好唱歌如此简单的事而一夜成名,这样的经历让多少青春期的女孩子心生羡慕。她那不必面对学习的潇洒,那略带叛逆、漫不经心的笑容是如此迷人,这是每一个生长在校园压力之下女孩子心中的梦想。在当前的教育背景下,大部分学生的学习体验是不开心的,而李宇春的出现,给她们一种替代性的满足:即使不学习,唱歌也一样可以获得成功!

其二,李宇春所代表的一种中性形象,潜意识中满足了女孩子们对异性的渴望。和别的超女不同,作为女性的李宇春,并不是以一个清纯乖乖女的形象出现的,她是一个略带男生气质的女生。可以说,更多的时候,她是以一种模糊了性别界限的形象出现的明星。这种非男非女的中性气质,恰好可以满足一下"玉米"们对于异性的朦胧情感。喜欢李宇春的女学生们,多处在情窦初开的年纪,在中国这种传统社会的影响下,喜欢一个赤裸裸的肌肉男,如施瓦辛格,那样做的话似乎"性"的意味太浓,她们内心深处也不好意思。况且女性在这个时候,关于两性关系,更多想到的是喜欢和爱,而不是肉体上的性。所以,流行在这个年龄阶段的女生们的偶像,中性装扮的明星们有时候更受欢迎,他(她)们像异性,但又没有"性"。这样一来,那些像女生的男生,或者像男生的女生就会更受她们的欢迎。比如,早些年前的林志颖;又比如,现在的李宇春。

其三,"玉米"们喜欢李宇春,一个重要的原因恰恰是成人世界不大喜欢李宇春。对于李宇春,家长和老师们也喜欢的并不多,许多成年人也总是感叹,为什么孩子们会喜欢这样一个"不男不女"的歌手。其实他们不明白,他们的这种态度,恰恰构成了年轻人喜欢李宇春的理由。对于青春期的孩子而言,凡事都听家长和老师的话,是长不大、不成熟的标志。在这个时期,他们一定要做一些成年人反对的事,才能表现出自己的独立性,才能表明自己是个成年人了。做成人世界不允许的事,那样才会更有意思!这样一来,你越反对,我就越喜欢。其实,每一代人,都会对自己的下一代有不满;而每一代人,都是经历了对上一代人反对而成长和成熟起来的,那些喜欢李宇春的孩子们也是一样。

每一代人,皆因为反抗主流的价值观念而成长,人类社会,也因为年轻人的不满意而在进步。

其实,你看看如今的青少年,面对一个日益开放的社会环境,想叛逆也是一件不容易的事情了。还记得电影《红衣少女》吗?改革开放之初,一条红色的连衣裙,就足以让人侧目了;但今天呢,即使你把头发染得五颜六色,大家也见怪不怪了。所以,今天的青少年,即使想独立,想叛逆,想跟成人世界对着干,也需要更多的创造性的古怪想法才可能达到了。

2. 叛逆的应对策略

作为一个教育工作者,我们理解青少年独立成长的需要,但是,这种需要一极端,演变成"叛逆",专门跟成人对着干,那么就令人头疼了。也有的青少年只为叛逆而叛逆,进而误入人生的歧途,这就需要我们适时地教育干预一下了。

那么,如何去应对这些所谓的"叛逆"学生呢?我们还记得前面所谈到的如何对付"破罐子破摔"的学生吗?虽然这两类学生的表现有所差异,但对付的方法却有异曲同工之妙:

赞美和认可,表达出你对他(她)的理解。

叛逆学生有什么表现呢?不就是处处跟你对着干吗?什么时候他会满足?不就是不听你话,把你气得一塌糊涂的时候吗?那我们的策略很清楚:你跟我对着干,我不接你这一招;你故意出新搞怪,我偏偏不为所动,不因此生气。相反,我理解你、认可你、尊重你的这些与成人世界格格不入的言行,因为我也曾经年轻过。

莎翁的名著《罗密欧与朱丽叶》几乎人尽皆知:罗密欧与朱丽叶相爱,但由于双方世仇,他们的爱情遭到了极力的阻碍。但压迫并没有使他们分手,反而使他们爱得更深,直到殉情。心理学把这种爱情中的人"越是艰险越向前"的现象称为"罗密欧与朱丽叶效应",即当出现干扰恋爱双方爱情关系的外在力量时,恋爱双方的情感反而会加强,恋爱关系也因此更加牢固。对青少年而言,他们的许多叛逆表现,恰恰和"罗密欧与朱丽叶效应"相关。其实不仅青少年,不仅爱情这样,人性本身就如此,越是禁忌的东西,我们便越发地想尝试一下。比如,"雪夜闭门读禁书"就是古代读书人生活中的一件快事。现代人也是这样,互联网这么发达,成年人也许或多或少都读过一些色情书籍,但哪一部影响最大?《少女之心》。为什么,不仅因为当年手抄本的原因,更多的是因为被禁止得太有名了。

> **罗密欧与朱丽叶效应(Romeo and Juliet Effect)**
>
> 当出现干扰恋爱双方爱情关系的外在力量时,恋爱双方的情感反而会加强,恋爱关系也因此更加牢固,人们把这种现象称为罗密欧与朱丽叶效应。

对那些叛逆的少年来说,他们之所以去做某些事,本来并不一定是因为喜欢,而是因为有人禁止他们去做。反之,如果一个叛逆的学生觉得自己的想法、做法没有引起成人的更多关注和反对,人们表现出理解和认可,那么做起来也就没有什么意思了,叛逆的问题可能也因此而解决了。

许多人很喜欢看《家有儿女》这部电视剧,其中有一集的故事很有意思。某天王巨星要来本城市进行演出,这个明星是刘星和晓雪的偶像,这样的人物到自己的城市来了,他们一定想要去现场为自己的偶像呐喊助威了。在他们的不断努力下,爸爸夏东海终于答应了他们的要求,给他们买了明星演唱会的门票。不过,爸爸对姐弟两人去演唱会不放心,便多搞了一张票,他要和孩子们一起去看看天王巨星。所以,三个人幸福地唱着、跳着出发了。

演唱会的具体情形未知,出发之后的下一个镜头是刘星和晓雪垂头丧气地回到了家,而爸爸夏东海却是兴奋得手舞足蹈的样子。为什么去看自己的偶像,回到家却是这个样子呢?刘星忍不住道出了其中的原委:本来是去看自己的偶像,可一到现场,刘星和晓雪还没有兴奋起来呢,爸爸却表现得比谁都高兴,大喊大叫的样子吸引了许多人,搞得两个人很没有面子,一点也没有与偶像近距离接触的欢愉,所以便垂头丧气地回来了。

为什么看到了自己的偶像却不觉得兴奋?这其中的心理原因在于,青少年之所以喜欢偶像,其中一个重要的原因往往是因为偶像的离经叛道让他们有替代满足之感,有属于自己的偶像也是个体独立的一个体现。但是，在《家有儿女》这一集的情节中，刘星和晓雪所喜欢的偶像得到了爸爸夏东海的认同，这样一来，由崇拜偶像所带来的个体独立需求得不到体认，而且爸爸的表现也让孩子们怀疑自己：爸爸如此兴奋，我们怎么和爸爸喜欢一样的偶像，我们的欣赏水准这么土吗？真没意思。

关于"他们为什么喜欢李宇春"的小文写于几年前，那个时候正是许多家长觉得李宇春"不男不女"的时候，也是孩子们为偶像疯狂的时候。今天，更多的成年人认可了李宇春的努力和成长，而今天喜欢李宇春的那些孩子，也变得更为理性了，他们不再因为教师、家长们的反对而喜欢李宇春，他们仅仅是喜欢李宇春这样一个人。

对付那些叛逆孩子的关键在于，他（她）跟你对着干，你不能跟他（她）对着干。

四、转化学生从哪里开始

1. 那些神奇的案例

书籍杂志、报纸电视或者真正的教育培训中，我们常常看到或者听到许多优秀教育工作者的感人事迹。在改变后进生的案例中，这些优秀教师的表现让人神往，常常在优秀教师的一次促膝长谈之后，或者在一次有些传奇的教育事件发生之后，一个顽固不化的学生就转变了，就从此天天向上、茁壮成长了。

在现实生活中，许多教师也受这样的案例的影响，常常希望自己也能像那些案例中的教师一样，"快刀斩乱麻"地工作，学生能在当头棒喝中接受教育并转变。然而，现实是残酷的，这样的事情往往没有发生，对更多的教师而言，日常教育中遇到的更多的是改变学生的艰辛与教育无效后的挫败。问题出在哪里呢？我们应当如何看待优秀教师的教育案例呢？

首先，作为一名教师，我们应当清楚那些"神奇"的教育案例与真正的教育现实之间是有区别的。那些优秀的教育工作者在描述这些教育案例时，为了节省时间，为了集中要点，为了更充分地表达教育的艺术……经过加工、整理、修饰，这些教育事件也逐渐变得精彩甚至有些神奇起来。这样一来，好像学生是一下子就被转化了，其实现实并没有这么简单。

其次，作为一名教师，我们要留意人人都有的，而中国人又常备的善于"偷懒"的观念。说句玩笑话，在我们古老的文化中，似乎就存在一种懒惰的、希望不劳而获的思想。比如，佛教东传过程中，在达摩祖师那里，"面壁十年图破壁"本来是一种苦修禅法，但到了中国一发展，便成了"放下屠刀，立地成佛"的顿悟禅法了。教育上，多快好省教育学生也成为许多教师的理想。但必须清楚的是，学生的问题常常不是一天两天形成的，希望一两次教育就立即改变一个人也是不现实的。

最后要讨论的是,那么多优秀教师谈到的"失足少年"幡然悔悟的故事都是编的吗?当然不是。不可否认,有一些学生确实是在教师的激情感召下重新调整了人生的航程,也有一些教师仅凭自己的三寸不烂之舌,通过一两次谈话就可以让后进生醍醐灌顶,健康成长。然而,我们也需要清醒地认识到,这些案例更多的只是一些个案而已,并不具备普遍性。对于大部分在基层工作的教师而言,改变学生是一件艰苦的工作,不是一蹴而就的。

既然不是一蹴而就的,那么教育转化就是慢慢发生的,用句流行的话语,"教育是慢的艺术",学生是在春风化雨、润物无声中逐渐变化的。那么,这些变化是从哪里开始的呢?

2. 教师的第二种武器:承诺

心理学家曾做过一个研究:把青少年分成两组,其中的一组人让他们讨论一个关于助人的倡议书,同意的在上面签名,另一组则什么都不做。过一段时间之后,跟他们讲述一个志愿服务的任务,希望他们能放弃一些休息时间,参加某种志愿助人活动,结果,相对于另一组,那些讨论了助人倡议,尤其是在倡议书上签过名字的人,参与后来的志愿活动的可能性大大增强。

这个研究告诉我们,不论好人坏人,每个人都希望自己是言而有信的,承诺的行为都有义务去履行。一项承诺,就是一个对自己的郑重期望,一个自己未来行为的操作指南。当然,这项原理给我们的教育启示是:想要一个学生发生行为的转变,应该从承诺开始。具体操作的行动策略应该是"不承诺→小承诺→公开承诺→行为转变"。从教师的角度说,要想学生大转变,教师先提小要求。

要想让他做到,先让他说到。大转变往往是从小要求开始的。

许多教师的成功案例都说明了这一点。全国知名班主任万玮老师在讲座中曾谈到一个例子。

一个学生数学成绩只得了18分,学生自己也不满意,觉得很懊丧,甚至失去了学习的动力。数学老师找到他,并没有批评他,而是先安慰了他,然后提醒他在数学上的潜能,最后帮他分析试卷,并替他惋惜起来:"你看看你这次的数学卷,多可惜,本来判断题有10分,乱猜按照概率都能得一半分,而你竟然都没有做,太可惜了。"学生也认同了老师的分析,老师的要求便跟进了,"这样吧,下次也不要求你多,只要你比这次多5分,判断题都做一下,我就会给你一个特别的奖励"。

学生一看老师这么关心自己，又是举手之劳的事情，便答应下来，认真听了几堂课。其实现在的学生都聪明，只要一认真听课，成长的就不止5分10分了，他也理所当然地得到了老师的肯定和表扬。于是老办法，老师的要求也便不断加码了，再加点，再加点……学生的成绩遂得到了提高。

小要求促进大改变，不仅提高学科成绩可以用此策略，思想教育也可以用此策略。下面的例子同样是一位全国知名班主任的教育案例，许多年前我听她这样讲过，不过现在她一般不再举这个例子了，我一会再说为什么。先说案例：

一位初中女教师，和班级的学生关系搞得不错。学生们也把她当朋友看，有些什么心事也愿意跟这样一位通情达理的女教师交流。一天，一个男生找到了她，谈起了自己的心事。原来，男生喜欢上了本班级的一个女孩子，想向对方展开追求，但又怕遭到拒绝，就来教师这里征求意见。换言之，这就是传说中的早恋了。

遇到这种青春期的恋情怎么办？这也是许多教师比较头疼的事。当然，案例发生的时间在20世纪的八九十年代，在那个时期，其实包括现在，许多教师遇到学生恋爱问题的整体思路是：见一对拆一对，拆散一对是一对。案例中的女教师也不例外，她的目标也是想把这种早恋的苗头扼杀在摇篮中。但很明显，不管是一个成年人，还是一个未成年人，爱上一个人都是甜蜜而幸福的，不容易的，青春期的恋情拆散更不容易，怎么办？

女教师的办法其实就是今天我们所谈到的"从小要求到大转变"。她先是感谢学生对她的信任，然后表示，在这个年纪对异性有好感实属正常。在打消了学生的顾虑之后，对话的重点来了：

师：你看上了这个女孩子，你觉得她哪点好呢？

生：哪点好？哪都好啊……（以下省略2 000字）

师：那你觉得她有什么缺点没有？（注意，有转折，关键点来了）

生：缺点？没觉得她有什么缺点呀？（当然了，"情人眼里出西施"嘛。）

师：你看看，不理性了不是。人哪能没有缺点呢？在不了解的情况下，贸然表白肯定是不合适的。

生：哦。

师：我给你出个主意吧。你先别着急表白，我交给你一个任务，你先回家仔细思考一下，她究竟有什么缺点，找到之后你再来和我谈，然后我帮你分析以后的对策。（"小要求"终于出现了！）

生：好吧,谢谢老师。

几天之后,学生找到老师,向她报告。

生：老师,我终于找到她一条缺点……

师：找得好,这样你就会理性一些了,但人哪能只有一条缺点呀,肯定还有,你先别着急谈恋爱,这样还是不理性,回去再找找。（典型的逐步提高的要求。）

几天之后,学生找到老师,说了他的新发现。然后老师再继续要求："肯定还有……,再去找……"事情的最后结局是,学生有一天找到老师,说了自己"理性分析"的结果："老师,我现在发现她缺点太多了,一点都不值得我去爱。"

教师的目的达到了,成功地阻止了一对未成年人即将开展的爱恋。

当然,对于这个案例,教师的处理肯定存在一定的争议,这也是这位知名的班主任现在很少谈及这个案例的原因。关于学生的"早恋问题"如何处理,现在的教育界也没有大家都认可的通行做法,但案例中教师的做法至少不符合青少年心理发展的原理原则。这样的处理,虽然现在消除了早恋带来的系列问题,但也可能对学生未来的婚恋生活造成负面影响。比如,经过"爱情理性"的这么一辅导,学生养成了对任何一个女性都要找一番缺点的习惯,以后人家一介绍女朋友,他别的不想,先看看对方到底有什么毛病。这样一来,恋情就很难真正地展开了,因为俗语说得好,"爱情本来就是盲目的"。

然而,不论事情的对错,从另一方面看,案例中的女教师对学生的预期转化毕竟实现了,她的教育影响是到位的,她的实施策略,就是我们所谈到的"武器"：承诺。

也许有人会说,这三个教育案例,确实是从小要求促进大转变的,这里面也没有什么"承诺"的问题呀。其实,这里所说的承诺,不仅包括语言的、文字的,还包括心理上的,即在心理上,认同并答应要去做某事。小要求是外在因素,是教师发出的;而承诺则是内在变量,是学生反应的。正是教师的小要求,引发了学生心理的最初承诺,最后教师逐步提要求,学生渐次履行承诺,达到教育转化、行为改善的目的。因此,如果内外因素都考虑到,可以拓展一下,将这种策略称之为"要求—承诺"策略。

但是,大家清楚,并不是每个承诺都能达到最终行为的改变。就像当年美国作家马克·吐温说的,"戒烟是件很容易的事,我已经戒了一千多次了"。戒烟的承诺很容易发出,但最终戒烟成功并不容易。那么,教师要提什么样的要求,让学生形成什么样的承诺,才更利于对行为的促进呢？

五、"要求—承诺"策略的应用

这是一个虚拟的任务：希望你周边的人在你的说服下能够无偿献血，你需要怎么做才能更好地完成这个使命呢？

这个任务似乎和学生管理无关，但其实不管是让别人献血，还是使学生转化，其背后的目的可能是一致的。那就是作为一个管理者，一个影响者，很多时候的任务是要求别人去做他并不愿意去做的事，但管理者却必须想尽办法达成目标。献血也好，转化也罢，我们总要为此做出努力，而这不同的任务背后，其心理学规律是一致的，都是"要求—承诺"策略的充分运用。在这里，我们以一个虚拟的"让人献血"的任务，来说明"要求—承诺"策略有效实施的前提和条件。

1. "要求—承诺"有效的前提

一是要求者是否是承诺者的重要他人。简单来讲，教师在学生心目中的地位决定了要求对学生的影响力。前面举的几个优秀教师的案例，许多教师也听过，也"照葫芦画瓢"在教育中实践过，但有的并不起作用，或者效果并不明显，其原因很可能在于此。正如在前面"重要他人"的章节中所谈到的，一名教师是否是一个受学生敬佩、喜欢的人，是否已经成了学生成长中的"重要他人"，其说话的分量和效果是不一样的，当然其要求之后所产生的承诺及其行为变化也是不同的。

二是承诺者本身是否有较高的自尊心。为什么高自尊是"要求—承诺"策略有效的前提呢？很简单，根据前面所谈到的认知失调理论，一个高自尊的人，如果承诺之后，不信守诺言，更会感觉认知失调，心里难受；但如果一个自尊心不高的人，违背自己的诺言也不会引起内心更多的不舒服，所以，作为教师，在对学生提出要求，希望其承诺时，应当确保其已经有了较高的自尊心，如果没有或者不高，先培养其自尊心，然后再作要求。

在满足要求者定位与承诺者的高自尊之后，要想最终达到转化学生的目的，还要注意要求与承诺之间的一些必要条件。

2. "要求—承诺"有效的条件

首先，要求应该是合理的。当教师在给学生提要求的时候，比较忌讳的是希望"一口吃成个大胖子"，提出一个比较大的要求，学生难以完成。虽然这样的要求也表示出教师对学生满含期望，但这样的要求也容易流于形式，让学生知难而退，最后不了了之。要知道，学生的问题不是一天两天形成的，改变也不会是一朝一夕之事。所以，教师对学生提出的要求不要过分着急，希望学生一下子就有一个行为的巨变，而是应该从"小要求"着手，提一个不复杂、容易达到或者通过少许努力就可以达到的要求,这样,也利于学生做出自己的承诺。

其次,承诺最好是公开的。学生的承诺可以是教师与学生私人间的,也可以是当着全班师生的。哪种好?当然是后一种。因为,当一个人作出承诺时,如果知道的人越多,履行承诺的心理压力也就越大。试想,那么多吸烟的人为什么屡次承诺却戒不了烟,因为很多人只是自己在洗手间对着镜子默默下定决心罢了,这样的自我承诺因为缺乏监督,很容易流于形式。所以,对于学生答应的事,最好公开,让其面对教师以及同学的共同压力,这样,履行承诺的可能性也更大。当然,这并不是说,要求和承诺同时在公开的场合进行,对学生的要求以及承诺可以经历一个从私下到公开的过程,逐步展开,先是私下"拉钩上吊",写写决心书,然后在适当的机会和场合让更多的人知道。这里需要注意的是,需要公开的承诺应当以不侵犯学生的隐私和权利为宜,不能将事先约定不公开的事情一下子公之于众,让学生下不了台;而应当以尊重的态度、表扬的语气,在和谐的气氛下将承诺公开。

再次,履行承诺后有奖励。学生履行了自己的承诺,完成了教师的要求,这时候,教师要给予及时的鼓励和肯定,这包括各种形式、各种水平的表扬。假如学生经过一些努力,完成了教师的要求,但无所得,那么会降低其未来努力的可能性。至于对于学生的行为改善,教师可以采用什么样的鼓励形式,我们将在以后的章节中详细讨论这些内容。

最后,要求与承诺有层次。教师要求与学生承诺的关系应该是逐级递增的。在心理学的社会影响理论中,有一个现象称为"登门槛效应"(Foot In The Door Effect),认为当个体先接受了一个小的要求后,为保持形象的一致,他可能在随后接受一项重大、更不合意的要求。这就好比在商业推销中,推销员首要的目标不是卖商品,而是能把脚踏进客户的大门,而只要一进大门,那么随后推销成功的可能性便大大增加了。前面所谈及的几个教师转变学生的例子中,其要求与承诺都是逐级递增的,教师所采用的其实都是"得寸进尺"的登门槛技术。

扩展阅读4-3 关于登门槛效应的实验[①]

弗里德曼和弗雷泽(J. L. Freedman & S. C. Frase,1966)让两位大学生访问郊区

[①] 登门槛效应[EB/OL]. 百度百科,http://baike.baidu.com/link?url=jDUMcEBhRgIElz-e3UcqoDg22hjo1DZ8dlJJ8V3oQzPqSLAonq4v-JTw4VHiOYoMif8sOGB8kVi-spYRKCUF7q

的一些家庭主妇。其中一位首先请求家庭主妇将一个小标签贴在窗户上或在一个关于美化加州或安全驾驶的请愿书上签名,这是一个小的、无害的要求。

两周后,另一位大学生再次访问家庭主妇,要求她们在今后的两周时间里在院内竖立一个呼吁安全驾驶的大招牌。该招牌很不美观,这是一个大要求。结果答应了第一项请求的人中有55%的人接受这项要求,而那些第一次没被访问的家庭主妇中只有17%的人接受了该要求。

研究者认为,人们拒绝难以做到的或违反意愿的请求是很自然的;但是他一旦对于某种小请求找不到拒绝的理由,就会增加同意这种要求的倾向;而当他卷入了这项活动的一小部分以后,便会产生自己是关心社会福利者的知觉、自我概念或态度。这时如果他拒绝后来的更大要求,就会出现认知上的不协调,于是恢复协调的内部压力就会驱使他继续干下去或做出更多的帮助,并使态度改变成为持久。

不言而喻,前一组的家庭主妇同意率之所以超过半数,是因为在这之前对她们提出了一个较小的要求;而后一组的家庭主妇同意率之所以不足20%,是因为在这之前对她们没有提出一个较小的要求。换句话说,前一组的家庭主妇的同意率之所以高于后一组的家庭主妇,是因为人们的潜意识里总是希望自己给人留下前后一致、说到做到的印象。

3. 从抗拒到遵从

现在我们回到前面谈到的那个问题,如何让你周边的人受你的影响去无偿献血呢?

仔细分析一下这个任务就会发现,让一个人无偿献血的话,是一个比较大的要求。虽然,我们不否认有一些人高风亮节,以自我牺牲、助人为乐为做人之本,但这样的人毕竟是少数,在我们身边更多的人都是虽有善根,但也有小自私的芸芸众生。所以,在这种情况下,直接向他们提出要求,要他们为社会的需要而无偿献血基本上应者寥寥。更多的可能是他们会找出各种各样的理由来拒绝你这一要求,比如说,某人会说献血的时间段里比较忙,不能如时赶来;或者会说自己长期吃肉,血脂比较高不适合献血;或者自己近期身体不适,不能献血……

那怎么办呢?我们可以依据"要求—承诺"策略,根据相关的心理学原理,去影响周边人的心理和行为。虽然我们在现实生活中不一定真的这样做,但我们可以做一个"思想实验":

第一步,确保自己是一个诚信度、美誉度都比较高的人,或者需要寻找一个这样的人来做鼓动宣传。根据心理学规律，不同的人说话影响度不同，一个影响力高的人说话往往具有事半功倍的效果。

第二步，提要求之前先提高参与者的自我评价。可以和他们讲，据宣传者所知，他们是这个社会的精英之士，思想道德水平比较高，都具备了"温良恭俭让"等诸多中华民族的传统美德，这样，他们的自我认知、自尊心就提高并膨胀起来了。

第三步，提出一个小的容易承诺并履行的要求，但并非直接要求献血。你可以这样说，虽然大家都是道德高尚的人，但现在的社会风气、社会道德水平并不理想。国家兴亡，匹夫有责，在这样的社会背景下我们不能独善其身，也应当给周边的人做个表率。我们希望，大家能够从我做起，从身边人做起，一点一滴为这个社会进步作出应有的贡献。为此，我们和某组织（当然是诚信度越高的组织越好）一道，发出一个倡议，中心思想就是"只要人人献出一点爱，世界就变成美好人间"、"当别人有需要的时候，我们每个人保证都会伸出援助之手"之类的，然后，请同意这个倡议的人在倡议书上签名。在这种情况下，举手之劳签个名应该不是难事吧，但注意，这里的签名承诺只是一个私下的事件，心理压力并不大，我们随后进行下一步，再把其承诺公开施加点压力。

第四步，在另外的时间里，布置好房间。让这些人再聚集在一起，当他们一到房间内，就发现他们当初的签名的倡议书已经被放大、喷图，展现在了房间最显著的位置。然后宣传者开讲，在座各位不愧是心地纯善之人，你们的行为令宣传者感动，在这样一个倡议下许多人庄重地签下了自己的名字，而且，有些人的签名还很漂亮，比如，张某某。哦，张某某来了吗，你谈一谈，当初你签名的时候是怎么想的。张某某一听到众目睽睽之下自己被点名了，也不好驳主持者的面子，便想着站起来客气几句吧，一般会说，我赞成这个倡议，觉得倡议很好，有行动更好之类的，然后宣传者号召大家为张某某的表达喝彩。这时，从心理上，其实已经完成了张某某的私下签名同意倡议到承诺公开化的转变。接下来，因势利导，让每一位签名者都当着大家的面来谈谈对这个倡议书，对做慈善事业的看法，每个人的承诺都公开。

第五步，最后的要求到了。在各位都畅所欲言之后，宣传者谈及当前所在城市的血站缺血，导致许多需要者"嗷嗷待哺"，急需有志愿者紧急援助。这时，再问问刚才的张某某，是否愿意去献血，他就很难拒绝了。因为，他刚才已经在大庭广众之下，豪言壮语半天了，这时候说自己不能献血，怎么能说出口？

看到这里，有人会说，你谈的这不是"圈套"吗？是的，确实是"圈套"，其实你自己想一想，生活中哪里没有圈套呢？你不是在给别人设"圈套"，就是已经在别人的"圈套"中了。

现在回到教育领域,我们教师也要给学生设些"圈套"吗?我认为回答是肯定的。虽然教师所从事的是神圣的教书育人工作,但也并不是每个学生都是小兔乖乖一样,任你教育、影响和塑造的,从某种意义上说,教书育人工作也是一个斗智斗勇的过程。作为一名教师,你在研究你班级中的五六十个学生,而那五六十个学生也在琢磨你,我们教师如何利用心理发展与心理影响的规律,去教育感化你的学生,也应当成为我们自我成长的目标。虽然,在教育领域,我们不用"圈套"这个词,但许多教师,包括那些优秀教师做的,实质上就是同样的事,只不过,我们很多时候,把这称之为"教育艺术"。其实,不管是圈套也好,教育艺术也好,都是心理影响之策,而小要求促进大转变,"要求—承诺"的办法就是这许多策略中的一种。

扩展阅读 4-4 "要求—承诺"教育案例点评①

案 例 过 程	案 例 点 评
"让每一只小鸟唱歌,让每一朵花儿开放",这是教育的使命。要完成这个使命,每个老师各有不同的方法。	
记得1998年我的班上新转来一位男生。他个性倔强,脾气暴躁,很难与人相处,周围的同学三天两头来告状。我感觉他在这个集体中是孤立的,没有朋友。怎么引导他学会与人相处,让同学们能接纳他呢?根据以往的经验,我知道严厉的措辞或是简单的说教,对于他这样的孩子是没有用的,但有一点我坚信,没有一个孩子会拒绝真心的朋友。	学生的问题:难与人处。如果直接要求或者抽象要求则效果不见得理想。
对他的转化工作也就开始了。他待人尖锐偏激的态度,其实正恰恰反映出他心中对友情的渴望,渴望被人重视。所以,当他周围的两位女生又一次向我提出换位子且离他越远越好时,我一方面做两位女生的思想工作,另一方面没有去	一个小要求,引导学生承诺,完成后许诺表扬。

① 余进如.班级管理经典案例评析[M].北京:龙门书局,2007.

续表

案 例 过 程	案 例 点 评
批评指责这位男生,而是向他提出了要求:"在你的周围为自己找一个朋友。两周后,把他(她)介绍给老师。如果你成功了,老师表扬并有奖励。"听了我的话,他先是一愣,沉思了一会儿,重重地点了点头,仿佛是在承诺什么重要的约定。 　　两周后,他如约来到我的办公室,他找来的朋友,竟是前两周要换位子的一位女生。这位女生的话更是让我喜出望外,她说:"我很愿意与他成为好朋友,因为他不再欺负我们了,还很乐意帮助我。"男生的表情更是激动,随即他问什么时候带第二个朋友来。我欣喜万分,我知道他此时心里又燃起了对成功的渴望,他也明白了获得朋友对他来说并不是遥不可及的。渐渐地,越来越多的同学成了他的朋友。同学们对他也不再退避三舍,而是真心欢迎,这位男生还在班级评选"热心人"的活动中被评为"热心人"。对他获得的成功,我由衷地感到高兴。然而教育是一个漫长的过程,要考虑到学生在成长道路上出现的反复。每当这位男生又犯错误时,我总会把握时机给他一些激励的话语,例如,"你在老师心中一直是个不自满不服输的男子汉,我信任你"。每一次他都能以实际行动告诉我,他是在努力地克服缺点,不断地挑战自我。 　　在我的班主任历程中,我总结出:在更多情况下,对学生施以激励为主的教育方式,含蓄委婉地批评,较之直来直去的呵斥更容易为他们所接受。在老师温暖的话语中,学生通过自我反省,逐步从他律走向自律,这样,教师的教育就会收到事半功倍的效果。	学生体验到承诺履行后的喜悦,提出进一步的要求和承诺。 完成教育转化,从难与人处变成"热心人"。 案例的成功从心理学上而言,是贯彻了"要求—承诺"的策略,从教师的小要求导致了学生的大转变。
案例作者:凌林	点评者:迟毓凯

第五章
学生管理的情绪策略

教育案例：小龙的转变[①]

"我们班有个男生小龙，性格比较叛逆，具体表现可以用两句话来概括：班主任说什么他都不乐意，班干部做什么他都认为不对！虽然这个学生聪明机灵，非常爱踢足球，口才和反应能力都很不错，各项体育都很棒，但是平时作业拖拉，字迹潦草，上课爱找同桌讲话，小动作不断，下课拿扫帚当机关枪玩。有一次我们学校举行运动会，结果他为班级争得了两个第一，我立即把握住这个大好时机，当晚就找他出来谈话。首先我赞扬他在运动会上表现得积极英勇，为班级争得了荣誉，获得了同学们一浪接一浪的掌声。之后我又跟他回顾在主题班会上他如何舌战群雄，面不改色心不跳，然后我又大力表扬他出的黑板报别具一格。赞扬完后我发现他已经变成了欢乐的海洋，这个时候我看准时机话题突然一转："但是你有没有好好想过，你那么有才干却没有一个人选你当班干部，你有没有冷静地思考过为什么？"然后我跟他一一分析原因，开始的时候他还只是点点头，到后来他自己主动表态。过了一段时间，我又找他出来长谈了一次，慢慢地我发现这个学生在学习态度及与同学相处方面有了很大的改观。"

我们听过很多在运动会上改变后进生的案例，那么，为什么运动会这个场景成了众多后进生转化的舞台，这其中又蕴含了什么样的心理学规律？

一、情绪心理法则及应用

1. 情绪二因素论

不管是赞美，还是承诺，这两种方法都立足于从观念上去影响学生，主要的表现形式也

[①] 案例来自上海市奉贤区齐贤学校的方英老师。

都是说理型的,这也是我们教师熟悉和习惯使用的方式。然而,虽然说得很热闹,但对今天的学生而言,教师试图通过说理的方式来影响学生是有一定难度的。这是因为,对许多学生而言,他不是不明白教师讲的那些道理,如果让他来讲,可能比教师讲得还要好,只不过他们都有一个共同的特点:头脑聪明,心灵脆弱。道理都懂,但做不到。所以,从这一点来说,教师要想增强影响力,还要在认知观念之外想办法,比如,利用情绪的规律。

可以说,人并非时刻都是理性地生活着,更多的时候,人们习惯于用心而不是用脑生活。简言之,人们在生活中的所作所为,并非都是理性分析判断的结果,很多都是情绪波动的产物。比如,一些人在购买汽车之前查了许多资料,又是比较油耗,又是比较动力,等等,做了充分的准备工作,可一到卖车的4S店,最后起决定作用的,却可能是说不清道不明的第一感觉。再比如,有些女性在恋爱之前,对自己梦想中的白马王子做了很多的设想,身高啊,长相啊,才艺啊,等等,还下定决心宁缺毋滥,非这样不嫁。可最后呢?还是糊里糊涂地爱上了一个跟原先设想一点都不沾边的人。在这里,人们的行为决策受什么影响呢,那些说不清道不明的因素中就包含了情绪和情感的作用。

那么,在心理学的研究中,人的情绪情感的发生、发展又有什么规律呢?我们先从一个实验讲起。

著名情绪心理学家阿瑟·阿伦(Arthur Aron, 1974)曾经做过一个经典的现场实验。实验中,研究者找到一位漂亮的女性做研究助手,由她到一些大学男生中做一个调查。调查的内容并不复杂,首先,让这些被试完成一个简单的问卷,然后根据一张图片编一个小故事。实验的特别之处在于,参加实验的大学生被分为三组,调查发生在三个不同的地点:一是一个安静的公园,二是一座坚固而低矮的石桥上,最后的地点是一座危险的吊桥上。这位漂亮的女性在对所有的大学生进行完简短的调查之后,把自己的名字和电话号码告诉了每一个参加实验的大学生。告诉他们如果他们想进一步了解实验或者跟她联系,可以给她打电话。研究者所要探讨的问题是:大学生们会编出什么样的故事?谁会在实验后给漂亮的女

图 5-1　阿瑟·阿伦的情绪唤醒实验(1974)

助手打电话？

参加实验的大学生编撰的故事千差万别,给女助手再打电话的人也是各不相同。实验最有趣的发现是:与其他两组相比,在危险的吊桥上参加实验的大学生给女助手打电话的人数最多,而他们所编撰的故事中,也更多含有情爱的色彩。

研究者利用情绪二因素理论(Two-factor Theory of Emotion)对实验的结果进行了解释。他们认为:

与人们的一般常识不同,个体的情绪经验并不是因自身的遭遇而自发形成,它是一种两阶段的自我知觉过程。在这一历程中,人们首先体验到的是自我的生理感受;然后,人们会在周遭的环境中,为自己的生理唤醒寻找一个合适的解释。

例如,根据这种理论,在情绪体验的过程中,你首先感受到的是自己生理表现与以往有所不同,例如,觉得浑身发热,心跳加速,手有点抖;接下来,你会不由自主地到环境中去寻找线索来解释此时自己的生理表现。

如果此时你正碰到愤怒的大黑熊,你会感觉"真是可怕";

如果此时你正碰到令你神魂颠倒的人,你会感觉"这是爱慕或情欲";

如果此时你正拿到期末考试题,你会感觉"这是焦虑";

如果此时你在健身房,你会觉得"这根本与情绪无关"……

换言之,你的情绪体验,更多取决于你对自身生理唤醒的解释,而不一定来源于你的真实遭遇。然而,这就引发了一个问题:在现实生活中,对同样的生理表现可能会存在着不同的但都是合理的解释,有时候,人们会很难确定我们的生理表现是由哪一种因素造成的。比如,当你跟一位心仪的异性看恐怖电影时,你感受到自己的心在怦怦乱跳,呼吸也变得急促起来,那么,这是电影情节太过恐怖呢,还是身边的人令你心动？你不可能说:"此时,我生理表现的57%是来自异性的吸引力,32%来自恐怖电影,另外11%是因为刚吃的零食来不及消化。"很多时候,由于难以准确地指出自己生理表现的真正原因,我们会产生对情绪的错误认识。比如,将看恐怖电影引起的心跳过速理解为身边异性致命的吸引力。在心理学上,将人们对自己的感受作出错误推论的过程称为唤醒的错误归因(Misattribution of Arousal)。

> **唤醒的错误归因(Misattribution of Arousal)**
>
> 对于自己的感受的起因作出错误推论的过程。

现在我们回到阿瑟·阿伦的研究。大家知道,当人居于危险的情境中时,会不由自主地心跳加速、呼吸急促,形成相应的恐惧之情,这是不以人的意志为转移的。对于参与调查的男大学生而言,无疑,那些在危桥上的参与者们更容易在生理上有所激动。根据情绪的二因素理论,他们会为自己的生理表现寻求一个合适的解释。与其他两组参与者不同的是,对于自己心跳和呼吸的异常表现,在吊桥上的男生可能产生两种都看似合理的解释:一是因为调查者的无穷魅力让自己意乱神迷;二是因为吊桥的危险让自己心如撞鹿。两种解释似乎都有道理,都可以接受,而真正的原因却是难以确认的。在这样模糊的情境下,一些大学生对自己生理唤醒进行了错误归因,即对于吊桥上的一些人,本来是危险的环境致使他们心跳过速,但是他们却将此错误地理解为是调查者的魅力所致。而正是这样的原因,导致了那些处于危险情境中的男大学生们,与其他环境中的人相比,对自己身边的调查者产生了更多的兴趣,而更多地拨通了漂亮女调查员的电话。

图 5-2 情绪二因素理论图解

总之,用情绪二因素理论来解释爱情的发生就一句话:

所谓爱情,就是心跳加速之后错误归因的结果。

为了加深对这一理论的理解,我们可以设想一个场景:

夕阳西下,柳荫底,小河边,一男一女,含情脉脉,四目相对。此情此景,这个女子要做些什么好呢?

每次我在课堂上提到这个问题,许多人会说:"闭上眼睛。"——答案错误,这样回答的人是在爱情中比较着急的人。如果根据上面讲的情绪的二因素理论,正确的答案是女子娇羞中一把推开这位男士,转身向远处跑去,以便让自己的心跳加速;男士呢,在后面追,也让自己的心跳加速。追上之后,当然,只要不是跟王军霞、刘翔谈恋爱,肯定能追上,当再次四目相对的时候,女子这时才闭上眼睛。可以想象,这时再闭眼睛,随后的反应肯定比跑步之前闭眼更剧烈。

那么,为什么这次两个人随后的亲密接触更剧烈一些呢?是他们有什么真情交流吗?还是中间又发生了什么催人泪下的桥段?都不是,他们只是多跑了几百米而已。所以说,爱情,就是心跳加速之后找错原因的结果。

2. 从理论到应用

不是在说学生管理吗,怎么谈了这么多爱情规律,这和教育学生有什么联系啊?有联系。在这里,我们其实是用爱情实验的一个例子,来演绎人的情绪情感的规律。总结一下上面所谈的实验,我们会发现,不论是爱情中的男女,还是学校中的师生,人类的情绪发生过程存在如下规律:

一是当人们为自己的生理唤醒寻找原因的时候,归因不同,个人的感受也不同。

二是当一个人情绪激动、心跳加速的时候,恰恰也是一个人容易拉近关系,受别人影响的时候。

这种规律不仅在爱情生活中适用,同样可以应用到对学生的教育影响中去。更进一步,如果你了解到青春期孩子的情绪发展特点,就更应该主动地将这一理论用到自己的工作中去。

扩展阅读 5-1　青少年情绪情感的一般特点[①]

心理学研究发现,处于青少年时期的学生,其情绪情感有如下特点:

1. 情绪情感丰富强烈

青少年易动感情,也重感情,他们的情绪情感丰富强烈、爱憎分明,充满了热情与激情。同样一个刺激,在他们那里所引起的情绪反应强度相对大得多,甚至达到震撼人心的程度。"血气方刚,年轻的人,火热的心"正是对这一特点的描写。

有调查表明,青少年对文艺作品中激昂热情的作品的喜爱率达到 60.41%,对低沉平静的作品的喜爱率只有 25.51%,其余的人是兼而有之。在音乐欣赏中那些明朗、欢快、节奏感强的作品,总是容易引起青少年的强烈反应。相比之下,和风细雨式的作品对青少年就常常不够有吸引力了。

2. 情绪情感两极性明显,摇摆易变

青少年时期的矛盾动荡性决定了青少年情绪情感容易波动,即容易在两极之间迅

[①] 莫雷.青少年心理健康教育[M].华东师范大学出版社,2003:53—54.

速变化，表现出不稳定的特点。青少年的情绪活动体验敏锐，转化迅速，时而激动时而平静，时而肯定时而否定，时而紧张时而轻松，时而强时而弱，时而积极时而消极，时而内隐时而外露，情感变化比较激烈，出现两极分化。当取得成绩时他们非常高兴，唯我独尊；一旦失败，又陷入极端的苦恼悲观的情感状态。他们往往具有为真理而献身的热情，盼望做出惊人的成绩，但也有些青少年由于盲目的狂热而干蠢事。可见青少年的情感易从一个极端走向另一个极端，他们时而温和细腻，时而粗暴，细微的事情常能引起激烈的反应，冲动性明显，情绪的斗争异常激烈，所以霍尔把这个阶段说成是"疾风怒涛"时期。教师要注意这种两极情感的变化，逐步培养青少年的感情，使之符合社会需要，使他们的情感既热烈又有社会意义与价值。

3. 情绪情感具有一定的内隐性

青少年的情感与少年儿童情感的不同之处还在于他们的情感不都是外露的，而开始带有文饰的、内隐的、曲折的性质。青少年情感的外部表现和内心体验不一定总是一致的。例如，他们对某件事虽然感到厌烦，但可以表现得毫不在意；对一个人明明有好感，但由于某种原因可以毫不流露出自己的情感等。

青少年情感的这个特点是与控制情感能力的增强及整个心理发展水平的提高分不开的。但这一特点也给青少年之间、师生之间的相互了解带来了一定的困难。因此，了解青少年的思想感情不能仅仅以他们的表情为依据，还应该综合一段时间的表现以及他们的个性特点等，经过深入细致的分析，作出判断，才比较可靠。

在青少年情绪发展中，有两个比较突出的特点：一是容易激动，情绪容易被诱发、激活；二是情绪表现两极性，高兴时非常高兴，悲伤时非常悲伤，两者之间的转换也非常迅速。而根据前面的情绪理论，情绪激动的时候，恰恰也是容易拉近关系、受别人影响的时候，所以，在对青少年学生进行教育转化的时候，一定要利用好这些规律。那么，如何让学生的情绪激动起来呢？仔细分析一下诸多优秀教师的经验，你会发现他们在班级管理中常常离不开下面两种武器：活动与成功。

3. 教师的第三种武器：活动

现实生活中那些优秀班主任往往都是善于举行各种各样的活动，同时利用这些活动作为教育手段来达到自己的教育目的。因为他们知道，通过活动可以激活情绪，而在情绪激动时实施教育,又往往能收到事半功倍的效果。

举个例子。如何转化后进生,是令我们许多教师头疼的问题。一些名师之所以优秀,往往是在转化后进生工作方面有独到的见解与成就。但大家发现没有,那些优秀名师们在谈及如何转化后进生的时候,常常提到一个共同的场景:运动会。

一个经典的以运动会为背景转化后进生的过程是:学生不爱学习,各方面都差;然后运动会要召开,教师对其表示信任和尊敬,希望学生为班级争光;学生来了,跑了,跑得好了;教师号召全班同学为他祝贺,要求全班同学向他学习;随后又分配个小干部给他;从此这个人就变了,后进生转化为优等生了。

虽然具体的细节各个案例各有不同,但其转化过程大抵如此。许多教师在总结这些经验的时候,往往端出"三心说"、"五心说"之类。为什么后进生得以转化呢?一是因为教师的爱心,二是因为教师的耐心,三是因为教师的细心……案例真实性不假,但这种解释却有些不靠谱。从心理学上讲,这时的后进生之所以能转化,不只是"三心"、"五心"的原因,更重要的是暗合了"心的法则",即利用了学生情绪情感规律的结果。否则,你在某次数学竞赛、作文竞赛中用爱心、耐心之类的转化后进生试一试,那样,恐怕就难以奏效了。

运动会,之所以成为转化后进生的绝好环境,恰恰是因为那些后进生往往在运动中有心跳加速、情绪激活,而心跳加速、情绪激活的时候,恰恰是他们容易拉近关系,被影响改变的时候。

其实,运动会不仅是后进生情绪激活的时候,也是他们展现特长的时候,当一个后进生特长得以表现,成功能够获得,也很容易心跳加速,所以,教师要记住通过"成功"让孩子激动,随后进行教育与影响。

一位教师为了转化后进生,在班里开展了多姿多彩的活动[①]。

(1) 互帮互学的"一帮一"活动。安排成绩优秀的同学与后进生同桌,提醒、督促后进生遵守纪律,专心听课,课余当"小老师"辅导学习,帮助他们改进学习方法。

(2) 丰富多彩的课外活动。例如,学雷锋做好事,朗读、讲故事比赛,知识竞赛,硬笔字比赛和游戏抢答等,使后进生融进欢乐愉快的集体生活之中,并为他们提供展示

---

① 刘燕飞.班主任工作案例——转化后进生[EB/OL].百度知道,http://zhidao.baidu.com/question/553042363.html.

自我、表现才能的机会和舞台。

（3）组织参观和访问活动。例如，组织学生到烈士公园扫墓，开展"学革命烈士，当红色后代"的活动，参观当地名胜古迹，访问先进模范人物，使他们开阔眼界，愉悦身心，培养爱国热情，激发学好知识建设祖国的志向。

（4）组织争当"红花少年"、"文明学生"和"改正一个缺点，为班级争光"的活动，在班级中弘扬了正气，抑制了歪风，形成一个比先进、学先进、争先进的良好班风。通过各种活动的开展，使后进生感受到班集体大家庭的温暖，逐渐消除自卑心理，克服孤僻性格，振奋精神，树立起与班集体一起进步的信心。

我们可以看到，这些丰富多彩的活动，都是容易情绪激活、心跳加速的活动，在这样的活动中去教育和影响那些后进生，收到良好的效果毫不奇怪。

4. 教师的第四种武器：成功

人的情绪激动、心态起伏可以来源于各种各样的活动，也可以来源于竞赛之后的成败体验，尤其是当人沉醉于成功的喜悦中时，往往也是心跳加速、易受环境影响之时。所以，当教师试图对学生施加有效的教育影响时，应当充分利用好"成功"这把利器。

（1）心理学家眼中的"成功"

不过，在利用"成功"的教育策略之前，教师们首先要对成功本身有一个较为深入的了解。在日常生活中，由于教师们的奖金以及更多的成就感来源于学生的成绩，就像流行在校园内的一句话，"分分分，学生的命根；考考考，老师的法宝"，以至于有一些教师对于学生学习者的角色印象更为深刻，认为学生的成功仅仅表现为学业水平的提升，表现为较高的学习成绩。我们说，这是对学生"成功"二字的粗浅理解。

根据美国心理学家加德纳的多元智能理论，人的智能是多元的，其潜力也体现在方方面面，而成功者不过是发挥了自己潜在特长的那些人。这样一来，可以说，那些学习好、成绩优异的学生，无非是语言智能、逻辑智能和空间智能表现得比较突出；而其他能力优异的人，比如一个人际敏感度比较高的人，可能在学习成绩上表现不出他自己的优势，或许他现在只能以一名后进生的面貌出现，但谁也不能否认，如果有一天他在生活中找到了自己的定位，会成为一个有成就的人。虽然他现在学业不良，但不能说他未来就一事无成。

扩展阅读 5-2　加德纳与多元智能理论[①]

美国心理学家加德纳(Gardner，1983)认为，过去对智力的定义过于狭窄，未能正确反映一个人的真实能力。他认为，人的智力应该是一个度量他的解题能力(Ability to Solve Problems)的指标。根据这个定义，他在《心智的架构》(Frames of Mind)一书里提出，人类的智能至少可以分成七个范畴(后来增至八个)：

1. 语言(Verbal/Linguistic)。语言智能主要是指有效地运用口头语言及文字的能力，即听、说、读、写能力，表现为个人能够顺利而高效地利用语言描述事件、表达思想并与人交流的能力。这种智能在作家、演说家、记者、编辑、节目主持人、播音员、律师等职业上有更加突出的表现。

2. 逻辑(Logical/Mathematical)。从事与数字有关工作的人特别需要这种有效运用数字和推理的智能。他们学习时靠推理来进行思考，喜欢提出问题并执行实验以寻求答案，寻找事物的规律及逻辑顺序，对科学的新发展有兴趣。即使他人的言谈及行为也成了他们寻找逻辑缺陷的好地方，对可被测量、归类、分析的事物比较容易接受。

3. 空间(Visual/Spatial)。空间智能强调人对色彩、线条、形状、形式、空间及它们之间关系的敏感性很高，感受、辨别、记忆、改变物体的空间关系并借此表达思想和情感的能力比较强，表现为对线条、形状、结构、色彩和空间关系的敏感以及通过平面图形和立体造型将它们表现出来的能力。拥有空间智能的人能准确地感受视觉空间，并把所知觉到的表现出来。他们在学习时是用意象及图像来思考的。空间智能可以划分为形象的空间智能和抽象的空间智能两种能力。形象的空间智能是画家的特长；抽象的空间智能是几何学家的特长；建筑学家在形象和抽象的空间智能方面都擅长。

4. 肢体运作(Bodily/Kinesthetic)。肢体运作智能是善于运用整个身体来表达想法和感觉，以及运用双手灵巧地生产或改造事物的能力。肢体运作智能突出的人很难长时间坐着不动，喜欢动手建造东西，喜欢户外活动，与人谈话时常用手势或其他肢体

[①] 欣心.霍华德·加德纳的"多元智能"理论[J].北京教育：普教版，2002(5)：10—11.

语言。他们学习时是透过身体感觉来思考的。这种智能主要是指人调节身体运动及用巧妙的双手改变物体的技能。表现为能够较好地控制自己的身体,对事件能够做出恰当的身体反应以及善于利用身体语言来表达自己的思想。运动员、舞蹈家、外科医生、手艺人都有这种智能优势。

5. 音乐(Musical/Rhythmic)。音乐智能主要是指人敏感地感知音调、旋律、节奏和音色等能力,表现为个人对音乐节奏、音调、音色和旋律的敏感以及通过作曲、演奏和歌唱等表达音乐的能力。这种智能在作曲家、指挥家、歌唱家、乐师、乐器制作者、音乐评论家等人员那里都有出色的表现。

6. 人际(Interpersonal/Social)。人际关系智能是指能够有效地理解别人及其关系,及与人交往的能力,包括四大要素:①组织能力,包括群体动员与协调能力。②协商能力,指仲裁与排解纷争能力。③分析能力,指能够敏锐察知他人的情感动向与想法,易与他人建立密切关系的能力。④人际联系,指对他人表现出关心,善解人意,适于团体合作的能力。

7. 内省(Intrapersonal/Introspective)。内省智能主要是指认识到自己的能力,正确把握自己的长处和短处,把握自己的情绪、意向、动机、欲望,对自己的生活有规划,能自尊、自律、会吸收他人的长处。具有内省特质的人会从各种回馈管道中了解自己的优劣,常静思以规划自己的人生目标,爱独处,以深入自我的方式来思考;喜欢独立工作,有自我选择的空间。这种智能,在优秀的政治家、哲学家、心理学家、教师等身上都有出色的表现。内省智能可以划分两个长层次:事件层次和价值层次。事件层次的内省指向于事件成败的总结;价值层次的内省将事件的成败和价值观联系起来自审。

8. 自然探索(Naturalist,加德纳在 1995 年补充)。自然探索智能是能认识植物、动物和其他自然环境(如云和石头)的能力。自然智能强的人,在打猎、耕作、生物科学上的表现较为突出。自然探索智能应当进一步归结为探索智能,包括对于社会的探索和对于自然的探索两个方面。

所以,作为一名教师,千万不要小瞧了你身边的这些后进生,别看他们今天可能给你处处惹事,甚至组成一个小团体,专门和教师对着干,但假以时日,未来的某天,恰恰是他们,可能成为某个公司或者集团的领袖人物。而我们常常所看重的那些成绩优异者,也不见得日后都能成就斐然,他们或许一入社会,就"泯然众人矣",再也不和自己的老师、同学联系。

做教师的,是要看重学生的成绩,这本无可厚非,因为这是我们能在学校中活下去的基础;但是,我们也应当认识到,一个人仅仅有成绩是不够的。要跳出教育看教育,要从一个人而不只是一个学习者的角度来看待我们的学生;他们不是一个个学习的机器,而是一个个生动活泼的、多彩的、无可限量的人。

扩展阅读 5-3　从丑小鸭到白天鹅①

一个小孩四岁才会说话,七岁才会写字,老师对他的评语是:"反应迟钝,思维不合逻辑,满脑子不切实际的幻想。"

一个孩子不爱上学,上课时心不在焉,像是在做白日梦,学习成绩一塌糊涂。有一次,老师问他1+2等于多少?他回答说是3,看到老师拍桌子,又改口说是2,同学们都说:"那家伙是呆子!"

一个孩子上小学时总是倒数第一,老师曾半开玩笑半带鼓励地问道:"你能不能偶尔也来个第一名呢?"

一个孩子在读小学时以善于打架和讲故事著称,而学习成绩却是全校倒数第一。

一个孩子在小学毕业时因为成绩不好没有拿到毕业证书,念初一时,因为数学不及格不得不补考。

一个孩子曾被父亲抱怨是白痴,在众人眼中,他是毫无前途的学生,艺术学院考了三次还考不进去,他叔叔绝望地说:"孺子不可教也!"

一个孩子经常遭到父亲的斥责:"你放着正经事不做,整天只管打猎,捉耗子,将来怎么办?"所有的教师和长辈都认为他资质平庸。

而这几个孩子实际上却分别成为这样几只"白天鹅":

---

① 鸥欢歌.影响中国教师的经典教育案例之一:"丑小鸭"变成"白天鹅"[EB/OL].成长博客,http://blog.cersp.com/index/1026667.jspx? articleId=276568.

有史以来历史上最伟大的物理学家爱因斯坦。

人类历史上最伟大的科学家牛顿。

19世纪最有代表性的浪漫主义诗人拜伦。

英国大文豪司各特。

中国著名数学家华罗庚。

伟大的雕塑家和艺术家罗丹。

伟大的生物学家和生物进化论的创始人达尔文。

这些昔日的"丑小鸭",长大后却成为最伟大的天才,虽然他们早年愚钝,但是后来却照样取得光辉的成就,为人类创造了不可估量的价值。

(2)让每个学生都有成功的希望

在多元智能理论的基础上,我们对成功有了多元的理解,那么,接下来要做的,就是给每个孩子以成功的机会,让他们去成长。可以说,给每个孩子以成功的可能性,让他们品味成功带来的喜悦,是教师应尽的责任和义务。这是因为:

对于一个人的一生而言,青少年时期往往是人生中最美好的阶段,而对于大部分人来说,人生中最具光彩的时刻恰恰是在校园中度过的,如果校园生活不开心,得不到成功的喜悦,那么就意味着他在人生最美好的阶段中过得不快乐,而这就有你我当教师的责任了。

在现实生活中,我们也可以看到,不管是学优生还是后进生,其实每个在学校中学习的孩子,都希望自己能学有所成,获得成功的喜悦与欢欣。但对于那些后进生而言,这种成功往往来得太少、太晚,让他们等不及,或者教师没有提供这样的机会,让他们觉得没有成功的希望和可能性,于是便产生了各种"捣乱行为",以此来发泄自己旺盛的生命力,这也是班级管理中学生问题的重要根源。

因此,班级中的活动不能只是学业竞赛,这种竞赛,只奖励了语言、逻辑与空间智能的发展;这种竞赛,也只能是让那些学习优异者唱独角戏。而对那些学业不良的学生而言,"热闹的是他们,这种竞赛与我无关"。在对成功多元理解的基础上,教师设置的活动和竞赛也应该是多种多样的,肢体运动智能、音乐智能、人际智能、内省智能、自然探索智能等都应该有所展现,每种智能突出者也都应该得到褒奖。

虽然这样说道理很容易理解,但对于一些教师而言还是心存疑虑:这样多种活动遍地开花,会不会影响学生整体学业表现啊,毕竟,现实的社会与家长更为关注的就是学生的成绩问题。

这里我可以讲一个例子:有一位教师带了一个高三的普通班,这个班学习的总体水平一般,按照以往的惯例,对于这样的普通班,学校定的高考上线指标也不多。这位教师一开始带这个班的时候,也是狠抓学习不放松,教师、学生为了高考搞得苦不堪言。然而,结果并不理想,高三刚开始的几次月考中,班级的成绩提高得不多,教师也很无奈。这是一位年轻的男教师,对于本班的状况也不满意,他自己也知道,即使按照目前的做法一直抓到高考,班级里其实也不会有多少人上线。按照以往的规律,这个班级中的大部分同学是难以升上更高一级学校的,而目前的状况是,就为了班级中能多出几个考上大学的学生,让更多的学生都对学习抱怨连连。思前想后,这位教师做出了一个决策,与其这样大家都痛苦地捱到高考,还不如让大家在高中最后一年痛痛快快地享受一下青春。随后,他顶着学校领导的压力,在其他教师准备看热闹的目光下,在班级里开展了一系列的活动,充分调动各类学生的积极性,让大家参与到活动和竞赛中来,班级的气氛也不再死气沉沉,呈现出一派生龙活虎的景象。结果,出乎这位教师及学校领导的意料,在这样举办各种各样活动竞赛的情境下,这个班竟然也顺利地完成了学校给班级定下的升学指标,整体成绩反而比以往有所上升。

为什么教师背水一战,没有搞层层加码的复习考试,反而出现了比较理想的效果呢?仔细分析案例就可以知道,对于学生而言,开展各种活动比赛之类,也是他们充分展示自己的机会,在这样的活动中,他们体验到了成功的喜悦,而此时,教师的教育影响也往往会发生更好的效果。而对于一个身心愉悦的学生来说,其学习效率也会有所提高。这大概就是班级搞活动而没有导致整体学业水平下降的原因。

如果说,对高中生而言,搞班级活动不会耽误更多学业的话,那么,对于初中生来说,用各种各样的活动让学生们体验成功的快感,过一种有希望的生活更是教师们必然的选择了。我们知道,与高中学生都集中于升大学不同,初中学生常出现分层的现象,学生们分化之后会有各种各样的想法,有的是想拼命进入重点高中,有的人只是想顺利毕业,然后走向社会而已;而后一种人,也常常成为学生管理中的难点,怎么办?

作为教师,当面对一个难缠的、扰乱班级管理的学生时,都需要思考的一个问题是:他为什么要听你的话,安安静静坐在教室里认真读书呢?你的回答不同,对待学生问题的处理方式就不同,收到的效果就不同。扪心自问:我为什么要工作?如果来工作只是一种谋生手段，只是为了薪水，并不期望在工作中获得其他东西，那么你工作时不会快乐，也会倍感辛苦。如果你把工作当作一种职业，不仅希望通过金钱显示成就，也希望通过升迁、学生的进步来展示自己的成功，那么你工作的积极性就会增强。如果你把工作当作一种事业，对教书育人的工作本身就充满了热情，认为自己的工作充满价值，工作本身就能带来满足感，那么你工作着就感觉自己是一个幸福的人。

同样，如果你认为那些后进生坐在教室里就是为了混一张毕业文凭，他自己也这么认为，那么你在管理中就会遇到诸多麻烦，他痛苦，你也痛苦。那么，他们为什么而来呢？

请给每个学生一个在教室内安安静静坐下来的理由！

当你思考完这个问题，你就会发现，给予他们教室里的成功，有时候只是显示可能成功的重要性。一个人不一定随时要成功，但他一定要活在有成功可能的希望之中。让我们的学校中，多一些活动，多一些成功，让活动与成功激荡孩子的心灵，让我们的学生在愉悦的心境下健康成长。

二、教师要"重情"

当然，利用情绪情感的规律对学生进行教育，只有"激情"——激活他的情绪并不足够，要从多个角度，从情绪情感规律出发，去实现我们教书育人的目标。教师应该做到以下几点。

1. "知情"，了解学生情绪

了解学生情绪首先要知道，不同年龄阶段的学生情绪特点并不相同。对于小学生来说，由于年纪小，情绪的掩饰能力不够，情绪的外显性比较明显，常常表现为他的脸就是他的心，即开心不开心都写在脸上。教师如果充分利用这一规律，往往在教育上会出现出人意料的效果。

我认识一位优秀的小学教师，她在教育中就善于充分利用这一点，不仅有效树立了在学生心目中的高大形象，而且也及时发现并处理了许多学生间的问题。这位教师有一个工作习惯，作为班主任，每天早晨来到班级的时候，要做的第一件事往往是什么都不说，站在门口，目光像摄像头一样，把班级里的每个学生扫描一遍。因为小学生情绪有外露性，她很容易发现今天情绪有波动的学生，一旦发现这样的学生，便把学生叫到教室门外。"说，有什么事？"直截了当追问学生。学生往往一开始还抵赖，不想开口。但面对一个自信满满，确认自己有事的教师，最后不得不把自己的心事和盘托出，教师将学生的问题给予及时处理。由此学生传言，这个老师有神奇的本领，能看透学生的内心，就像你肚子里的蛔虫一样,惹不起。羡慕与敬畏之情溢于言表。

如果说小学生的情绪还写在脸上,容易辨认的话,那么,中学生情绪的识别就难得多了。在前面所谈及的青少年情绪情感的一般特点时,有一个特点还没有涉及,就是一定的内隐性,中学生的情绪就具有这样的特点。所谓内隐性,通俗点讲,就是学生开心不开心,不再写在脸上,心中的情绪不一定有很强的外在表现。虽然在中国的文化传统中,"喜怒不形于色"是一个人成熟的重要标志,但是,如果一个学生表现出这样的特点,心中的情绪波动教师难以探知,由此要想进行有针对性的教育就难多了。

教师都知道,爱哭的学生不可怕,爱笑的学生不可怕,可怕的是那种不哭不笑不在乎的学生。当他们犯了错误后,往往脖子一梗,表现出一副无所畏惧的"扑克脸",你也不知道他心中所想,也不知道他的情绪感受,这样的学生最难对付了。

这种"扑克脸"也称为赌王脸,在各种赌场上,善于赌博者常常会采用这种泥塑般的表情,让对手无法通过表情来探知自己的真实情感,手中有些什么牌。这样的人在赌场上往往是战无不胜的。虽然许多人对赌王表情的认知来自港台明星周星驰的《赌圣》之类的影片,但真正的赌王是绝对不会用那种夸张的表情来掩盖情绪的,他们是不苟言笑的木头人,没有表情。这种表情,我们在国内各种会议的主席台上也常常见到。所以,不仅具有"扑克脸"的学生难斗,具有"扑克脸"的成人更难斗。试想,如果你带一个班级,每个学生天天拿出一副喜怒不形于色的"扑克脸",那作为教师,岂不难死了?

不哭不笑不在乎,有着"扑克脸"的学生如何处理? 等他(她)有表情,再展开批评。

那么,如果这类学生犯了错误,如何批评才好呢?前面我们谈过,批评一个学生的前提是他有自尊心,这里再加上一句,一个学生有自尊心的标志是有表情。从另一个角度来说,批评这种"扑克脸"的学生也千万不能着急,之所以表现为"扑克脸",多半原因是他们将自尊心掩盖起来,自我保护的结果。此时,也适用前面的办法,先唤醒学生的自尊心,然后再展开批评。那么,怎么知道一个学生有自尊心了呢? 是用一个标准化的心理学量表测一下吗? 当然不是,其实当一个人有自尊心的时候肯定会有外在表现,对于这些学生而言,往往是有了外部的表情体现,例如,脸上露笑容了,眼睛也发光发亮了,等等。当教师看到这些标志的时候,就可以基本判定,学生的自尊心回来了,那么接下来指正学生的错误,就是水到渠成的事了。

2. "定情",稳定学生情绪

前面我们曾用很大的篇幅来谈当一个人情绪激动时容易受别人的影响,以及如何利用这一规律来提升教育成效。然而,从另一个角度说,当一个人情绪激动的时候,容易受好的影响,也容易受坏的影响。当教师的,既要利用学生激动的时候进行正面影响,也要避免学生激动的时候所产生的不理性结果。因此,要让学生变得理性,还要先稳住他的情绪。

想象下面的场景:你是一位教师,正准备上课。一进教室,就发现班级里的两名同学发生了冲突,正打得不可开交。其中一个人高马大,明显是本班的"害群之马",经常欺负同学;而另一位同学平时表现比较乖,不轻易惹事。今天,很明显又是高个儿在挑头闹事,欺负同学了。那么,你怎么办?

许多有管理经验的教师都知道,这个时候最忌讳的是贸然上前,对高个同学进行指责,"怎么又欺负同学了""这么大人了,不会别的,只会打架"……这样的做法不但不能解决矛盾,还往往会令矛盾升级,甚至教师自己也会被卷入学生的冲突中难以脱身。

必须告知各位的是,在这里,即使教师对事情的是非判断正确,批评得也有道理,这样做也不合适。为什么?因为学生正处在冲突发生中,心理上处于情绪激动状态,这个时候遇到事情,往往会做出非理性的判断和决策;如果周围有一群同学或者教师旁观,此时教师的批评更容易激起学生不计后果的反抗。许多师生冲突的案例表明,冲突事件的起因往往并不大,但造成严重后果的,往往具备学生情绪激动、周围人群围观、教师价值判断三个条件。

情绪激动,激动时容易做出错误的决策;

人群围观,学生往往更为顾及自己的脸面;

教师的价值判断,即当场就指出谁对谁错,即使说得对,也会使被批评者难堪。

这三种因素集中在一起,就必然造成师生言语甚至肢体冲突的后果。

那么,面对学生的冲突,教师正确的做法是什么呢?首先,自己要稳定情绪,叫几个身强力壮的男生来把两个同学拉开;然后,叫两个冲突的同学回到座位上坐好;同时声明,先别影响其他同学学习,开始上课。至于两位冲突同学,通知他们下课后到教师的办公室,再接着处理。

这样做的好处在哪里呢?一要其他学生把冲突中的同学拉开的意义在于,现在的学生发育好,如果亲自出马,尤其是女教师,真不见得当时能拉开,而且拉的时候手轻手重,也会令学生产生教师"拉偏架"的想法;二是先上课,课后再处理,拖一拖处理的好处在于给学生一个情绪冷静的时间。这样做,刚开始的时候,两个学生由于情绪还处在激动阶段,必然无心上课,并且互相不服,甚至相互约定放学后再干一场之类的;但是,过一段时间,两个人情绪稳定下来，恢复了理智，想的就不是如何去决斗，而是下课后如何对付教师了。而主要矛盾发展到如何避免教师的处分，教师的工作就好做了。

记住，当学生发生冲突，或者与学生发生冲突时，如果有旁人在场，一定要控制住自己，先把激动的学生情绪平稳下来为第一要义。

3. "共情"，理解学生情绪

共情（empathy），是心理学的一个术语，也有人翻译成移情，或者同理心。它原本的意义指的是一种能深入他人主观世界，了解其感受的能力。在这里，借用这一术语主要想表达的是，要理解学生的情绪变化，教师的教育影响要与学生的情绪发展同步，理性的问题用理性来解决，情绪的问题用情绪来解决。具体言之：

如果学生的问题其根源在于情绪，那么，教师就应该以情绪为重点来解决其问题；如果学生的问题其根源在于认知，那么教师就应该以观念为重点来解决其问题。

我们用一个案例来说明这一点：课堂上，其他同学都在认真听讲，但其中一位同学却百无聊赖，趴在桌子上睡大觉。过了一会儿，教师给学生留了习题在座位上演算，她来到这个睡觉的同学身边，唤醒他，询问："为什么上课睡觉，不注意听讲呢？"学生伸伸懒腰，不耐烦地回答："老师，学习有什么用啊？你看我们村的张某某，小学没毕业，现在不已经是大老板了吗？许多硕士博士毕业的人为他打工。"

如果你是这位教师，接下来你该怎么来回复这个学生呢？

一些教师会觉得，这个学生的问题主要是形成了错误的学习观念，见到这样的学生，便不由自主地循循善诱起来："学习怎么会没有用呢？电视不都说了嘛，知识改变命运，知识改变人生，人不学习就要落后。如果不学习，以后当老板了连账都不会算，也会被别人骗，你看那×××，不就是通过读书而实现了自己的梦想吗……"等等。

这样做有用吗？对于教师的这些言辞，学生就像《大话西游》中的孙悟空遇到了啰里啰嗦的唐僧，虽然每句话都对，但始终觉得一只苍蝇在耳边飞。

其实，作为一名教师，你自己想一想就会清楚，学生们之所以说"学习没有什么用"，大部分绝不是受了学习无用论的影响。作为一名学生，读了那么多年书，他自然知道学习是有用的，如果以"学习多么有用"来个命题作文，当教师的真不见得比学生写得好，因为从小到大，学生已经听过许多人从不同的角度论述学习的好处了。所以，遇到这种情况时，教师来给学生灌输学习有什么好处，无疑文不对题，没有抓到问题的关键所在。

对学生而言，说学习无用并非真的是从内心深刻认可学习毫无用处，究其原因，多半是此类学生学业不良，但自尊心又强，为了维护自己的自尊心，找一个理由来阐明一下学习无意义，心理就平衡了。所以，那些说学习无用的学生，往往是经历学习挫折之后对学习不满的一种情绪宣泄而已，问题的根源在于情绪而不在于观念。理解了这一点，教师在处理此类问题时就不会盲目而无效地向学生解释学习多么有用，而是会换一种角度，问学生："你怎么这么恨学习呢？你究竟想抱怨学习什么呢……"等等。注意，在这里，"恨"、"抱怨"都是情绪类的用词，通过这些情绪性的探讨，才能发现学生真正的问题所在。

在这里需要多讲一句的是，教师们由于职业特点，读书比较多，又常常需要给学生讲道理，很容易形成习惯性的理性思维；但是工作中、生活中的许多事，往往是基于情绪所引发的，如果执着于用说理的办法去解决问题，往往不能奏效。所以当说理行不通时，教师要提醒自己换个角度，比如试着从情绪出发去解决一下，可能问题就会因此迎刃而解了。

这就好比在心理咨询中遇到刚刚失恋的人，正为情所伤，你需要怎么处理？给他讲五步之内有芳草吗？还是告诉他旧的不去新的不来？或者说三条腿的蛤蟆不好找，两条腿的人有的是？……其实这些说理都没有用，不管你说多少，失恋者都会说："你讲的这些我都懂，可我就是痛苦！"所以，遇到失恋者你要做的不是去给他讲什么大道理，怎么做？表示理解之后，给他递纸巾，让他哭个痛快，情绪宣泄出来后，心态自然就好许多了。教育学生时也是如此。

总之，教师在教育学生的时候要"重情"，即重视学生的情绪情感规律。

第六章
学生管理的人际策略

教育案例：荔枝园风波

一群学生无所事事溜进了农民的荔枝园，偷了一些荔枝出来，但技艺有限，被荔枝园的承包者抓了个正着，扭送回了学校。班主任被叫到校长办公室来商量如何对这几个学生进行处理。班主任知道，这几个学生一贯是调皮捣蛋的"惯犯"，常常在班里惹是生非，是让自己非常头疼的学生。对于偷荔枝这件事，恶劣的性质可大可小，鉴于以往这几个学生一贯的不良表现，学校有些领导想正好趁这件事，将这几个学生处理掉算了，也省得以后给学校惹麻烦。

班主任觉得，这样做确实是减轻了未来工作的压力，但这几个学生如果现在流向社会，肯定会对其未来的人生发展造成诸多负面影响，甚至可能毁了孩子的一生。受这种思路的影响，班主任使出浑身解数，说通校领导，又做通荔枝园承包人的工作，并没有严肃处理这几名同学。学生们后来也知道了班主任的所作所为，觉得自己以前做的一切非常对不起老师，如此捣乱，班主任还这样对待自己，真不应该。有了这样的歉疚之情，又都是重情讲义之人，后面班主任做他们的工作便非常容易了。这些学生毕业多年后，还常常结伴来看望自己原来的班主任老师。

日常的谆谆教诲毫无作用，"荔枝园风波"为什么成了学生转变的契机？

一、他人认同与学生成长

前面讲过，每个人生来都是孤独的，都渴望在生活中得到他人的认可，中国人更是如此。在传统的中国文化中，努力奋斗成功是为了"光宗耀祖"，学生学习好的重要目标也是为了家长在众人面前脸上有光彩。即使在外面功成名就，也要回到乡里向众人炫耀一番，否则，"衣锦不还乡，如锦衣夜行"，人发达了不回故乡展示一下，就像黑夜里穿了华丽的衣服,谁也看不见,没什么意思。

总之,中国人生活在别人的目光中,重视人际互动以及别人对自己的看法。

1. 耻感文化与罪感文化

有文化学者认为,中国人所在的文化与日本一样,是一种东方的耻感文化。在这种文化内,做好事是因为有面子,做坏事怕的是丢面子,人皆有羞耻之心,这才是我们不断努力进取的动力。而在西方文化中,多是一种罪感文化,强调人有原罪,每个人都需要向上帝忏悔。耻感文化与罪感文化的差异体现在生活中的方方面面,例如,中国人不做坏事是怕丢脸,而一旦知道别人不知道,在只有天知地知的情况下就容易放纵自己;而西方人做不做坏事并非因为旁人在不在场,而是他觉得举头三尺有神明,上帝在看着自己,所以时刻需要忏悔。

耻感文化与罪感文化之比较[①]

	耻 感 文 化	罪 感 文 化
理论根源	耻感文化来源于儒家思想,注重个人的道德修养,强调构建德治的社会,而这都是与个人羞耻感紧密相联的。	罪感文化的来源从根本上说是基督教的"原罪说"。人既然有罪而又无法自赎,所以必须在内心忏悔,以借助神的力量救赎自身。
主要内容	耻感文化主要表现为个体在意社会地位、社会评价以及他人言行,也形成了东方人注重"面子"的文化心理。耻感文化强调外在的约束力。个人所作所为首先考虑的是他人、社会的评价,以受人赞许为荣,以人人排斥为耻。	人们的思想和行为受制于凌驾万物之上、洞察一切的上帝,上帝迟早会对人的善恶进行审判。这种观念使得个人直接面对上帝,直接体验自己的良心感受,道德的约束是内在的。在罪感文化中,人们才有向上帝"忏悔"不为人知的隐秘罪错的宗教行为。
评价	耻感文化能激发人的一种奋斗精神,"行己有耻",它使人为实现自己的人生理想和道德实践而积极进取,不屈不挠。但东方人受儒家文化影响太深,太在意别人的反应,因此也更注重自己的"面子"。自律性差,他律起主导作用。	西方人的思想较为独立、活跃,他们崇尚个人主义,以自我为中心,没有人与人之间的等级观念,形成了个体独立感极强的个人社会。

其实不管是耻感文化,还是罪感文化,每个人都渴望获得别人的认可,都会在潜移默化中受

---

① http://zsycx.com/lanmu_list.asp? ID=654

到别人的影响,社会心理学更强调人受环境中他人的影响。有的时候,在他人压力之下,个人往往会追随别人的意愿行事,著名的社会心理学家阿希所做的经典从众实验就说明了这一点。

扩展阅读6-1　阿希的从众实验

美国心理学家阿希(S. Asch)在1952年设计了一项心理实验用以研究从众现象。七个男性大学生坐在一张会议桌的周围,阿希告诉他们说,这是一个视觉判断实验,几张有垂直线段的卡片展现在他们面前,他们的任务是判断某些线段的长度。然后,他拿出两张白色卡片,一张卡片上仅有一条垂直线段,被称为"标准线段",另一张卡片上是三条垂直线段,其中有一条与那条"标准线段"一样长,要求学生们找出第二张卡片上与标准线段一样长的线段。

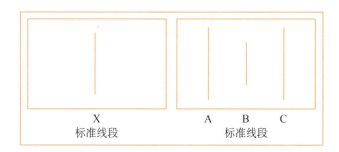

图6-1　阿希实验中用的材料

图6-2　中间那个人就是那个倒霉的真被试

实验最初的两次进行得颇为顺利。被试按座位的次序说出他们的判断。小组的全体成员两次的意见都一致,选择了同一条线段,说它与标准线段一样长。但第三次实验,坐在倒数第二个位置上的一个被试却背离了别人的判断,他挑选了自己认为正确的线段。他对别人的判断感到惊讶。第四次实验,还是这个被试,他再次表示不同意其他六个人的一致看法,这就进一步使这位越轨者感到迷乱。

然而,这位越轨者并没有意识到他是小组里唯一不知底细的被试。实验开始之前,其他六个人已经得到指示,让他们在绝大部分的实验中做出不正确的回答(组里第一个学生有一张卡片,上面写着什么时候作不正确的回答,其他五个学生完全由他指挥)。因此,作为目标的这个人确实提供了正确的答案,他是处于两种相对立的力量之间的少数的一方,这两种力量就是他的感觉证据和小组其他人的一致判断。他的任务很困难,因为他必须在一群一致不同意他观点的公众前发表他明确的看法。何况,那些人已经公开发表了他们的不同意见,而且还是在他作出回答之前就发表了。为了消除这唯一不知底细的被试的任何怀疑,其他人要串通在一起反对他,实验者指示其他六个人在18次实验中要有六次给予正确的回答。这就是说在其他12次实验中,被试是处在这样一种地位:他可能被迫怀疑自己的感觉。

被试在这个实验中是如何表现的?结果表明,在三所大学的123名被试所作的判断中,大约67%未受小组判断的影响,但不正确判断的百分比却也高得令人吃惊,竟达33%。换言之,33%的实验中,尽管问题的答案非常明确,但被试仍作出了从众判断(即跟随"托"们做出了错误判断)。阿希指出,从众会因人而异,大约四分之一的被试拒绝从众,他们在所有12次实验中都不同意多数,尽管如此,相当一部分人在大多数情况下是随大流的。

回顾阿希实验,我们再试想一下,如果这个问题的回答不是那么黑白分明、显而易见,那么这个32%的比例将会上升到多少?生活中,即使我们没听懂一个笑话,我们也更愿意跟着大多数人一起笑起来;当我们发现自己不被大多数人认可时,我们更倾向于怀疑自己的观点。小学时我们所经历过的同龄人的竞争压力和"勇敢地做你自己"之类的鼓励,仿佛都不知所踪。因为我们的生活以及随后的更多实验表明,与众不同、特立独行是多么不容易,这些人往往受到更多的排挤与责难,所以当面对更多的社会压力时,他们的反应往往是不再坚持自己,随波逐流,或者说从善如流了。对于那些在乎自己在他人心目中形象的人而言,更是如此,而青少年,则恰恰容易成为这类人。

> **假想观众(Imaginary Audience)**
>
> 人们会假想,自己的一举一动都会有人注意,甚至于感觉到这些观众会很严厉地指指点点,导致人们对自己的外表言行会很小心谨慎。
> 青少年时期"假想观众"的现象比较明显。

2. "假想观众":他们都在看着我

除却文化的因素外,从心理发展的角度看,青少年更为关注自己在别人心目中的形象。人这一辈子什么时候照镜子最多,一般在中学阶段。大家练笑容的阶段都是这个时候,看露出几个牙齿最好看。对于那些年轻的少男少女们,他们甚至觉得世界就是自我的舞台,人人都在关注他。

"假想观众"是青少年自我中心的重要特征。有研究者认为,青少年可能持有这样的信念,即其他人像自己那样在关注他们。他们认为其他人,特别是同伴一直在关注他们,评价他们,并且对于他们的想法和行为都很感兴趣。这样的信念导致了对自我意识的过度强调、对他人想法的过度关注和对现实和想象情境中他人反应的过度预期。"假想观众"使得青少年们必须时刻保持警觉以避免做出任何可能导致尴尬、被嘲笑或被拒绝的行为。从阿德勒学派的观点来看,假想观众代表了一个更宽泛的群体,青少年希望归属于这个群体并从中获得自我价值。而一些个体心理学家认为,假想观众的观念反映了青少年渴望在同伴中显得重要的愿望。

我听过这样一个案例,有个贫困家庭出身的女生卖血赚钱,去买了双五六百块的运动鞋穿,其原因就是怕穿一般鞋被其他人瞧不起。现在我们的学校一般要求学生穿校服,作用之一就是避免学生之间的攀比。如果不要求穿校服的话就很麻烦,学生穿得各种各样的,就会比谁穿得好。学生在意别人的想法,太在意了,做法就极端了。

青少年相信他的一举一动都被关注和评价着,因此当他认为别人对他评价不高时,他就会联想到自己在群体中的地位,因此而影响到青少年的价值感和归属感。

总结一下:

阿希实验表明,每个人都受他人认同压力的影响;耻感文化说明,中国人更爱面子,想获得认同;青少年的"假想观众"理论又暗示,青少年更在乎别人的看法。

那么,这一切,对于教师的教育工作有什么启示呢?

二、让学生去学习谁

1. 教师的第五种武器:榜样

对于青少年学生而言,榜样的意义在于提供了一个众人满意、活得有光彩的范例。

教师可以通过提供一些榜样,告诉学生怎样做才能不丢脸,怎样做才能获得榜样的成就。

其实在青少年阶段,也是容易树立榜样的年纪。如果成年人不能有效地帮助其树立榜样,他自己也要找一些榜样来学习,这也是青少年容易偶像崇拜的原因。而从另一方面讲,如果青少年遇到一些不良的榜样,那就会对其成长产生负面影响,可以说,许多青少年学生的问题也是如此产生的,如吸烟的恶习。如果一个中学生周边的一群朋友都吸烟,他往往就会因为周边的不良榜样作用而同样去抽烟。因为他的朋友会跟他说:"兄弟,来一支,抽支烟赛神仙的!""什么?你妈妈不让你抽烟,这么大了还听妈妈管,切!""是不是男人,是男人抽一支,这才是男子汉!"……在众人的目光与期待中,在不良榜样的带动下,为了获得他人的认可,他往往就这样不知不觉地步入了中学生烟民的行列。

在心理学上,"维特效应"说的就是这种榜样错误示范对人的负面影响。两百年前,德国大文豪歌德发表了一部小说,名叫《少年维特之烦恼》,该小说有着异常强烈的时代精神,它所提出的问题带有时代的普遍启蒙意义。对于维特的精神和性格,一般读者都会产生钦慕与爱怜;对于他的命运,许多人也都不免一洒自己的同情泪。小说发表后,造成极大的轰动,不但使歌德在欧洲名声大噪,而且在整个欧洲引发了模仿维特自杀的风潮,为此,好几个国家将《少年维特之烦恼》列为禁书。后来,心理学者将这种因模仿而自杀的现象称为"维特效应"。

> **维特效应(Werther Effect)**
>
> 维特效应即自杀模仿现象,是指自杀行为具有一定的模仿性和传染性。尤其在一个团体中,如果成员共同存在某一种情绪(通常是负面的情绪),但缺乏应对的手段和宣泄渠道,如果有个体选择一种方式发泄,其他成员就会倾向于模仿。

一些调查也显示,对轰动性的自杀事件报道之后,在报道所涵盖的地区,紧接着自杀率就会有大幅度上升。在美国,每次轰动性自杀新闻报道后的两个月内,自杀的平均人数比平时多了58个。因此,从某种意义上来说,每一次对自杀事件的报道,都杀死了58个本来可以继续活下去的人。对于维特效应的原因,有心理学者总结:一些内心痛苦的人,看到别人自杀身亡消息后,就启动了自杀念头,效仿了自杀者。这里面贯穿着一个社会认同原理,内心痛苦的人看到其他内心痛苦的人采取了自杀的形式,他也就认同了这种消除痛苦的手段。

青少年,由于其年龄特点,受身边榜样的负面影响更为强烈,现实中也不时发生中小学生"相约自杀"的新闻报道。所以,做教师的,一定要警惕青少年同龄人榜样的错误示范对他们的影响；同时，要帮助他们树立正确的榜样，要告诉他们，什么是正确的人生态度，什么是真正的光彩人生。但是，在这里，给学生树立学习的榜样时，也需要注意榜样的可学性问题。

许多教师一提及榜样就是雷锋等高大全这类的人物，其实在今天，雷锋精神虽然并未过时，但仅仅给学生提供雷锋这样的榜样明显是不够的。对于今天的很多青少年来说，"雷锋斗不过霆锋"，尤其是对中学生来说，谢霆锋对他们的影响比雷锋还大。

一般而言，榜样学习在高压、封闭的环境中最有效，一个开放的、民主的环境中榜样的效果自然减半。传销组织就常常在封闭单调的环境下，通过树立需要的榜样而影响人的行为的。在改革开放前我国无疑具备这样的条件，所以那时候学习某些榜样确实能起到相当的作用。而在现在开放多元的社会环境下，榜样难以树立，即使树立了也难以收到良好的效果。

此外，榜样对什么人最有效？班杜拉的社会学习理论让榜样学习支持者似乎找到了理论的支持，但需要指出的是，班杜拉理论的基本实验用的都是儿童。换言之，榜样学习最有效的也是儿童，是道德判断发展水平一般的儿童，所以只有小学生才是学习雷锋的最有力的人选，最热心也最真心。随着道德判断的增长，个体自身道德判断受榜样的影响减小，榜样学习的效果就不明显了。如果对社会所有人公德教育时都采取榜样学习的办法，起作用的一个前提是认为所有人的道德发展水平就像小学生一样低下。

2. 最佳的学习榜样

小学生学习哪些榜样，受教师的影响大。由于小学教师是学生的重要他人，本身也是小学生崇拜的对象，所以小学教师倡导学生学习谁，他们就会学习谁，不论是雷锋还是董存瑞。但一到中学，青少年往往也有了自己的主意，并不是教师提倡学谁就学谁，所以，中学教师就需要提供符合学生心理发展特点的榜样。具体而言，以下几种类型比较适合成为中学生的榜样：

(1) 身边的榜样

其实，对于中学生而言，他们最好的榜样就在他们身边。因为中学生常常处于友谊焦虑期，他们最在乎的就是周边同学、朋友的看法，所以身边同龄人的一举一动，往往对他们造成比较大的影响。可以说在中学阶段，成也朋友，败也朋友。为什么有的家长不惜重金，即使走后门也要把自己的孩子送到重点中学？这是因为，在重点中学，在学校的教学管理质量之外，更重要的是有一群积极上进、努力进取的同学。和他们交朋友，以他们为榜样，往往让重点中学的孩子们你追我赶,共同进步。反之,另外一些学校,校园也很宽敞、漂亮,校内的教师也多是师范大学毕业,但学生就是得不到好的发展,其中一个重要的原因就是身边没有值得学习的同龄人的榜样,即使有榜样,也是负面的榜样。

根据著名心理学家班杜拉的社会学习理论,一个人之所以努力学习,其原因在于一是了解学习与成绩之间的关系;二是清楚对自己能力的判断。即,一个学生不仅需要知道好好学习就会取得好成绩还不够,而且还要知道,我有没有能力做这件事。这种对自我能否成功进行某事的判断叫自我效能感。自我效能感的一个来源就是替代性强化,通俗点讲,就是看到你身边人怎么做的,得到了什么结果。如果身边的榜样做得比较好,也得到了好的结果,如教师的嘉奖、同学的肯定,那么观察者也容易有样学样,跟着往前走。

> **自我效能感(Self-efficacy)**
>
> 美国心理学家班杜拉提出的概念,指一个人对自己在某一活动领域中的操作能力的主观判断或评价。班杜拉认为,要让学生努力学习,不仅要让他知道学习与成绩的关系,更重要的是让他具备自我效能感;而自我效能感主要来源于对身边榜样的观察。

比如,一个学生本来资质也不错,但觉得自己不是学习的料,每天坐在教室,"身在曹营心在汉",出工不出力。但是,他身边的一个同学,本来并不如他,小学时候还没有他学习好呢,这时候却突然认真读书起来,并且学习上也真有了进步;而且,教师也夸,同学也夸。这时,这个观察者可能就受触动了,"就他这种智商,还能如此表现,有如此结果,我努力一下,肯定也成",继而,自我效能感提升,学习的态度和行为也能得到改进。

所以,当教师的,在寻找榜样时,首先要从自己的班级入手,找学生们身边的榜样。

扩展阅读 6-2 观察学习阶段与榜样学习条件

班杜拉认为,观察学习经历四个过程:

1. 注意过程:观察学习起始于学习者对示范者行为的注意。如果学习者对示范行为的重要特征不予注意,或有不正确的知觉,就无法通过观察进行学习。

2. 保持过程:即用言语和形象两种形式把所获得的信息转换成适当的表象保存起来。显然,如果观察者不能记住示范行为,观察就失去了意义。

3. 运动再现过程：把记忆中的表象转换成行为，并根据反馈来调整行为以做出正确的反应。

4. 动机过程：能够再现示范行为之后，学习者是否能够经常表现出示范行为还受到行为结果因素的影响。班杜拉认为有三方面的因素影响着学习者再现示范行为：外部强化、自我强化和替代性强化。

根据观察学习理论，班杜拉认为理想的榜样应具备五个条件：

① 榜样的示范要特点突出、生动鲜明，才能引起学习者的注意。

② 榜样的示范要符合学习者的年龄特征。

③ 榜样的行为对于学习者来讲要具有可行性，即学习者能够做得到，这是最基本的条件。

④ 榜样的行为要具有可信任性，即相信榜样做出某种行为是出于自身的要求，而不是具有另外的目的。

⑤ 榜样的行为要感人，使学习者产生心理上的共鸣，这样学习者才会表现出相类似的行为。

（2）过去的榜样

如果身边的榜样不多，例如，对于那些职业中学刚入校的学生而言，他们在当前的教育环境中，进入了职业学校，普遍存在一种自卑心理，而身边的彼此，又不熟悉，他们的榜样来源于哪里呢？很简单，来源于过去的当年也曾经自卑过的师兄师姐们。

所以，当教师面对一个学习不大好的学生时，你一定要准备一些过去的与他困境相当的榜样。这样，你就可以讲："老师当年教过一个学生，他在和你一样大的时候还不如你，但是他怎么怎么做了，现在过得很光鲜亮丽，如果你也希望像他一样，那么我告诉你如何去做……"

从学校的层面讲，不管是自觉或者被迫，许多中职学校都会邀请优秀毕业生校友重回母校，和这些小师弟师妹们一起分享自己成长成才的过程。而这些校友的经验，无疑会成为中职生努力过程中最值得借鉴和学习的内容，他们也常因此重新鼓起自信的风帆，不断进取和成长。

优秀毕业校友经验对中职生成长的影响作用，甚至受到了团中央的重视。2010年，以

"我的青春故事"为主题的全国优秀中职毕业生报告团首场报告会在京举行,许多中央领导都参加了会议,并且在中国共青团网上专门开辟了"优秀中职毕业生报告会"专题。①

扩展阅读6-3　利用毕业生做榜样的学校活动(金华市第一职校成才之路系列讲座)②

学校基本情况

金华市第一中等职业学校是金华市教育局直属公办中等职业学校,是全国首批"国家级重点职业学校",中国西部教育顾问单位,浙江省职业教育先进单位,浙江省健康促进金牌学校,金华市文明单位,金华市绿色学校,金华市校园综合治理先进单位。

报告会的开展情况和主要内容

活动主题:坦心交流话成才

活动形式:邀请优秀校友和专业知名人士来校开展讲座、座谈等系列活动,鼓励在校学生成长成才,为在校学生的发展提供宝贵经验。

活动时间:2009年12月

活动地点:综合楼一楼阶梯教室

活动组织:校团委

为鼓励在校学生成长成才,为在校学生的发展提供宝贵的经验,我校团委策划了由优秀校友和专业知名人士开展的成才之路系列讲座。12月3日下午3:30,我校团委邀请了金华人民广播电台节目主持人(我校2000年优秀毕业生)霍箭,来我校进行讲座。我校的校团委、全体学生会成员及各班级的班长和团支书听取了讲座。

此次受邀的优秀毕业生嘉宾为我校2000年毕业生霍箭,原校团委学生会主席。现为金华交通广播副总监、942雷锋车队大队长、节目主持人,金华市十大明星主持人,播名为箭客,在金华家喻户晓。被金华市委市政府评为"重大典型宣传先进个人"、"金华市文化人才"。他的多篇电台节目作品获得全国、省、市的广播专业评委会大奖

---

① 优秀中职毕业生报告会[EB/OL]. 中国共青团, http://www.gqt.org.cn/zhuanti/bysbgh/.
② 金华市第一职校——成才之路系列讲座[EB/OL]. [2009-12-18]. 中国共青团, http://www.gqt.org.cn/zhuanti/bysbgh/gdzs/zhejiang/200912/t20091218_322116.htm.

和政府大奖。

此次讲座形式新颖,内容活泼。讲座由我校校长张建林开题,他介绍了霍箭的简单经历,同时提出了认真听讲,大胆交流学习的要求。随后,霍箭跟同学们分享了他在校期间以及走上工作岗位的经历,处处用他的事例告诉我们要相信自己,面对目标勇于拼搏。在互动交流环节,同学们踊跃举手提问,诸如:面对抉择时怎么办?如果对工作不满怎么办?这些问题,他都做了详细回答,并送给所有同学一句意味深长的话:"既来之,则安之;既安之,则忠之。"现场气氛轻松热烈。交流中,同学们还和师兄霍箭互相展示了才艺,讲座在霍箭振奋的歌声中再次掀起了高潮!

最后,校团委方婧老师特聘霍箭为我校"校园之声"名誉指导。同时方老师还送上校园电视台为霍箭准备的特殊礼物:一段带有同学们对他的喜爱和祝福以及霍箭的原班主任刘正武老师、朱玲娇老师、原团委书记张琦老师、原政教主任张云峰老师对他的期望的小视频。看到昔日的良师益友和学弟学妹的真诚祝愿,霍箭很惊喜,感动得热泪盈眶,表示一定会好好努力,不辜负母校师生对他的期望。

讲座历时两个小时,会后,同学们意犹未尽,纷纷围着师兄,或签名,或询问,直到晚自修上课。通过此次讲座,不少同学表示,要以优秀毕业生为榜样,汲取他们的经验,好好珍惜在校时光,掌握本领,提高个人素质,特别要在遇到抉择和困难的时候,学会用正确的心态调整自己,为走向社会做好充分的准备!同学们也更加相信:我们的未来不是梦!我们的生活很精彩!

(3) 和自己差不多的榜样

其实即使身边没榜样,过去没榜样,那拿出来的榜样也最好是和学生们有相似之处的,这也是对于中学生而言解决"雷锋斗不过霆锋"的关键所在。对于中学生而言,他们在自我概念形成的过程中,自然要构造一个理想化的自己,而这个他所认同的理想化的自己,也往往就是他所崇拜的"偶像明星"。

> **偶像是什么**
>
> 自我概念形成与发展的过程中,需要构造一个理想化的自我,而偶像明星往往就是其标志。偶像崇拜表达的是人生追求目标的具象化。

有的教师和家长一谈到学生的"追星"问题,就觉得莫名其妙,表现出不理解。其实,偶像崇拜古已有之。宗教崇拜就是一种偶像崇拜。而古今中外信奉宗教的人是很多的,所以偶像崇拜是人类精神世界追求方面的一个很正常的现象,不只存在于中小学生之中。而且每个人在成长过程中,或长或短的一个时期内,或多或少都会有其崇拜、追捧、模仿的偶像,这是很自然的,表明人对自己人生追求的具象化。

而且大多数年轻人的偶像崇拜都有其暂时性和过渡性,随着年龄的增长、阅历的增加,自然而然会变得理性。而且孩子偶像崇拜最严重的时候,往往也是逆反心理最严重的时候,所以家长、教师看到孩子们一些"追星"的举动,千万不要大惊小怪。中学生崇拜偶像,包括影视红星并不是不好,这里面有很多的心理因素。关键是,我们如何因势利导,将其偶像崇拜转换为自我成长的动力。

扩展阅读 6-4　偶像—榜样教育的特点与原则[①]

国内心理学者岳晓东博士根据青少年偶像崇拜的特点,提出了"偶像—榜样教育",其具体的特点与原则如下:

1. 偶像—榜样教育的特点:

作为一种教育理念,偶像—榜样教育具有如下特点:

a. 偶像选择多元化

偶像—榜样教育力图帮助学生多元化地选择偶像,这当中既包括明星偶像,也包括杰出人物偶像及身边的亲朋好友等。这会促使学生从不同的偶像身上吸收有利于个人成长的成分,并把偶像当作人生的榜样来学习,而非当作神明来供奉。

b. 偶像认同多元化

偶像—榜样教育力图帮助学生多元化地认同偶像(如才能特征、人格特征、成功经验等),学会从不同层面接受同一偶像,再从不同偶像身上吸取同一养分。偶像认同多元化会强化青少年"追星"中的批判意识,避免盲目跟随偶像。

c. 偶像榜样化

偶像—榜样教育力图帮助学生化偶像为榜样,强化对偶像的理性认识和心理认

---

① 岳晓东.论偶像—榜样教育[J].中国教育学刊,2004(9):19—20.

同,变对偶像的敬仰为自我成长的动力。这样做会强化崇拜对象的榜样功能及榜样学习的替代性功能。

d. 偶像平等化

偶像—榜样教育力图帮助学生平等地看待并接受偶像,拉近与偶像的心理距离,以平常心面对偶像的成就。这样做可促使学生从一开始就摆脱偶像的光环,把偶像和自我放在同一水准上。

2. 偶像—榜样教育的指导原则

作为一种教育模式,偶像—榜样教育主要有以下几条指导原则:

a. 参与性原则

偶像—榜样教育倡导学生参与榜样教育,在学生钦佩/敬仰的人物中选取榜样,并共同探讨其榜样价值。这不仅可以避免传统的榜样教育可能给学生带来的逆反心理,而且能调动他们的主动参与意识,以更好地从榜样学习中获取自我成长的养分。参与性原则还可促进榜样教育的多元化发展,其中既有学生自己选择的偶像/榜样,也有社会、学校和家长向学生推荐的偶像/榜样,终而提高学生的独立思考能力。

b. 批判性原则

偶像—榜样教育倡导通过榜样教育来促进学生的批判思维。传统的榜样教育多是自上而下,为学生提供明确的示范信息和学习内容。这虽然有助于榜样形象的树立,却无益于学生独立思考能力的培养。批判性原则鼓励学生对自己选择偶像做理性判断,避免学生采取以人物为核心的认知方式来面对偶像,提高其多元认同的能力。批判性原则还有助于学生创新思维的培养,学会多元化地看待偶像,并促使学生心甘情愿地接受其榜样教育。

c. 输导性原则

偶像—榜样教育倡导加强对偶像认知的输导工作。青少年学会批判性地接受偶像,关键在于教师怎样引导学生理性地判断其偶像,把偶像当作平常人来看待。输导性原则主张尊重学生的个性,对学生的榜样选择实施因材施教,对教学过程实施启发互动,以最大限度地鼓励学生参与榜样教育过程。输导性原则力图引导青少年从才能特征、人格特征、奋斗经验和生活智慧的层面看待偶像,使其榜样学习有明确方向。

d. 自助性原则

偶像—榜样教育倡导通过榜样教育提高学生的自助能力,这主要体现在学生的批判思维能力、自我定向能力、独立决策能力等方面。依照罗杰斯的心理咨询理论,"助人自助"是助人成长的最高境界:它既帮助来询者解决实际问题,也帮助他提高独立解决问题的能力。由此,自助性原则力图摆脱那种一步到位、大包大揽式的教学模式,而是采取启发互动的教学方式来促进学生的独立思考和自助能力。

教育者应避免学生盲目追星的冲动,化被动为主动,帮助学生去选择与其能产生共鸣的偶像明星,让明星崇拜成为一种特殊的榜样教育。

三、人际关系与学生管理

1. 人际关系的心理法则

通过社会压力对学生施加影响,还可以利用关系与人情的手段。其中的心理学原理包含以下三方面内容:

(1) 中国人的关系法则

许多跨文化的研究表明,中西方人际互动的规律有很大差别。与注重规则的老外不同,中国人在处理人际互动中首要及更多考虑的问题就是:关系。由于中国人的关系运作规律比较复杂,令西方人很难理解,所以在英语中出现了一个和中国功夫(Kung Fu)一样的具有中国特色的词汇:Guanxi,特指我们所说的人际关系。

> **人际关系与学生管理**
>
> 中国人做事的时候先进行关系定位,然后根据亲疏远近决定做事的原则。换言之,中国人对生人较冷漠,对亲人较热情。
> 所以,管理学生的一个策略是拉近关系之后,再实施影响。

其实具体而言,中国人人际关系与运作法则并不复杂,它主要表现为两个特点:

中国人在面对他人的时候首先会对他人进行分类,不同类别的人其关系的性质也不同。换言之,人们对于不同类型的人交往的目的往往不同。一般人们会根据交流目的将关系分成三类:

生人关系。生人关系是一种工具性关系,具体来说,你和陌生人接触,主要是为了满足你的物质生活需要,所谓陌生人,就是满足你的物质生活所需要的工具而已。

亲人关系。亲人关系是一种情感性关系,具体来说,你和亲人接触,主要是为了满足你的情感需要,所谓亲人,就是在你伤心的时候给你关爱,在你开心的时候与你分享的人。

熟人关系。熟人关系是一种人情关系,这是一种最为复杂的关系,具体来说,和熟人接触,有的时候是为了满足你的物质需要,如和熟人合伙做生意;有的时候是为了满足你的精神需要,如与熟人一起侃大山;也有的时候,同时满足精神与物质需要,如在合伙做生意的同时彼此交换一些私人秘密。

对于中国人而言,不同的人际关系下,实施的运作法则也不相同:

生人关系主要依据的是公平法则。和陌生人打交道,我们主要考虑的是合算不合算,物质利益合算即交往,不合算即不交往。比如,我们不会因为售货员对我们有笑容,我们就多花钱买她的东西。

亲人关系主要依据的是需求法则。和亲人打交道,我们就不会计较合算不合算了,对方有什么需要我们会尽可能满足他,谁让咱们是一家人呢?有事您说话,我这里没得讲。例如,你为家里的孩子操了很多心,其实逻辑上讲并不合算,但你依然无怨无悔,谁让是自己孩子呢?有什么好讲的。你总不会给孩子洗件衣服,然后在本本上记上:某年某月的某一天,为孩子洗衣服一件,希望他以后长大了有所回报和补偿。

熟人关系主要依据的是人情法则。中国人的人情讲究的是有来有回,是所谓"人情往来"。我今天对你好,其实是因为昨天你对我好;同时我今天对你好,也期望你明天对我好。在这里,你对我好,我对你好的"好",可以体现为"物质上的获取",也可以体现为"精神上的满足",即我今天物质上对你好,让你完成了一单生意;你可以明天在精神上作出回报,如帮我介绍一个女朋友。在人情法则中,又有来,又有往,又物质,又精神,非常容易发生不对等的情况,让人尝尽人情冷暖,所以中国人熟人中的人情关系最为复杂了。

举例来说明中国人人际关系的运作。比如,我要向你借1 000元钱,你借不借呢?如果是老外,可能就简单一些,按照他以往的既定人际原则,该借就借,不借就不借,非常干脆。可中国人就不同了,他在作出决策之前,想到的不是什么既定的原则,而是首先考虑咱们什么关系,通过关系定位的亲疏远近,来决定行为的准则,最后引发是否借钱的行为。比如,如果借钱的是头一次见面的人,基本等同于陌生人,这时就会运用公平法则,有什么好处,利息以及信誉如何,如果尚可就考虑一借,否则门都没有。如果借钱的是自己的亲人,如妈妈向自己借钱,那就没得讲,只要自己有就会拿出来,还谈什么借不借啊,即使没有,也会到处想办法,这是亲人,实施的是需求法则。当然,如果结婚了又怕老婆,婆媳关系有问题,可能会有一些例外。但总体而言，亲人提要求，一般我们不会拒绝。如果借钱的是熟人呢？那就得按照人情法则来行事了。人们就得想想，今天你向我借钱，我得考虑一下上次我向你借钱你借没借我；今天我借你钱，也希望明天我遇到困难的时候得到你的回报。中国人做事，大抵如此。

学生呢，也一样。我曾和一位年轻教师交流学生管理问题，她是一位非常直爽的东北人，对于我的一些观点，她这样回应："迟老师你说的这些太复杂，其实管理学生很简单，当老师的就应当有什么说什么，反正是为他们好。我对于自己的学生就直言不讳，甚至有的时候也骂他们，做错了，我就骂他猪头，也没什么大不了。学生对于我的管理也很认同啊！"这位教师说的是事实，她所管理的也不是小学生，而是中职生，她的学生管理工作成就也有目共睹。为什么学生们会心甘情愿地受老师的骂而一点反抗都没有呢？你如果是一个中学教师，你敢照搬她的经验来管理自己的学生吗？在这里，我们姑且不论骂学生"猪头"是否合适，我们想知道的是她这样明显有些粗暴的管理为什么还有效？

根据我们进一步深入的交流得知，这是一位直爽的女教师，就住在学校内，每天和学生交流比较多，她对学生也真的很好，交流起来像姐妹、姐弟一样。在他们班级的 QQ 群上，只要她一上线，学生们就会欣喜地互相转告，"英姐来了，英姐来了"（她的名字中有一个"英"字，学生们私下都称呼其"英姐"）。总之，她训学生、说学生的一个前提是和学生间彼此的关系非常好，像亲人一样，所以，学生对她进行了"英姐英姐"的亲人定位之后，怎么管理大家都没意见了。所以骂学生这件事，其实英姐有练过，年轻教师请勿模仿。

（2）"互惠原理"

互惠原理的基本理念很简单，它认为每个人都不愿对别人有所欠缺，希望自己尽量以相同的方式回报他人为我们所做的一切。但"类似行为"是一个很广泛的概念，在这个范围之内到底应该采取什么行动也还是有相当大的灵活性，因此一个小小的人情造成的负债感导致人们报以一个大出很多倍的好处的现象也是常常可以看到的。

互惠原理 (Reciprocity Rule)

受人恩惠就要回报。人们一般认为，应该尽量以相同的方式回报他人为我们所做的一切，也就是有来有往。

在美国心理学家罗伯特的名著《影响力》中，作者以一个心理学的实验清晰地展示了互惠原理是如何起作用的。

……在这个实验中，一个实验对象被邀请参加一次所谓的"艺术欣赏"，也就是与另一个实验对象一起给一些画评分,另一个实验对象(让我们叫他乔吧),其实是假扮的,他的真实身份是雷根教授的助手。为了达到目标,实验在两种情况下进行。在第一种情况下,乔主动给那个真正的实验对象送了一个小小的人情:在评分中间短暂的休息时间里,他出去了几分钟,然后带回来两瓶可乐。他一瓶给了实验对象,另一瓶留给了自己,并对实验对象说:"我问他(主持实验的人)能否买瓶可乐回来,他说没问题,所以我也给你带了一瓶。"在另一种情况下,乔没有给实验对象任何小恩小惠。两分钟的休息过后,他两手空空地从外面走进来,而其他的所有方面,乔的表现都一模一样。

稍后,在给所有画打完分之后,主持实验的人暂时离开了房间。这时,乔要实验对象帮他一个忙,他说他在为一种新车卖彩票。如果他卖掉的彩票最多,他就能得到50块钱的奖金。乔请实验对象帮忙买一些两毛五分钱一张的彩票。他说:"买几张都行,当然是越多越好了。"这才是实验的真正目的:比较两种情况下实验对象从乔那里购买的彩票数量。毫无疑问,那些先前接受了乔的可乐的人更愿意购买彩票。显然,他们都觉得自己欠了乔一点什么似的,因此他们购买的彩票是另一种情况下的两倍。……①

心理学家用一瓶可乐换回了多一倍的彩票销售额。这一实验也给我们诸多的启示。

首先,每个人都希望施恩图报,谁也不愿意亏欠别人太多。这在所有的社会组织中都是不可缺少的元素,否则人类将无法发展。给予是一种责任,接收是一种责任,偿还也是一种责任。

其次,施予与回报不一定是对等交换。接受好意的一方会产生亏欠感。亏欠感让人很不舒服,为了卸下心理上的债务包袱,只要环境可以,人们就会乐意答应还比先前所受更大的的恩惠了。而且需要特别指出的是:同一样东西在每个人眼里的价值是不一样的。

再次,施予好处和帮忙的巨大威力在于:一个人靠着硬塞给我们一些好处,就能触发我们的亏欠感。原来不需要我们提出要求,即使是不请自来的恩惠也具备创造亏欠感的能力。互惠原理可以让人们答应一些在没有负债心理时一定会拒绝的请求。

我们看到,通过互惠原理,即使是一个陌生人,或者是一个不讨人喜欢或不受欢迎的人,如果先施予我们一点小小的恩惠然后再提出自己的要求,也会大大提高我们答应这个

---

① 罗伯特·B·西奥迪尼.影响力:你为什么会说"是"?[M].张力慧,译.北京:中国社会科学出版社,2001:28—29.

要求的可能。

教育中能不能充分利用互惠原理呢？当然可以，这一点我们随后会谈到。

(3) 青少年"哥们义气"

处于青春期的青少年，随着年龄的增长、视野的开阔，对外界事物所持态度的情感体验也不断丰富起来。这时的青少年有一个显著的特点是比较单纯，喜欢交往，注重友情。心理学的研究也发现，处于十四五岁的青少年对友谊的渴望最强烈，如果他们得到别人的友谊，就会倍感珍惜。因此，在这个年龄阶段，青少年学生如果感知到谁对自己好了，对自己够意思了，回报的情绪非常强烈，甚至表现出"哥们义气"的特点。

从某种意义上说，"哥们义气"则是一种比较狭隘的封建道德观念。它视几个人或某个小集团的利益高于一切。它信奉的是"为朋友两肋插刀"、"士为知己者死"、"有难同当，有富同享"，即使是错了，甚至杀人越货，触犯法律，也不能背叛这个"义"字。

如果说，有的学生因为"哥们义气"犯了错误，令人惋惜，就对青少年这种重情义、讲义气的心理状态大加批驳的话，那未免有失片面；其实，青少年的这种对人际交往关系中情意的重视也能成为我们教育影响学生的心理资源。

请看一位教师转化后进生的案例①。

学生的背景与问题：

> 小余是我班的一个问题学生，因重义气，有主见，是"问题团"的精神领袖。他平时沉默寡言，擅长篮球，但叛逆心强，性格冲动暴躁，在初中就曾因吸烟打架等问题被学校处分。
>
> 军训第一天，当全班同学有序地在食堂用餐时，我却发现小余和几个初中的"哥们"在寝室里吃饼干。当我问及这样做有没有考虑整个班级形象时，他回答：我以为这只是我个人的行为，应该不会影响妨碍到其他人。可见他集体意识的淡薄。军训第二天，他又在教室里玩手机被我发现没收。这时，我已经确定这个学生绝非"一盏省油的灯"，需要我引起绝对的重视。纪律严明的军训期间尚且如此，以后的日子我绝对不能掉以轻心。在一通思想教育之后，我没收了他的手机。虽然最终他表面上承认错误，但我感觉得出他仍然心存不服。这就是我与小余的第一次交锋。

---

① 案例来自网络，作者佚名。

开学后，小余果然又屡出状况，吸烟、打架、逃课，成了政教处的常客，多次受政教处警告，这使我意识到这个孩子还是需要我进一步的感化，想一步登天让他幡然醒悟真的是一件不可能的事情。不久，他在寝室里吸烟被生活管理老师发现，并和生活老师发生了冲突。

生活老师随后向班主任反映了情况，并征求其处理意见。在这里，我们先停一下，略作分析：班主任已经和小余进行了一次交锋，但效果并不理想。现在又和生活老师发生了冲突，如果你是这位班主任，将如何处理这样的案例呢？

我们看这位教师随后的陈述：

一开始我确实怒上心头，觉得相信这样的学生真是愚蠢至极，但转念一想，对问题学生的转化绝对不是一朝一夕的事情，如果现在就放弃只能证明自己的无能。于是，我恳请生活管理老师先将此事暂时压下去，再给他一次机会，如果再犯，再一起上报政教处。事实证明我的决定是正确的。当小余从生活老师处得知我对此事的隐瞒，对我的态度有了明显的转变……

学生小余的态度是怎么转变的？知道了教师为他思考，将错误暂停处理，对政教处隐瞒其错误，这一系列做法，最大的作用是让学生感受到：老师是为他着想，老师对他够意思；作为一个"重义气"的学生，怎么样回报就不言而喻了吧。教师随后的一些做法不用过多展开了，投桃报李的互惠原理是处理"哥们义气"浓厚的后进生们的不二法则。

2. 教师的第六种武器：人情

基于中国人的关系法则，心理学的互惠原理以及青少年的重义气心态，作为教师，可以从以下两个方面施加对学生的影响：

（1）给你面子，欠我人情

在这里有几种做法：

首先是真付出，真的对学生好，就像那些我们所宣传的优秀班主任一样。

请看下面的例子：

……她长期带两个班的数学教学，兼一个班的班主任，她每天到校最早，回家最晚,她培养出了自己优秀的女儿,又育出了无数优秀的桃李。在她周围,始终有一群可爱的孩子追着她围着她向她请教,她几乎失去了所有的休息时间,但她乐此不疲。转化后进生问题生是班主任的重点难点工作,为了挽救一只掉队的大雁,她总是费尽了心思。她放弃休息时间去家访,找学生谈心,给学生写信,与家长交流,耐心细致辅导学生作业。每次考试后,在给学生印发成绩的同时,她还会印发一份学生心理辅导资料……关爱后进生没有盲区。由于她耐心细致的工作,一个个后进生和问题生在她手里迎刃而解。学生们亲切地称她为"妈妈"……①

这是一个典型的优秀教师的形象,放弃了自己的许多东西,对学生付出很多,学生也自然会感知到,也用自己的行动作出回报。然而,这里存在一个问题:是不是每位教师都要像上面的例子一样,把全部精力放在教学工作上,一天二十四小时既当爹又当妈,关注学生。学生感动于教师的付出,也许会好好表现。但是这样的话,教育工作比民工的活都累,每位教师只为学生奉献,不顾家庭,那不行。你的精力是不够的,你不可能对每个学生都那么爱。

可以说,这样的教师,固然值得肯定和敬仰,但不应该提倡大家学习,否则,会给众多的教师带来太多压力。因为教师角色只是他们众多社会角色中的一种,一个成功快乐的人生不应该只由一种奉献的角色所组成。那么怎么办?

这里其实需要大家注意的是,你对学生真的好并不等同于学生感知到你的好;同样你对学生不好并不等同于学生也感知到你的不好。所以学生觉得你对他不错,欠你人情,一种可能是你真心实意为他好,他也感知到了,还有其他可能的。

其次是无意中表现,却让学生感知到了你的好,他觉得你够意思。

一位教师给我讲过他的一次真实经历。他遇到了一个难管的后进生,几乎耗尽了他学生管理的大部分精力,但收效甚微,以至于后来他对这个学生都快丧失信心了。但是作为教师,他依然关注这个学生的发展情况。

老师发现这个学生买了一辆很好的自行车,很漂亮,骑起来很风光。这个时候出现什么事了呢?因为自行车是要上牌的,交通部门来检查了,看看学校里有没有没上牌的车,没有的话要没收。老师知道学生很宝贝他的自行车,于是就想了一个办法,让这个学生骑他的自行车去给老师取一样东西,这样就躲过了检查,保住了自行车。这个事件以后,老师突

---

① 节录自一段教师事迹的描述。

然发现这个学生上他的课的时候非常给面子,至少在他的课堂上不闹了,学习就有点进步了。这位教师是无意之举,但是他也是心里头对学生好,学生体会到了。

从这个例子我们可以看出:关键不在于教师的真心与否,而在于学生自身是否觉得教师够意思。只要学生觉得你对他不错,有些亏欠于你,那么你的教育思想工作就容易展开了。

最后是利用心理策略,有意设计,给他面子,让他感觉到你的好,欠你的人情。

> **拒绝—退让策略(Refused-concession Strategy)**
>
> 假定想要人同意你的某个请求,一个增加胜算的办法是先提出一个比较大的,对方极可能会拒绝的请求。然后,再提出那个小一些的,你真正感兴趣的请求。因为根据互惠原理,你在要求的大小上作出了退让,对方因而更可能妥协答应你真正的要求。

我们知道,根据心理学的互惠原理,谁也不愿意欠谁太多。当人们被赠予一些有价值的东西时,会立即感到有回报的意愿。你对我好,我就会想着要对你好。你借我点钱,我总想还你点什么。那么,教师便可以利用这一原理,有意识地设计一些情境,营造一些人情,给学生面子,让学生产生亏欠之感。想学生付出,你得先给他一些东西,想学生好好学,就先付出,让他觉得欠你的,自然就会好好学了。那如何让学生欠你的呢?

很简单,要学会留面子,有的时候给对方留了面子,他的心也就留下了。

一个学生犯了错误,被叫到政教处。政教主任先分析了学生错误的性质严重,指出一定要通知家长来严肃处理,然后向学生询问其家长电话。学生战战兢兢中给出了电话号码。政教主任面色沉峻,一言不发地想了一会,放下电话:"先给你一个机会……"在这里,其实政教主任原本就没有想通知其家长,之前的一系列不过是在演戏,目的就是给学生营造一个印象,他的事,本来可以告诉家长过来严肃处理的,但为了他的前途和面子考虑,先给他一个机会,这样学生就觉得对政教主任有所亏欠了,后面的政教主任的一些希望和要求也就更容易听到学生心里去了。

有位教师有这样的经历,碰到屡次犯错误的学生,屡教不改。有一次这个学生和另外三个同学一起犯错误了,而这个学生是主谋,但是教师批评学生的时候,一个一个地批评学生,到了这个"主谋"的时候,教师突然就不批评他了。这个作为主谋的同学就会有亏欠教师的感觉,所以说"死的滋味并不可怕,等死的滋味才可怕"。重点就在于你能不能营造出这样的感觉,让学生觉得他欠你。有的教师有类似的经验,你做一件小事为学生好,学生也能看到能感受到。

做教师的,得饶人处且饶人,让学生知道你给他留足了面子,欠了你的人情,不还,他自然心理不平衡。

当然,从更技术的层面考虑,还可以利用心理学上的"拒绝—退让策略"逼其就范。拒绝—退让原理依据的也是互惠原理,既然人们都希望彼此不相欠,那么如果别人对我们做出了一个让步,我们也必须做出一个让步。继而,我们影响别人的时候可以做的是,我首先有一个高起点的要求,这时你肯定不同意,但我此时再提出一个相关而较小的要求,你就很容易接受了。因为我前面已经让步了,从大要求转到了小要求;你也应该有点让步吧,从不答应大要求到答应一个小要求;我有一个妥协,你也应有一个妥协。但其实,那个大要求是虚构的,我的终极目标就是那个小要求。

举个一般的例子,我想向你借一千块钱,你愿意借吗?你可能不愿借,凭什么要借你啊。那我换一种方式,我说,近期,比较紧张,家里有急事,你能不能借一万块钱呢?你说,一万不行,那我再问,那一千行不行呢?这种情况下往往就能借到。因为先不借你一万,他感觉欠你的,那再借一千一百就很容易借了。

在这里,我本来想要的是借一千元钱,但怕你不借,我可以先提大要求,借一万;你不答应,对我有所亏欠了;这时我再说一千,我已经从一万减为一千了,做了妥协,你如果一妥协,我一千元就拿到了。这就是"拒绝—退让策略"的实质。

实验者在大学校园中的实际场景中验证了"拒绝—退让策略"的有效性,下面是心理学者对这次校园实验的描述①。

经过一番周密的思考,我们决定把这个策略用到一个我们认为大多数人都不会答应的请求上。我们假扮成县里青年咨询计划部门的工作人员,到大学校园里去问大学生们是否愿意陪一群少年犯去参观动物园。要与一群年龄各异的少年犯一起在公共场所呆上好几个小时,而且也没有任何报酬,这对于大学生们来说当然是没有什么吸引力的。结果也正像我们所预料的那样,绝大部分人(83%)都拒绝了这个请求。但当我们用一种不同的方式对同一所学校的学生提出这个问题时,却得到了截然不同的结果。在我们邀请他们作为义务管教员去动物园之前,我们先提出了一个更大的请求:

---

① 罗伯特·B·西奥迪尼.影响力:你为什么会说"是"?[M].张力慧,译.中国社会科学出版社,2001:50—51.

在至少两年的时间里,每周花2个小时的时间为少年犯们提供咨询服务。当然所有的人都拒绝了那个极端的请求。在他们拒绝了那个请求之后,我们才提出了这个小一点的、参观动物园的请求。这一次,由于参观动物园的请求是以让步的形式提出来的,我们的成功率明显地提高了,答应去动物园的学生人数是原来的3倍。[①]

可以肯定的是,如果某种策略可以把人们答应一个实质性请求的比率变成原来的3倍,人们是绝不会把这个策略束之高阁的。例如,工会在谈判时就常常采用这个方法。他们总是先提出连他们自己都不奢望达到的极端要求,然后以这个要求为起点,做出一系列让步,最终达到让对方做出真正的让步的目的。由此看来,起点越高,这个过程就越有效,因为"让步"的空间大。但这个结论只在一定的范围内有效。以色列巴依兰大学所做的一项关于"拒绝—退让"策略的研究表明,如果最初提出的请求太极端太无理,这个策略就会产生相反的效果。因为在这种情况下,最初提出极端要求的一方会被对方认为是没有诚意。这样一来,以后的退让就不会被看作是真诚的让步,因此也就不能令对方妥协了。因此,真正的谈判高手最初提出的条件虽然都很夸张,但从来不会特别离谱。其高明之处在于,他们所提的条件既为以后的让步留出足够的余地,又能得到一个令人满意的最终结果。

其实,有的时候"拒绝—退让策略"应用起来并没有那么复杂,可能就在你一个简单的祈使要求中。比如,有的家长习惯问孩子,"你是看电视还是学习",这样的问题导致的结果是,孩子一般会选择看电视。可是,如果你这样问他,"你是做六道题后看电视还是做十二道题后看电视",这时孩子就会选择做六道题后再看电视。这里运用的就是我们的"拒绝—退让策略",你想想是不是?

(2)拉近关系,实施影响

既然在不同的关系定位下,人际互动运行的法则不一样,与学生关系亲密的教师,更容易受到学生的认可,更可能对学生施加教育影响。由此,教师与学生拉近关系之后再做教育影响工作,也是工作的一个必然选择。那么,如何才能和学生拉近关系呢?

其一是行动上,多进行私下交流。

我们知道,关系越亲近越容易答应一个人的要求,亲人关系的运行法则是需求法则,即只要对方认可你是他(她)的亲人了,什么要求都会毫无原则地答应。对于如何达到亲人关系,港台的心理学家提出的一个概念很有启发意义:"拟亲人场景"。其中暗含的意义是,如果你想和别人营造出一种亲人般的关系,必须在一种类似与亲人在一起的场景下交流。那么,亲人们在一起干什么呢?吃喝玩乐,分享秘密。当然,教师和学生的交流不一定这么完全亲人化,以至于影响了自己的威信,但要想和学生拉近关系,至少要在行动上多和学生私下交流,像亲人一样满足其情感需要。

这里我举一个例子。在一次关于班主任的调查中,我们访谈了一些学生。其中一个班级的学生很有意思,让大家给他们的班主任提意见时,这些学生纷纷表示,对班主任真的一点意见也没有,而且有的学生甚至表示,如果我们的班主任不是优秀班主任的话,世上就没有好老师了。"谁说我们班主任不好,我们全班同学不答应。"为什么这个班级的学生对这个班主任有如此高的评价呢?

经了解,我们发现,这个教师非常善于在私下里和学生沟通感情,拉近关系。这是一位家庭条件比较优越的教师,家里老公是生意人,她赚的工资对于其家庭收入而言不值一提,所以,她工作时的心态也比较好。其实,这样的背景还省却了一个麻烦,学生不会怀疑老师对自己好是因为要升学率,进而多得奖金,而会觉得老师对自己的好是真心为自己好。而且,这位教师也非常善于在私下的生活中关心学生,节假日,如果发现有学生因为学习等原因没有回家,她会邀请未回家过节的学生一起到自己家聚餐。她在批评学生的时候,常常会给学生留面子,私下进行;即使批评,也常常拿出亲近的口吻:"你小子怎么搞的,老给我捅娄子,再这样下去,看我怎么收拾你。"学生在私下的时候也觉得和老师关系很"铁",所以她处理起学生问题也比其他教师容易一些。

再讲一个例子。一位教师和学生在大庭广众之下闹了矛盾,学生当场顶撞老师,老师当场也发了狠话,双方都有些下不来台。后来,彼此冷静之后,老师和学生都互相道了歉,但是,让教师感到失望和自责的是,这个学生虽然口头上为自己的行为做了检讨,与老师的心理距离却明显不如以往了。有时候,在路上遇到,他还故意扭过脸去,假装没有看到老师,而在以往,他是一个要求进步,和老师关系也不错的学生。老师找他谈了几次,学生的态度也没有什么起色。依据这位教师的陈述,他后来是这样解决的:

"过了一个星期,我悄悄给他一个纸条:'晚上6:30来我家,我请你吃饭'。我不确定他会来,但我家着实准备了一桌丰盛的饭菜等他。他果然来了,首先对我说:'老师,以前是我不好,不该惹你生气!'我原谅了他,他说真没想到我还会请他吃饭。饭桌上,我们交流了许多,我说的话他也很容易听进去了。"

分析前面两个案例,我们其实可以看到一点:

拉近与学生的关系要点在于,不是在课堂上、学校内如何谆谆教诲,而是应该在"学习之外的时空,在与学习无关的事情上与学生发生互动",这样才能更容易拉近彼此关系。

在上面两个例子中,两位教师为什么都是自觉或者不自觉地在自己家解决了和学生的关系问题?这是因为,在自己家,说的话、谈的事往往是与学习和工作无关,这种情况下,恰恰满足了"拟亲人场景"的需要,容易形成类似亲人的关系。而在学校环境内,以学习为主来作为交流主题,这只能是一种客观的师生关系的加强。而且学校内谈学习,之所以很难促进师生关系进步,另外一个原因还在于容易让学生怀疑你对他好的动机,你是真的为他好,还是为了他好之后你有奖金发啊?虽然你没有这种想法,但你却不能排除这种原因;而如果在家,谈些与学习无关的事,学生就不会产生如此的怀疑,那么,彼此关系的进步就容易发生了,作为教师的影响力也随之加强。

其二是在政策上,多占据私人时空。

如果说行动上私下交流是为了满足学生的情感需要,那么政策上多占据私人时空就是为了培养学生对于环境的依赖。在这一点上,那些企业管理的大师们做得更好。

> **乡村俱乐部式领导(Country Club Leadership)**
>
> 管理方格理论提出的一种领导类型,这种领导对业绩关心少,对人关心多,他们努力营造一种人人得以放松,感受友谊与快乐的环境,但对协同努力以实现企业的生产目标并不热心。

IBM(国际商用机器公司)的创始人托马斯·约翰·沃森被誉为"计算机之父",在对 IBM 的管理中就充分利用了上面说的这一点。沃森在管理中首先提出三条要求:第一,必须尊重每一个人;第二,必须为用户提供尽可能好的服务;第三,必须创造最优秀、最出色的成绩。这些措施,极大地激励了全体员工团结向上的积极性。为了实践他的对员工爱护的理念,他在 IBM 首创了终身雇佣制,使得员工消除了后顾之忧,进而乐于为公司尽心尽力。而且,尤为特别的是,沃森开创式地在厂区附近建立了一个乡村俱乐部,包括两个高尔夫球场和一个射击场。任何 IBM 的职工每年只需交纳一元会费就可以参加和使用。

从心理学上看,成立乡村俱乐部的好处在于员工不管是在工作时间和休闲时间,都可能在一起,而在一起就免不了互动,互动中就容易增进情谊,就容易拉近彼此关系,就容易在随后的工作中更有效地沟通。本来,工作之外的时空是属于私人的,但是由于企业乡村俱乐部的存在,私人时间又分配给了企业,带来了有利于企业发展的更好的关系与更有效的沟通。在管理学上,"乡村俱乐部式管理"就是一种注重需求、工作满意度、友好的组织气氛和工作环境的管理模式。

那么,这种管理模式能不能借用到学生管理中去呢?当然能。其实,许多学校的学生住宿制度就天然地满足了这一点。虽然缺乏相应的实证研究,但是仅凭经验,我们也往往能感觉到,那些住宿学校的学生管理起来也相对容易一些。这是因为,在寄宿制的学校中,不论是学习还是休闲,学生大部分时间都在学校中度过。这样的做法,一方面在学生身心发育并未完备的年龄段有效阻碍了社会上不良风气的影响,使其专心于自己的学习与发展;而更主要的方面是,学校中的师生朝夕相处在学校这一环境中,也容易造成彼此更多的互动交流,形成更为亲密的同学关系与师生关系,教师更了解学生,处理起学生问题来也更有针对性。

当然,在寄宿制管理之外,学校在学生的休息日组织一些有益于身心发展的集体活动,让学生的学习娱乐都与自己的老师、同学在一起,同样可以起到学生对学校环境和学校中的人的依赖作用,学生依赖并喜欢他们的学习环境,环境中的人才更可能对他们施加影响。

第七章
学生管理的行为策略

教育案例：给后进生颁奖

我班有一名学生，个性很特殊，对什么都不感兴趣，语文考试时常连作文都不愿写。我多次找他谈话，甚至给予了严厉的批评，但收效甚微。进入初三后，在一次月考中，我发现他的语文答卷比以往任何一次考试都做得好，作文不仅写了，而且书写还比较认真。试卷讲评时，我表扬了他，而且还当众为他颁了奖，奖品是一本印有"奖"字的笔记本。这位同学上台领奖时满面通红，显得很激动。事后他在日记中写道："真没想到老师会为我发奖。这是我第一次获奖，我一定要珍惜，下次月考我要考得更好。"在他的日记本上，我写下了"老师相信你"这五个字。从此以后，我发现他变了，上课听讲很认真，有时候还和同学讨论问题。尤为可喜的是，下课后还能主动找老师问问题。又一次月考，这位同学的语文成绩由"不及格"跃到了"良好"。[1]

一次简单的表扬，就可以转化一个学生随后的表现，甚至影响他未来的发展。那么，教师应该如何有针对性地实施表扬与批评，从而更有效地促进学生的转化呢？

一、强化理论与管理策略

1. 行为的心理法则

人为什么会做这样那样的事？有的时候是习惯了。比如，中午吃饭的时候为什么都往食堂走？养成习惯了。行为习惯有一个特点：养成不容易，改掉更难。有人走路姿势很难看，他老婆有时候提醒他，你挺直腰板，怎么这个姿势，这么难看呢？其实，她认识他之前就这样了，都走了这么多年了，怎么改？所以说，行为习惯有个规律：养成不容易，改掉更难。

---

[1] 王林皖. 为后进生颁奖[J]. 班主任,2002(12)31.

从这一点来讲，我们更应该抓的是毕业班还是刚入学的班？按理来说，中学的话，更应该抓初一和高一，因为初一、高一学生刚入学，正是良好学习行为习惯养成的时期；如果不重视的话，到了毕业的时候，一些不良习惯已经养成，改起来就更难了。但是，在现实中，我们发现很多学校把教学管理的重点放在毕业班，其实这是一种舍本逐末的方式，往往收效甚微。按理说，从初一、高一抓起，到初三、高三就是水到渠成的事情。

那么，这些难改的行为习惯又是怎么养成的？从心理学上说，人的某种行为习惯之所以养成，是得到了强化的结果。强化理论（Reinforcement theory）是美国的心理学家和行为科学家斯金纳等人提出的一种行为理论。许多人谈到心理学，只知弗洛伊德而不知斯金纳，但后者对心理学科的影响更强大，在美国心理学会的调查中影响力居首。斯金纳也是心理学历史上一位传奇性的人物，从基础理论一直到应用实践，都颇有建树。而且他还能写小说，还经常上电视，不仅接受访谈，还做动物训练表演。

> **强化（Reinforcement）**
>
> 对一种行为的肯定或否定的后果（报酬或惩罚），它至少在一定程度上会决定这种行为在今后是否会重复发生。

这里谈一则小趣事：斯金纳第一次上电视，就石破天惊地抛出一句："如果在烧掉自己孩子还是自己的书籍之间作出选择的话，我愿意先烧掉自己的孩子。"这当然导致舆论大哗，效果就如同《非诚勿扰》中马诺那句"宁坐宝马车里哭，不坐自行车上笑"一样。心理学家这样说多吸引眼球啊，结果各家电视台就不断邀请他，斯金纳便经常露面，就有名了。当然，斯金纳这样说，也显示他对自己理论的自信。

扩展阅读 7-1　斯金纳及其强化理论[①]

1. 斯金纳其人

斯金纳（Burrhus Frederic Skinner，1904—1990）是新行为主义心理学的创始人之一。

---

① 伯尔赫斯·弗雷德里克·斯金纳［EB/OL］.维基百科, http://www.wiki.mbalib.com/wiki/斯金纳.

斯金纳在心理学研究方面的成就卓著。他发展了巴甫洛夫和桑代克的研究，揭示了操作性条件反射的规律。他设计的用来研究操作性条件反射的实验装置"斯金纳箱"，被世界各国心理学家和生物学家广泛采用。他在哈佛大学的鸽子实验室名垂青史。他根据对操作性条件反射和强化作用的研究发明了"教学机器"并设计了"程序教学"方案，对美国教育产生过深刻影响，被誉为"教学机器之父"。

为表彰斯金纳在心理科学方面作出的重大贡献，1958年美国心理学会授予他"卓越科学贡献奖"；1968年他荣获美国国家科学奖章，这是美国最高级别的科学奖励。1971年美国心理学基金会授予他一枚金质奖章。1990年8月10日，美国心理学会授予他"心理学毕生贡献奖"荣誉证书。8天后，即8月18日，斯金纳去世。

斯金纳一生著作很多。自1930年以来发表了百余篇论文和12本专著。他的主要著作有：《有机体的行为：一种实验的分析》《科学与人类行为》《言语行为》《学习的科学和教学的艺术》《教学机器》。这些著作全面阐述了操作行为主义理论和这种理论在教学领域中的应用。他还运用操作行为主义理论阐述社会生活问题，出版了小说《沃尔登第二》《自由与人类的控制》《超越自由与尊严》。这些作品曾在美国社会中引起巨大反响和激烈争论。

2. 强化理论的基本理念

斯金纳认为，无论是人还是动物，为了达到某种目的，都会采取一定的行为，这种行为将作用于环境，当行为的结果对他或它有利时，这种行为就会重复出现；当行为的结果不利时，这种行为就会减弱或消失。这就是环境对行为强化的结果。

强化可分为正强化和负强化。正强化指个体行为发生后便给予他一种积极强化物，使其保持这个动作，例如，斯金纳箱中的鸽子只要啄某个键就会得到食物。食物就是一种积极强化物，它起着维持鸽子啄键的作用。而负强化则指通过移除某些令个体感到不舒服的消极强化物，从而起到强化某个动作的作用。仍然以斯金纳箱中的鸽子为例，先对鸽子施以电击，直到它啄某个键就马上撤销电击，鸽子渐渐就会明白，想要不被电击就要啄那个键，这样啄键的动作就被强化了。在这个例子中，电击就是一个消极强化物，移除它可以强化啄键的行为。在这里，正强化是用于加强所期望的个人行为；负强化的目的是为了减少和消除不期望发生的行为。这两种类型的强化相互联系、相互补充，构成了强化的体系，并成为一种制约或影响人的行为的特殊环境因素。

强化的主要功能，就是按照人的心理过程和行为的规律，对人的行为予以导向，并加以规范、修正、限制和改造。它对人的行为的影响，是通过行为的后果反馈给行为主体这种间接方式来实现的。人们可根据反馈的信息，主动适应环境刺激，不断地调整自己的行为。

2. 教师的第七种武器：强化

斯金纳的理论概念和应用众多，有些教师觉得学习起来很吃力，我们可以在教育层面上总结为一句话：学生会因为某种行为得到了强化，就会提高该行为发生的概率。通俗点说，对于学生而言，不管是好的行为，还是坏的行为，之所以养成，都是这种行为得到了某种"好处"的结果。

那么，我们教师该怎么做？

<u>很简单，对于一些好的行为，我们分析一下学生因此得到了什么好处，加强之；对于一些问题行为，我们分析一下学生因此得到了什么好处，削减之，这就是斯金纳强化理论的最基本的应用。</u>

举个例子来说明强化的意义。为什么孩子最早发出的有意义的词汇都是"妈妈"？原因之一是"妈妈"这个词是由辅音 m 和元音 a 组成，属于婴儿最容易发的音节；此外，更重要的是，当孩子无意识地喃喃自语，无意中将 m 与 a 拼在一起，发出"妈"的音，当母亲的会非常激动，抱起孩子来又亲又喜。孩子一开始的时候其实是没有感觉的，有感觉也是莫名其妙，怎么这个女子会如此激动？几次之后，婴儿也逐渐知道，只要一发出"妈"的音节，这个人就会满足自己的需要；当他（她）有需要的时候，就会发出"妈妈"的声音；到后来，又发现只有当面对某位女士的时候，这个"妈妈"的声音才更起作用；最后，一见到她，就叫"妈妈"了。所以，从这个意义上说，孩子叫"妈妈"其实源自亲子间的"误会"。

然而，这个例子也说明，孩子为什么最后叫"妈"了，因为叫"妈"得到了好处，所以这种行为被不断强化，最后形成了行为模式。当然，孩子最早发出"妈妈"的声音，还有一个条件，就是得有一位关心孩子、照顾孩子的母亲。如果孩子不是由母亲亲自照顾，孩子叫"妈妈"的时候没有得到任何好处，即未及时强化，那么孩子学会叫"妈妈"的时间就会延后。因此，具体到教育领域，学生的那些好行为、好习惯也是如此养成的，即这些行为习惯使他们得到了好处，所以教师发现学生的优良行为，应当及时给予积极强化。

其实，一些孩子坏的行为习惯之所以养成，也是因为他们的做法得到了某种好处的结果。我们常常在大型超市中见到一个在地上打滚的孩子,以及身边满脸窘迫的母亲。孩子为什么打滚,他不知道地上凉、地上脏吗？当然知道。那打滚有什么好处呢？因为上次打滚,妈妈就满足了他的需要,给他买了他想要的玩具。所以这次来超市,他要的东西妈妈不给买,便故伎重演,又撒泼打滚了。

在一所幼儿园,我们听到一个案例。讲案例之前,请大家思考一个问题,如果一个小朋友的玩具被别的小朋友抢去了,他(她)会怎么做？答案很有意思,据我们观察,不同家庭出身的孩子反应会有一定区别。比如,那些公务员或者教师的子女,他们的玩具被别人抢走了,他们的反应往往是去告诉老师,找一个更权威的人物来帮助其解决问题；而那些城中村的孩子,或者做些小生意人家的孩子,往往是用拳头来解决问题,即你抢我的玩具,我也要用暴力抢回来。但是在这里,有一个小朋友的反应与其他人都不一样,当别人抢她玩具的时候,她既不是去告老师,也不是自己去抢回来,而是拿自己的脑袋去撞墙。她这样一反应,也把老师吓坏了,赶紧从其他小朋友处把玩具要回来还给她。

为什么小朋友抢了她的玩具,她却要去撞墙呢？因为撞墙有好处,能让别人满足自己的需要。至于她为什么选择了撞墙这种自虐的方式来让别人满足自己,幼儿园后来经过了解,原因其实在她的家里。在她家,她妈妈和爸爸吵架的时候,妈妈就是用撞墙来达到自己的目的的。所以,这个案例中除了强化理论,还有观察学习的成分。

总之,得到好处的行为会加强,不论是好行为还是坏行为。那么,对于那些学生的不良行为,我们需要做的,就是要找到那些问题行为背后的"好处",然后给予削减,同时,帮助其建立新的行为模式。

"课堂小丑"

这样的学生总是到处逗乐,故意表现得很傻,以得到老师或同学的注意。

许多教师上课时会发现这样一类学生：他们学习成绩一般,但不论教师问什么问题都积极参与,不管回答是否对错,特别喜欢在教师上课时插嘴,非常生硬地想把自己表现出来。而且,有时候他们甚至会在课堂上故意出丑,惹得大家哈哈大笑。如果教师批评,他们往往不仅不表现出愧疚之情,还显得有些兴奋。批评时答应得很好,但一回到课堂上又原形毕露。对于这类学生,国外有个称呼叫"课堂小丑",那么,这些学生为什么甘于做"课堂小丑",教师又应当如何来处理这些学生呢？

要想知道为什么有些人甘于做"课堂小丑",首先要清楚的是这些学生不惜损害自己的形象博大家一笑能得到什么好处？其实这里的好处很简单：课堂小丑不论是非,重要的是得到了众人的关注,吸引了眼球。如果好处是这些,那么处理起来的思路也就很简单了：在

他搞笑、做怪态的时候,让他无法得到其他人的关注。处理过程可以参考下面的步骤:

一是不论这个学生如何搞怪,教师不要看他,冷处理,目光不能与他交流。

二是与此同时,教师要说一些事,把其他同学的目光吸引过来,让其他同学也不要关注他。

三是走近他,以身体语言来表达对他的不满,但同时不与其进行目光接触。

四是表扬他身边遵守纪律的同学。

最后一步很关键,在他失去了众人的关注之时,必然失望,此时给他提供一个榜样,同时也暗示他:像你这样做怪态扰乱课堂纪律的,教师不会关注;教师关注的,是你身边这样遵守纪律的同学。如果他有所收敛,则要马上进行肯定和鼓励,这样,就会慢慢将其引到教育所预设的方向上来。

当然,在以往,教师对付这类学生有一个最简洁也最有效的办法,就是将其像小鸡一样拎出座位,一脚踢出门外,世界便清静了。可现在明显不行了,为什么,一是因为这样做毕竟有些粗暴;二是因为有了《青少年保护法》。

二、"拿什么表扬你,我的学生"

"好孩子是夸出来的",通过表扬与赞美,提高一个孩子的自尊心,进而引导其不断努力和进步,这几乎是一条公认的教育理念了。然而,面对一个值得赞美的学生,我们如何来表达自己的肯定,让这种夸奖直指学生的内心深处,就不是每位教育工作者都能做好的了。有的教师,表扬的频率太高,形式又过于单一,仅仅是反反复复的口头表扬,多次之后便会影响赞美的效果。那么,作为一名教师,有哪些内

> **强化物的选择**
>
> 表扬是一种对学生的积极强化。教师在选择表扬学生的时候,强化物可以从物质性强化、社会性强化、活动性强化、象征性强化、代币性强化等多种强化物中进行选择。避免表扬形式太单一。

容可以作为表达对学生的肯定的形式呢?具体来说,我们表扬学生可以用哪些手段?如果这种表扬手段有效的话,是不是可以一直用下去?该怎么安排这些手段?

表扬也好,赞美也罢,用心理学专业术语来说,都是正强化的一种形式。而从心理学的原理来看,强化物的选择可以从以下几个方面入手。

1. 物质性强化

物质性强化物包括食品、玩具、文具、衣物等,主要是指那些可以用钱买来的东西。这种表扬学生的方式,教师们经常采用,但是这里存在一个问题,就是许多教师运用物质性强

化时常将强化物定位为本、笔、书等与学习相关的东西。这些与学习相关的内容可以说不是没有作用,但是对于今天的学生而言,可能作用就十分有限了。

对于以往的学生,如60后、70后,当年他们做学生的时候,缺笔、缺本、缺书,一个作业本都是正反两面反复写的,那个时候奖励本、笔、书之类确实也是让学生甚至家长兴奋的事。然而,今天的学生,基本不缺乏这些东西了,学习资料都过剩,对这些东西普遍兴趣不大;而且有的学生本来就学习不好,在某方面有一些进步,本来很高兴,但老师却依然用本、笔、书来鼓励他,这不是"哪壶不开提哪壶"吗?可以想见其效果不会太明显。

那么,用什么呢?其实钱能买来的东西有很多,也不用很多钱,在学习相关内容之外,买点东西作为奖励,可能会收到学习用品达不到的效果。

可以设想,如果老师在讲课之前拿一个苹果进教室,并放言:今天的课堂谁表现得好,老师就将这个苹果给他,让他当着大家的面把这个苹果吃下去。如果哪位学生因为本堂课的努力而得到了这个苹果,当他当着其他同学的面,吃下这个老师专门为他准备的苹果时,这或许不是这辈子他吃过的最好吃的苹果,但可以肯定的是,他会体验到和以往所吃的苹果的味道都不同。一个现实的故事是,有一位老师真的这样做了,奖励给学生一个苹果,但那个学生始终不舍得吃,天天看,直到这个苹果最后腐烂不得不扔掉。可见仅仅一个苹果就可以达到如此的威力。

当然,如果教师的经济条件好,也可以用一些更强烈的奖励。比如,我知道一位小学女教师就是谁学习进步大,便奖励谁一个自己买的漂亮的布娃娃;一位体育老师会给最棒的同学重奖一个篮球;而一位校长则和几个"后进生"约定,谁期末学习成绩提高得多,由他出资到饭店来顿大餐。总之,在经济允许的范围内,将物质性强化物在笔、本之外有所拓展,你会收到意想不到的教育效果。

回过头来,其实即使是本、笔、书的奖励,如果运用时机恰当,也可以收到良好的教育效果。例如,有一位学生,父母关系不好,老师就对他多加关注了。在学生过生日的时候,老师就送了他一支钢笔,还附上了一张生日卡,祝他生日快乐。这本来是很小的事情,但是这位学生当场感动得热泪盈眶。因为这位学生父母关系不好,从小到大都没有人给他过过生日,也没有收到过生日礼物。这是他第一次收到生日祝福,而且还是来自老师,因此,这个学生一直都很记得这位教师,毕业之后都会回来看这位教师。

2. 社会性强化

除了物质性强化之外,还有社会性强化。什么叫社会性强化?心理学上,人和人互动就形成了社会性,社会性强化就是通过人和人之间互动的形式来达成对学生的认可和肯定。微笑、赞赏、点头、注视、拍手、斥责、告诫等都是社会性强化。这些在教育和管理学生中都能起到很大的作用。

设想一下,老师认为一位同学近期表现不错,值得肯定,但由于自己整日授课,已经懒得说话了,那怎么办呢?其实什么都不用说,在自习课的时候,走过那位学生身边,拍拍他的肩膀足矣。如果他感觉还不是很强烈,那么你连拍他一个星期的肩膀,可以肯定的是,他的感觉会完全不同起来,觉得自己的肩膀不是自己的肩膀了,已经肩负着老师的层层信任与重托。小学教师则可以有更灵活的方式,拍拍脑袋、拥抱都是非常合适的,因为小学生刚刚离开母亲的怀抱,他需要这种母爱式的赞赏。

但是大家要注意的是,对小学生可以又拍又抱,对中学生更重要的则是要让周围的人都知道他做得好。因为中学生在意周围的人怎么看他,所以要让他周围的人都觉得他好。一个问题:表扬中学生的时候是直接表扬他好,还是背着他在他朋友面前表扬他好?想一想就知道,后面一种表扬方式更好。我们直接表扬学生,现在学生精明得很,他知道这是有目的的表扬。教师表扬他进步大,他会觉得,少来这套,我自己什么水平自己知道。有的学生会认为教师表扬是有目的、有私心的。

对于中学生,当着朋友的面表扬他,非常有效,可以降低他对教师表扬动机的怀疑。

所以,教师要学会当着别人的面来表扬学生,尤其是对于那些"爱面子"的中学生而言,这一招往往能收到奇效。当着他要好的朋友的面表扬他,让他在朋友面前有面子;当着许多漂亮女生的面表扬一个男生,小伙子会小脸红扑扑地爽并幸福着。那当着什么人的面来表扬学生"性价比"最高呢?他的父母。

当着家长表扬孩子,家长、教师高兴,孩子更高兴,这是三方共赢的好方法。

为什么这么说呢?因为孩子在中学阶段,正是要求独立、容易反叛的年纪,在家里可能和父母关系不佳。孩子要求独立自主,而父母则觉得你是我孩子,就得听我的,双方容易产生矛盾。此时,如果因为孩子在学校某方面表现不佳,你向家长投诉,则家长失望,孩子恨你,而且还可能由此挑拨了家长和孩子之间的关系。教师这么一告状,家长就会对孩子说:你还说自己长大了、独立了呢,老师都这么说你了,你还独立什么呢?学生会觉得,我正跟家长对着干呢,老师你还这么对我,你什么老师啊!

如果这样反复几次,一找家长就是因为孩子在学校表现不好,也会影响家长的教育效能感,觉得自己在教育子女上很失败,就会逐渐放弃对孩子的教育。这也是产生"5+2=0"

现象的重要原因所在。所谓"5+2=0",即学校5天的教育效果,在家庭、社会周末两天的负面影响下,被消耗殆尽的现象。甚至有的时候,在学校教师多次投诉孩子之后,有的家长反过来会抱怨是学校教育不力才导致自己孩子的错误。比如,有的家长会抱怨:"我把孩子送到学校来,就是为了接受教育的,而你们学校、老师就是专业干这个的。我家长为孩子上学掏了钱,你学校就有义务教育好,你现在天天找我,我要能教育好我送学校来干什么呀。况且,我也有自己的工作,比较忙,如果这样,还不如天天到学校上班了……"可以说,这种家长的想法是有一些偏颇之处,孩子成长,家长毕竟也有不可推卸的责任,但是,确实会有家长这么想,这么讲的。

有一次,一位家长又因为自己孩子的问题来到学校,火气很大。老师刚说了几句孩子的问题,他当着老师的面,上去就给自己孩子一脚,并骂骂咧咧起来。这种表现,其实是做给老师看的,你不是说我教育不好自己的孩子吗,我现在就教育给你看。

总向家长投诉,除了会影响家长的教育效能感及其与学校的合作外,也容易激发家长与学校的矛盾。这样的家长本来就因为自己孩子不好,心中不大愉快,孩子犯错误了,没办法,只得在学校教师面前一遍遍检讨自己孩子没教好,但心里有气。如果哪天发现学校或者教师的某项教育措施有问题,他也会报复性地向教育和行政部门投诉。这样,学校和教师的教育工作就会更为艰难。

反之,如果教师和家长沟通的时候以表扬为主就不一样了。在家里,孩子可以在家长面前表示:看,老师都表扬我了,我就是长大了、独立了。而家长,不论与孩子有多大的分歧和争执,但是看到老师表扬自己的孩子心里肯定会特别高兴,随后,也会更配合学校的教育工作,有利于教师工作的进一步推进。这样,孩子高兴,家长高兴,教师也有收获。所以,当着家长的面夸孩子是一种三方共赢的措施。

有的学校已经在教育实践中充分认识和理解到了这一点,并将这种通过家长表扬学生的办法灵活运用到了实践之中。

先讲一个学生的例子。有个学生,从小学到初中从来没有受过老师表扬,他上初中的时候入学考试数学才答了二十多分,本来班主任不想让学校把这个孩子放在自己班级的,因为按照以往的规律,可以预期这样的孩子即使有进步也很难升入重点高中。校领导做了许多工作,老师才同意收下了这个学生。

结果有意思的是,这个学生入学后第一次单元考试,考了五十多分。老师马上抓住这个机会,打电话给家长:"你家孩子进步很大,我从来没见过进步这么大的孩子,我为有你孩子这样的学生感到自豪。"家长也很激动:"哎呀,老师,我也不知道我孩子进步这么大,我也为有这样的孩子而自豪。"其实,这也没有什么好自豪的,才五十多分。但这样一说,孩子也高兴,想着初中换个样子,成绩也往前走一走。家长、孩子都高兴,孩子也更有动力了,这样三方都形成了很好的关系。

再讲一个学校的例子。有所学校废弃了名为家长会实为投诉会的做法,把家长会改为表彰会。先把那些孩子教育得好的家长请到台前,给他们带上大红花,然后,再让他们在台上,当着众多家长的面,给自己的孩子颁奖。这样的颁奖活动让孩子和家长都很兴奋,有的家长回家后还和孩子说:"儿子,你们什么时候还开家长座谈会,我还想去。"当了父母的人很容易理解家长的这种感情,作为孩子的父母,无论自己赚多少钱,升多大官,都不如自己孩子的进步给自己带来的喜悦多。所以,从对孩子的肯定,迁移到对家长的称许,这样的社会性强化,会更大限度地促进家校合作和孩子随后的进步。

反之,如果把家长会变成控诉会,家长以后都不愿意来开家长会,孩子也不愿意让家长来。这样的话,孩子会认为成人世界不理解他,就和同龄朋友走,这个同龄朋友是谁,说不清楚,就需要引起关注了。

社会性强化扩展开来,可以通过更多的人来表扬学生。有的教师跟家长比较熟,跟家长说,你把亲戚朋友都请来吃饭,专门夸夸孩子。家长很高兴,现在请人吃饭也不是什么事,客人来了客气都会夸。这么多人夸,孩子也高兴。有的学校把表扬的信息发布给社区,发给村委会,让邻里街坊都知道他进步了……总之可以用各种手段让更多的人知道孩子进步,那么这个孩子的压力也就大了。孩子往外一走,到处都说他是一个好孩子,这个孩子就觉得自己很好,就拼命往前走,想退步都难了。其实,从某种意义上说,如果你周边的人都知道你是好人了,那么压力也会随之增大;在前面我们谈过,好人做好事心理才平衡,如果全世界都知道一个人是好人,他怎么会做坏事? 尤其中国人,活得就是这个脸面,而孩子更在意别人的看法。有的学生进步,教师跟家长开玩笑说,你家孩子进步大了,你要请我吃饭了。不管最后是否吃饭,孩子进步,家长心里也很高兴,也愿意请教师吃饭。

3. 活动性强化

活动性强化又称权力性强化,即赋予一部分同学特权性的活动。在班级中,有一些事情是只有少数人甚至个别人可以做,而不是所有的人都能做的。这些事做起来,往往能给人以与众不同的感觉,甚至让人感觉到与老师的关系不一般。例如,当班干部,在国旗下讲话,组织同学活动,甚至给老师帮忙跑腿,等等,都属于此类。

活动性强化的实质是权力的赋予,而中国人长期受到官场文化的熏陶,孩子也非常喜欢特权性的表扬,这也是国内中小学班级中"学生官员"众多的原因。有的班级副班长成群;我听说有位班主任封官甚多,最后甚至在"学习委员"、"体育委员"等之外搞了个"发本委员",主要职责是负责给学生发本子。由此可见,这种加官晋爵之类的奖赏确实对学生奏效,也能有效地对学生产生影响。

拓展阅读 7-2　街上流行"五道杠"! 校园催生小官场?[①]

"妈妈,你能给我买个'五道杠'吗? 比三道杠可牛多了,我们班有同学偷偷戴到学校来了。"昨天,上小学四年级的丁丁向妈妈提出这个请求时,张女士大吃一惊,上网一查才知道,"五道杠"来自"少先队武汉市副总队长"黄艺博。这个12岁的小学生最近戴着红领巾和"五道杠"队牌的照片,神情肃穆,不苟言笑,"官味"十足,已经通过微博红遍全国。他所戴的"五道杠"也受到追捧,淘宝卖得很火,售价10元左右,许多店的成交量都有数百个。张女士没想到,号称"秒杀三道杠"的"五道杠"竟然对孩子有这么大的吸引力!

孩子们对"五道杠"的向往反映出不少学生的"官迷"情结。去年,有媒体在本市多所小学做过问卷调查,结果显示,想当班干部的学生占到89.5%。如今,"评选班干部"在很多家长心中是个敏感词,班干部的涵义早就超出了责任、荣誉、锻炼这些最初的内容,而是和"老师照顾"、"小升初推优加分"这些相当功利的目的联系在一起。家长的倾向加剧了孩子们的"官迷"情结,因评选干部而患得患失、紧张焦虑的情况在小学生中间非常普遍,随之出现的各种"潜规则"和"怪现状"腐蚀着这些幼小的心灵。

每学期开学后的班干部竞选对不少家庭来说简直像一场劫难,全家人都会被闹得鸡犬不宁。孩子爸爸负责起草"竞选演讲"稿,妈妈负责"公关活动"。孩子自己也没闲着,带着"小礼品"发给自己的好朋友们。而在有些学校,竟出现了学生"结盟"之风,互

[①] 街上流行"五道杠"! 校园催生小官场? [EB/OL]. [2011-5-8]. 网易新闻中心, http://news.163.com/11/0508/10/73HBFGFM00014AEE.html.

相拉票。

　　因为需要"官帽"的孩子太多，于是就有了一个尽量多设置班干部岗位的办法。尤其是在低年级，除了班长、班委、中队长、中队委、小队长、小组长之外，还有负责监督大家喝水的"水官"，负责开关灯的"灯官"，各种有趣的名堂，不一而足。有的全班才45个人，却有30多个干部。

　　有老师直言不讳地说，现在小孩都是"官迷"，给个官当就兴奋得不行。一些孩子还形成了相互比大小的风气，谁管人多官就大，就风光神气，管得少的就没面子，干起来也没什么积极性。虽然班干部设置多了，但是尽职尽责服务集体的观念并没有树立起来，反而一些庸俗的观念占了上风。在那里，居然也频频出现社会上"跑官要官"的怪现象。

　　虽然给学生"封官"之类的举措家长孩子都认可，但我还是要请各位老师慎重使用这种办法。一是这种做法属于"官场文化"在校园生活中的反映，会催生一些"小官迷"，沉迷于"三道杠"或"五道杠"，过早培养了孩子的功利之心；二是心理学的研究表明，一项权力的赋予当然令人开心，但赋予权力之后再给予剥夺，得到的失望比不当官还强烈。用简单的话讲，当官开心，不当官不开心，但最不开心的不是不当官，而是当官之后又把官给免了。

　　所以，当教师用"封官"的办法鼓励学生的时候，就存在一个危险：他在这个"官职"上做得很好的话，没有问题；如果做得不好，教师要换人的话，对他的心灵伤害更大。有些后进生的转化工作就是因为乱"封官"之后，工作不得力，教师不得不换了班干部，但随后被撤职的学生思想工作就非常难做了，他也在班级中抬不起头来。

　　那么，在学校中就不能用这种活动性强化来表扬学生了吗？当然不是。其实，活动性强化虽然伴随着权力的赋予，但权力不等于"官"。最简单的，为老师帮个忙等服务性的工作，也具有班级中只有少部分人可以做，大部分人不能做的权力性的特点。比如，教师在上课，突然想到一件东西忘在了办公室，需要一个学生去那里帮忙取一下，这里也是只有少部分人可以做大部分人不能做的。但这时，你又常常要谁帮你去做呢？是班长，还是课代表？抑或是学习委员？

　　我们这里思考一个问题，如果要班长去帮你取东西，他会不会产生一种自豪感，会不会感觉到自己很幸运？很遗憾，一般不会，因为给老师帮个忙，这种事情他做得多了。所以不仅不会激动,而且在路上可能会边走边想:老师你一会儿让我干这个,一会儿让我做那个,上个课还指使我,你以为我是谁,是你的马仔,还是你的狗腿子啊?这是班长的可能反应,但是,做老师的你知道不知道,其实在这个班级中,想为老师服务,希望做老师"马仔",做老师"狗腿子"的学生有很多,可是他们都没有这样的机会。

  不要以为帮老师到办公室去取一件东西是件小事,其实这在一些学生心目中具有重要的意义。比如,一位调皮捣蛋,始终得不到老师鼓励的学生,由于这回课堂表现不错,老师要其帮自己一个忙,去办公室取件东西回来。他会洋洋得意地走出教室:"看,别人都在教室里学习,就我大摇大摆走出教室了,牛吧?见到校长我都不怕,为什么?老师叫我出来的。"这么一件简单的事为什么会让他如此兴奋,因为老师要求他帮忙意味着老师对他的信任,意味着老师和他关系不一般。所以,这种帮个小忙的特权,对班长没有激励效果,而班级中的许多同学却非常渴望能有一个为老师服务的机会,小学生尤甚。因为缺乏这种机会,一些学生也没有得到老师信任,感到自己和老师关系密切的感觉。

  在一次关于如何激励学生的讨论中,曾有两位教师提出了几乎截然相反的办法。其中一位教师说,表扬学生的话可以免一次值日,让他少干点活;而另外一位教师说,表扬学生的话可以给他一次为同学服务的机会,让他多干点活。这两种表扬学生的做法,一种是多干活,一种是少干活,经了解,还真的都发生过,也真的都会对学生产生良好的激励作用,这是为什么呢?其实,不论是让少干活还是多干活,关键在于这种处理,让他有一种特殊的权力感,即这种事班级里大部分人不可以做,只有他可以做,这就是一种权力、一种奖励。不是干活好不好,而是这种感觉好。

  其实这种办法许多教师也应用过,谁表现突出,让他自由选择座位;如果这次考试谁考得好,让他来出考试题,等等。这些事情,学生做得兴奋,教师也感觉轻松。有的教师不放心学生做,其实很多时候,他们绝对不比你做得差。有的教师辛苦就辛苦在这里,没有把这些变成活动性的强化,交给学生去做。每个学生都觉得老师最爱我,自己与老师的关系特殊,这种感觉是非常微妙,也是非常好的。

  当然,这种活动性强化有一个前提,即教师是学生心目中的重要他人,教师在学生心目中的地位越重要,那么他的这些策略会越有效。

4. 象征性强化

  记功、嘉奖、颁奖状等奖励属于象征性强化。这类奖励,我的一个建议就是越多越好,让每个学生都有获奖的可能性最好。现在许多校园,一进校门就可以看到主要的宣传栏上各个领导的照片排成一行,拍的模样,就像政治局常委一样:校长在中间,其他领导分列两边。其实,从校长到教师到同学,大家都爱上光荣榜。不过,个人认为,把校领导的照片放在校园最显著的宣传栏上,有些浪费空间。这种上榜照片,对领导的工作积极性提升作用有限,但是如果换成学生的照片,那么对学生的作用就大了。

既然这样,教师就可以充分利用这一点,将学生的"威风史"(光荣事迹)贴上墙,贴不上墙的发奖状,发不了奖状的在周记里面做表扬。总之,这些象征性的强化物,花费不多,但效果不错。

有一位教师还做过一个搞笑但见效的事。他曾私刻一枚"公章",做了一块"免死金牌",谁经过努力得到了这个盖有"免死金牌"的凭证,就可以犯一次错误而不被惩戒,实践效果表明,学生对于这种游戏性的强化也比较喜欢。

总之,记功、嘉奖、奖状之类对于学生越多越好,让学校的每个宣传栏,教室的每面墙都成为表彰激励学生的空间。

5. 代币性强化

代币应该具有现实生活中"钱币"那样的功能,即可换取多种多样的奖励物品或患者所感兴趣的活动,从而获得价值。

代币性强化

代币性强化是象征性强化的一种特殊形式。教师可以用记分卡、筹码和证券等象征性的方式,来对学生进行强化。

从学理上说,代币是一种象征性强化物,筹码、小红星、盖章的卡片、特制的塑料币等都可作为代币。当学生做出我们所期待的良好行为后,我们发给数量相当的代币作为强化物,学生用代币可以兑换有实际价值的奖励物或活动。代币奖励的优点是:可使奖励的数量与学生良好行为的数量、质量相适应,代币不会像直接强化物那样产生"饱足"现象而使强化失效。通俗点讲,这种强化是一种累积性的、逐层性的强化。类似于表现得好先给小红花,几朵小红花可以换一个大星星,几颗大星星又可以换一个大苹果之类的,让学生不停努力,总有目标在眼前。

但在现实教育过程中,我们会发现,小红花之类的奖励效果对不同的年龄阶段有所不同,可以说,这种形式的强化对于年龄大的学生作用并不大,很难想象在教师培训中给那些认真听课的教师颁发小红花是一种什么效果,但是,这种形式对于小学和幼儿园的孩子却能起到很大的作用。许多小学生整天辛辛苦苦就是为了心目中的小红花呢!

关于小红花,曾出现过这样一个有趣的案例:一所幼儿园的教师觉得孩子们喜欢小红花,但自己又有点懒,便刻了一枚小红花的印章,谁表现得好便在谁的额头上盖一个小红花,儿童确实喜欢,有些孩子确实也是一整天表现良好,所以得到了许多小红花——换句话说,盖了一额头印章。家长接孩子的时候吓了一跳,孩子却满脸喜悦。家长要求孩子去洗脸,好把额头的印章洗掉,但孩子非常不愿意,因为这是老师的表扬啊。事件的结果是家长最后投诉了幼儿园老师,因为毕竟这样搞得卫生情况堪忧。但这也折射出孩子对于小红花的喜欢,对于代币性强化的认可。

教育实践中,我们发现在小学应用代币性强化来改变或塑造行为的案例比较多,但这并不意味着成人世界就不行。比如,在某公司,如果一个员工累积几次比较大的贡献,就可以将其先进事迹放进公司的"名人堂"进行展览,实质上,这也是一种代币性强化。

拓展阅读7-3 巧用"代币法",养成好习惯[①]

杨文杰是我以前教过的一位学生,他是典型的令老师头疼的学生。他上课时难以集中注意力,爱说闲话,作业速度慢,甚至上学也会拖拖拉拉。别看他个子小,坐在第一排,可他的脾气很犟,遇到不顺心的事,或有同学催他完成作业,他就会大哭、不肯吃饭,有时还会赖坐在地上不肯起来,甚至还会偷跑回家。他的学习用品丢三落四,缺这缺那,却又常把买学习用品的零钱,用来买小零食吃。

每天放学回家,他都忙着和小伙伴玩游戏,要到天黑了才回家见父母,更别说回家温习功课。记得有一次,因一位同学冤枉了他,他竟然举起一块砖头就砸人,这样的学生怎不令人担忧?我多次与他的家长接触,与他的朋友交谈,和其他老师交流,争取多侧面多方位地分析他的心理。杨文杰的父母忙于工作,对他的学习不太关心,家里也没人照顾他,纯属"放养";另一方面,他的父母不讲究教育方式,有时过于疼爱,当自己的孩子与别的小朋友发生矛盾时,生怕自己的孩子吃亏,一味责骂别的小孩,这种"火药脾气"导致多次与邻里发生矛盾。当孩子在家里犯错,父母就会大打出手,毫不留

[①] 案例来自常州市武进区湖塘桥中心小学陈嫦云老师.

情。因此,这孩子难以控制自己,父母对他的软硬兼施已成为"老套",收效甚微。有时他父母抽空到学校来"训"他,可他们的用心良苦,却事倍功半。一些家庭的客观因素和杨文杰主观的独立意识与认识水平发展的不平衡,造成了他的一些不良心理。文杰常常会做的事就是用大哭来引起大人和老师的注意,让你去抚慰他,提高自己在他人心中的地位。

  杨文杰表现出来的异常行为,纯属后天形成,如不及时纠正,肯定会影响到他今后的学习和工作。我对他说服、批评教育不下千次,可效果不佳。我心平气和地和他讲道理时,他也深知自己的很多"毛病"不好,可就是无法及时地控制自己。因此,如果能在他的旁边安个"提醒器",就可能解决问题。可老师和父母不可能时时刻刻在他身边呆着,怎么办?我思索着……这种情形持续到一年级下半学期。一次偶然的机会,我从心理学书上发现了一种"代币法",可以帮助儿童形成良好的行为习惯。受之启发,我和杨文杰的父母商量,达成协议。一方面,我恳切地向杨文杰的家长提出要求,希望他们改变育儿的观念,多看有关书籍提高自身的育儿知识水平和行为方式,给他耳濡目染的"榜样";另一方面,我给杨文杰配置了一份特殊的儿童套餐——"奥特曼套餐",用以改变他的坏习惯。

  我知道小孩都喜欢吃肯德基,我何不给他也来几份套餐?事先,我找杨文杰谈话,肯定了他想改掉坏习惯的决心。我请他把自己想做的事,想要的东西,想实现的愿望统统说了出来,然后根据这给他配置了不同寻常的"奥特曼套餐",同时也给他制定了享用套餐的具体行为规则。(以自制的奥特曼卡片为奖励)

  具体行为规则如下:

1. 按时到校   1个奥特曼
2. 上课不随便说话   2个奥特曼
3. 上课回答问题:每天5次以上   4个奥特曼
       每天3—5次   3个奥特曼
       每天1—3次   2个奥特曼
4. 独立按时完成作业:不论对错   2个奥特曼
       全对   4个奥特曼
       85%以上正确   3个奥特曼

5. 自己整理书包(不忘带、不少东西)　　　　3个奥特曼

6. 不乱花钱　　　　　　　　　　　　　　　2个奥特曼

7. 不与同学发生矛盾　　　　　　　　　　　4个奥特曼

8. 不乱发脾气　　　　　　　　　　　　　　2个奥特曼

9. 按时回家　　　　　　　　　　　　　　　1个奥特曼

10. 主动做好事　　　　　　　　　　　　　　4个奥特曼

注意事项：

1. 每月领取10个"预支奥特曼"，做得好不扣，否则相应扣除。
2. 得到老师指名表扬，加3个奥特曼。
3. 一周内未受老师批评，加3个奥特曼。
4. 如违反所定行为规则，每次扣除1个奥特曼。
5. 可累计奥特曼的个数，选择不同的套餐：

　　套餐A：15个奥特曼＝三块巧克力

　　套餐B：20个奥特曼＝肯德基套餐

　　套餐C：25个奥特曼＝一把玩具手枪

　　套餐D：30个奥特曼＝遥控汽车一辆

　　套餐E：35个奥特曼＝外出游玩一次

我给杨文杰配置的这份特殊的"奥特曼套餐"，目的在于当孩子表现出良好行为时，不是立刻就满足他的要求(例如，我按时到校，就买玩具)，而是延迟满足，需要孩子将行为保持一段时间或重复出现后再满足。这就易于"习惯"的形成，提高合理行为的有意识反复出现，同时因为有"奥特曼卡片"，也可以使合理行为得到一定的鼓励，起到"望梅止渴"的作用。

……随着时间的推移，杨文杰的兴趣和行为发生了改变，那么我就根据他不同时期的不同心理、不同行为，灵活调整"套餐"的具体内容，与孩子一起来完成，帮助他彻底地改变坏习惯，毕竟最后的行为实施者是孩子本人。

不论物质性强化、社会性强化、活动性强化，还是象征性强化、代币性强化，都可以用来作为教师肯定学生的方式，其实有一些激励手段实施起来是非常方便、顺其自然的，而且这

些激励手段不花钱。当你看见学生的优秀表现,想表达对他的肯定或鼓励时,千万不要吝啬,赞美是最简单、最好用的激励办法。

不花钱的激励方式很多而且很有用,比如,你把学生叫到办公室,向他表示谢意而不谈别的事,就仅仅是谢谢他的优秀表现,讲讲他对班级的贡献,减轻了教师的负担,服务了班级同学,等等。

你也可以将对学生的表扬贴到墙上,让全班同学都看到他的优秀表现,这些公开的表扬将时刻激励他继续努力。因为一旦他退步了,犯错误了,他就觉得对不起墙上的表扬,觉得全班同学都看着呢,自己犯错误了多没面子啊,以前老师还公开表扬过呢。

老师在路上遇到学生,跟学生打招呼并且直接称呼他的名字,这样学生就会觉得老师记得他的名字,老师是关注他的,在老师心目中他是有地位的。我们前面也说过了,老师表扬学生的时候当着他父母的面是最好的了,这是让父母、孩子、老师都开心的。

教师也可以利用聚会或者联欢的时候当众表扬某个同学,这时他就有成为焦点的感觉,这是他的优秀表现带给他的,这种感受他会一直铭记于心。为了再次有这种被瞩目、被赞赏的感受,学生就会加倍努力。

总之,赞美孩子的方式多种多样,只要教育工作者用心用脑。下面总结了一些不花钱或少花钱的激励方式,供老师们参考:

1)将学生叫到办公室,向他表示谢意而不谈别的事;
2)将对学生的表扬贴到墙上;
3)在路上遇到学生,与其打招呼并称呼其名字;
4)设计一张特殊奖章,表扬学生的成就;
5)当着其父母的面,对他进行夸奖;
6)聚会或者联欢时当众表扬;
7)亲笔写张卡片,表达你的赞美;
8)在周记中表扬学生;
9)和学生一起共进午餐;
10)邀请学生到家里做客;
11)设立"拍拍后背奖";
……

其实在教学中有很多这样表扬学生的机会,但是做教师的需要反思一下,我们在教育实践中有没有利用这些机会,有没有把握这些机会?

在知道了这些可以作为肯定鼓舞学生的办法之后,还有一个问题,就是如何有针对性地选择一些方法,让教师的激励效果最佳。这可以通过两种方式进行:

第一个是观察法。教师在平时的课堂教学中,留心观察学生都对什么感兴趣,什么容易引起他们的注意;又或者哪些是学生害怕的,不想要的,非常抗拒的,对学生有威慑力的。这些东西,如果用在奖惩上会收到不错的效果。

第二个是调查法。你可以设计一个调查问卷,类似于"在下列各项物件中,你最感兴趣的是什么"这样的问题。通过这种问卷调查,我们可以在最经济的时间内,搜集大量的资料,以了解学生的嗜好。

不过,教师要知道,在用上面的方法,尤其是观察法选择强化物的时候,要避免下面的陷阱:

一是理所当然。例如,男生喜欢玩具汽车,女生喜欢布娃娃,若不是这样一定是孩子有问题。事实上,有此"问题"的孩子多的是,有些孩子不只欣赏中性的玩具,也对异性的玩具感兴趣。

二是以此类推。即根据有限的资料,推导某些学生肯定喜欢某些东西。例如,观察学生日常言行,发现其性格沉稳,那么以此类推,他可能更喜欢音乐、美术之类的安静爱好;相反,一些学生表现活泼,则必然是运动爱好者。这种类推的方式有时候也会出现误判。

三、表扬的时机:"意料之外,情理之中"

总之,当教师肯定或否定学生的时候,方法要多元,不能千篇一律,教师要有许多有针对性的办法去鼓励和赞美学生。但是,这里也存在一个问题,就是有些教师发现有些方法确实起作用,就反复用之,这是不行的。对学生的表扬也好,批评也好,要记住一点:有用,不能滥用。

什么意思呢?从学理上讲,强化也有个时机的问题,不是每次强化都能收到同样的效果的,专业上,这个叫作强化物的分配。根据强化的时间,可以将强化分为固定时距和变动时距;根据强化次数,可以分为固定比率与变动比率。四种强化分配的方式具体定义见下表。

强化物分配方式	含义	效果
固定时距强化	仅以时间间隔为考量的分配方式,即不论是否表现目标行为,每隔一段固定的时间,即提供强化物。	效果不佳,易形成预期心理,有碍学习活动。
变动时距强化	以事件为考量的主要变量,不论目标行为表现与否,间隔一段非固定时间,即提供强化物。	就学习效果而言,变动时距强化优于固定时距强化。
固定比率强化	考虑的重点是目标行为,当学生表现一定次数的目标行为后,即提供一次强化。	学习初期实施,可有效提高行为动机,但也容易形成期待心理。
变动比率强化	依据目标行为频率考虑分配方式,在非固定的时间间隔与行为次数下,随机提供强化物,以增强行为动机。	就效果而言,变动比率强化优于固定比率强化。

举个例子说明一下,在教育中,所谓固定时距强化,就是不管学生做得好不好,始终伸出大拇指,时时夸,处处夸,效果当然不会好。而变动时距强化,也是不管学生做得好不好,不一定什么时候就夸上一场。可以说,这种强化,可以增强一些师生之间的关系,但对于教师所期待的目标行为,影响有限。这也是许多学校推崇的、教师实施的所谓赏识教育、赞美教育失效的重要原因。无原则的表扬,大家确实其乐融融,但效果不明显。

而按比率强化,则是学生达到了教师给定的目标后,再给予相应的激励,效果明显要好于按时距强化。然而,相对而言,最好的强化方式还是变动比率强化。在这里用一个真实的案例来说明。

我知道一位粤北山区的教师,本来自己的经济收入有限,但为了鼓励自己的学生,她不惜血本,在课堂上宣布:"本学期,谁学习进步最大,老师请他到县城吃麦当劳。"学生们富裕的不多,也有一些没有吃过麦当劳,尤其是老师请的麦当劳,所以,许多学生,尤其是那些进步空间大的后进生对此表现出了浓厚的兴趣。期末按照学习成绩的排名,老师也履行了自己的诺言,

> **强化时机的选择**
>
> 从强化效果而言,固定时距强化＜变动时距强化＜固定比率强化＜变动比率强化。
> 效果最好的是变动比率强化,通俗点说,"意料之外、情理之中"的表扬和批评对学生最有效。

吃到麦当劳的学生也显得非常兴奋。然而,连续几个学期之后,老师虽然依然在请学生吃麦当劳,但是效果却大不如前了。什么原因呢?很简单。当第一个学生经过努力,终于吃到了老师请的麦当劳,很兴奋;第二个学生吃到麦当劳,很开心;第三个吃到麦当劳,很高

兴……时间一长,学生就找到规律了,当第五个学生取得了学习的进步,就已经在那里等着了:"老师,什么时候请我吃麦当劳啊?"到这个时候,老师请学生吃麦当劳,学生觉得很正常,因为进步大的老师都请嘛;但如果此时,老师不再请学生吃麦当劳,学生会一肚子的埋怨:"为什么他们进步了老师请吃麦当劳,我进步了不请,你老师瞧不起谁啊?"看,到这里,请学生吃麦当劳,学生觉得正常,不请,反倒一肚子埋怨了。

问题出在哪里呢?这其实就是固定比率强化安排造成的。当一个学生有进步时,教师给予及时激励,起初会收到良好的效果;但随着时间的推移,如果学生找到了教师激励的规律,那就形成了对奖励的期待,这样就会影响激励的效果了,这也是固定比率强化的问题所在。那么,如何做才能让教师的鼓励既起作用,效果又能维持得久呢?那就是变动比率强化安排。

其实我们也不用记忆"变动比率强化"这一文绉绉的心理学术语,我们只需记忆表扬批评使用的要点即可,那就是"意料之外,情理之中"。作为教师,不论是表扬还是批评,要想有效,就不能让学生找到教师强化的规律。

一个有效的表扬应该在学生心目中留下如此的感觉:只要我认真去做,就会得到老师的认可和鼓励的,但老师什么时候表扬我,以什么方式表扬我,表扬的强度如何,我不知道。

在这种情况下,学生就只能勤恳努力,勇往直前了。表扬是这样,批评和监管也是如此。比如,自习课的纪律问题也是许多教师头疼的问题,当班主任在场的时候,自习纪律一般不会有问题;但当班主任不在场的时候,有些学生就蠢蠢欲动了。但是,作为教师,也有自己的事,不可能24小时和学生在一起,对学生的纪律问题进行监控啊。怎么办?

办法其实和前面说的表扬类似,要给学生形成一种感觉:自习课的时候,老师可能会来,但什么时候来,来多长时间,我不知道。换言之,也是一种"意料之外、情理之中"的监管法。

前面我们已经说过,作为教师,你在研究班级里的五十多名学生;而作为学生,那五十多个孩子也在研究你。如果你的行为规律被他们找到了,那你的强化都成了固定比率的安排,其效果就会受影响了。比如,在自习课上,学生们已经找到了规律,教师在某天下午的某个时间会准时进入教室。那么,可能在前一分钟,大家还在教室里搞得天翻地覆,在你即将进入教室的前半分钟,一个带头闹事的学生高声提醒大家:"注意了,注意了,还有十几秒老师就要来了,大家现在十秒倒计时!",这时候,全班同学像春节晚会等钟声敲响一样:"10,9,8,7,6…3,2,1。"倒数1秒刚结束,你推门进屋,学生表现得都相当乖巧,这样就丧失了教师监管自习的意义。

那么,如何利用"意料之外、情理之中"的规律来进行自习课的监管职能,关键是不能让学生找到你来班级的规律。你可以今天自习课刚开始就来,明天后十分钟来,后天根本就不来,大后天自习课又整节课都在……这样,总是"神出鬼没"地出现,"神龙见首不见尾",学生无规律可循,便只能乖乖地遵守自习纪律了。当然,这种"变动比率强化"之法毕竟不是监管自习纪律的长久之计,学生自习的管理关键还在于养成学生自我组织与自我管理的能力,这一点我们在本书的第三部分中将会谈到。

其实,关于"意料之外,情理之中"的用法有时候也不必刻意设计许多。有的时候,教师的无心之举,或者简单的一个出其不意,都能收到良好的效果。

举一个无心之举完成教育影响的例子。一位教师班级里有一个后进生,天天闹事,不是今天欺负同学,就是明天校外打架,教师也苦口婆心劝说多次,但都是收效甚微。某一日,他又和别的班级同学打架,遭到其他班级的班主任告状,被叫到办公室,等候处理。说实话,这一天,他的班主任课程比较多,又忙着一个青年教师技能大赛,一天下来真的很辛苦。按照常规,犯错误的学生已经到办公室,总得处理一番,但今天这位教师实在太累了,没有精力处理。她看了看学生,觉得既可气又好笑,和别人打架,不仅别人受伤,自己也受伤,现在这孩子脸上,也是青一块紫一块的,像"功夫熊猫"。由于没有力气批评了,老师便与他说:"先别说其他了,我先带你去医务室吧。"然后,教师带着这个学生去医务室,处理了一下脸上的外伤,然后又回到办公室。由于教师实在是没有更多力气了,便对学生说:"就这样了,你回去吧!"

这个时候学生的表现很有意思,他似乎不相信自己的耳朵,以前这种时候老师都是劈头盖脸一顿批评的啊,今天不但不批评,还先带我去医务室,最后就这样结束了?他有些犹豫,又不好问为什么,走到办公室门口,打开门的一瞬间,好像做了很大决定似的,回过身来,给老师鞠了一躬:"老师,我以后再也不打架了!"

这里的有趣之处在于,以往不管老师批评得多么严厉,他都脖子一梗,视死如归的样子,今天何以至此?原因很简单,今天老师的处理方式是把批评转换成了关心,该批评的时候没有批评,此时的关心完全在他的意料之外,但又在情理之中,所以,这样的做法比直接的批评更起作用。

山东寿光世纪学校的郑立平老师讲过一个"帮着学生偷试卷"的案例,很有意思。

前几年,我曾处理过一个偷卷的学生。那时我教初一数学,担任班主任,从东北转来一个同学叫郑树杰。树杰其他成绩倒还算可以,唯独英语特别差,差到什么程度?他开始学习英语的时间比我们整整晚了一年。几次考试,他都没超过五十分;孩子有些泄气,其父母非常着急,我也很想帮帮他。可怎么帮呢?好几天也没找到切实可行的方法。

这时,正好学校要组织段考。考前一天午睡我值班,刚要进办公室,就见树杰慌慌张张地从里面出来。我立即叫住他,一看,他手里拿着一张英语试卷。树杰涨红的脸告诉了我一切。竟敢偷卷,真想把他狠批一顿。

可看着他那羞愧的样子,心想:算了,他太想有个好成绩,这本是一件好事呀,何不抓住这个难得的契机呢?于是,灵机一动,坐下来,把他拉到身边,把试卷从头至尾给他辅导了一遍,又叫他拼命地背。结果,在段考中他破天荒地考了78分。

没等英语老师(家在校外,非班主任,所以中午一般不到校)看完试卷,我就先在其耳边吹风:这一周,树杰学习英语积极性很高,连续好几天中午都不睡,专门来办公室找我给他辅导英语,我虽然不太懂,但感觉他进步不少。成绩出来后,英语老师对树杰大加表扬。我鼓励树杰充满信心、加倍努力,一定会赶上去。

三周后,第二次段考。我干脆亲自偷出了一份试卷,又提前给他讲了一遍(平常学校或教师自己组织的英语考试没有听力),这次他竟取得了86分。老师的表扬,同学们的羡慕,使树杰信心更强,学习积极性更大,我不禁为自己的良苦用心收到成效而高兴。

逐渐地,在课后也经常听到英语老师对他的表扬了。就这样,三个月后,全市举行了统一检测,成绩显示,树杰的英语成绩已经进入中游行列!他的英语成绩稳步上升,后来以优异成绩升入重点高中。①

在这里,郑老师想说明的是教师应当宽容为怀,善待学生;但是,案例中的做法之所以取得了不错的效果,从心理学的角度来说,恰恰符合了"意料之外、情理之中"的规律。

批评如此,表扬也一样。再讲一个教师表扬学生的例子。一个学生近期表现不错,教

---

① 郑立平.把班级还给学生——班级建设与管理的创新艺术[M].北京:中国轻工业出版社,2011:140—141.

师想表扬一下,但怎样做才能让他印象深刻呢?教师略一思索,计上心来。他走进教室,满脸严肃,一指要表扬的同学,说:"你,到我办公室来一下!"背着手,什么都没有说就走了。被叫的同学满心狐疑,不知道发生了什么,但看老师面色如此凝重,一定没有什么好事。他忐忑地跟在老师身后,心中也一个劲儿嘀咕:"近期没犯什么错误啊,是哪件事让老师如此严肃呢,好像没有啊……"

一进办公室,老师对着满头冒汗的学生换了一副表情,笑容如花,满脸热情,夸他近期不错啊,学习纪律都有进步,这也好,那也好,东也好,西也好,总之是狠狠表扬了一下学生,然后一总结:"回去吧,没有别的事,到办公室来主要是想表扬表扬你,好好干!"你说此时学生会有什么表现? 就是没翅膀,有翅膀的话估计就飞着回去了。为什么? 这种性质的表扬太刺激了,印象当然深刻了。这就是"意料之外、情理之中"强化法的魅力所在。当然,如果学生有心脏病,这种方法用的时候要小心一点,否则容易刺激犯病。

总结一下,想改变影响学生,教师可以从认知观念、情绪情感、行为习惯和人情面子等不同角度出发,将这些心理学规律应用到教育管理中,一定会收到意想不到的效果。我们不敢说,所有的优秀班主任都知道这些规律,但我敢说,如果一位教师的学生管理工作做得好,他肯定有意无意地运用了这些规律。

那么,具体针对一个人的话,如何来灵活利用这些规律呢?

四、影响策略的综合运用

1. 转变后进生的"套餐"

结合前面所说的各种心理学原理与策略,我们这里提出一个教育影响学生的综合办法。如果用武功作比喻的话,这里说的是一个影响学生的套路,相当于一个应对后进生的"套餐"。如果你是一位经验不足的年轻教师,对付一些学生没有办法,可以"照葫芦画瓢"试一试。当然,这里所列的不是终极手段,这些方法按理说也应当根据学生的特点,有针对性地综合运用为佳。

(1) 寻找共同点,先跟后带

彼此有共同点,是有效沟通、交流的起始点,要想做学生的思想工作,亦得由此出发。许多学生,在教师和家长面前,做出一副无所谓的样子,爱怎么说就怎么说;或者点头哈腰,教师说什么是什么,当时答应好好的,但其实什么都没有往心里去。这些学生不屑交流,或者浅层次交流的背后,都是没有有效打开学生心扉的结果。所以,一个教师要想和学生做有效交流,必须从两人之间的共同点出发,表达出对学生现状的理解,才能走入他的内心世界。因此,教师即使不喜欢学生的现状,也必须表示出对他现状的理解。表达这种理解最简单的方法是找出和他的共同点,以此为基础,先跟后带,把他引向你所希望的方向。这里需要提醒的是,寻找共同点中的"共同点",以非学习内容为好,更容易走近学生的思想深处。

(2) 培养自尊心,先扬后抑

先跟后带,如何去带?学生凭什么就跟你走了?这里存在一个心理平衡的问题。在和学生能够顺利沟通之后,我们要记得"只有好学生做错事才会内心不平衡"的道理。在指出学生问题之前,先要树立、提升其自尊心,培养他的好人感。一个自认为是好学生的人,才会对他的错误问题有所愧疚和忏悔。所以谨记:批评一个学生的前提是他有自尊心;如果没有,先不要着急批评,先培养,这就是"培养自尊心,先扬后抑"的关键所在。学生的自尊心有了,好人感有了,指出他问题的时机也就到了。

(3) 逐级提要求,先小后大

当学生心悦诚服地表明了自己要改正的态度后,这时教师就应该为其指明努力的方向了。但这里的要点是,要求切忌太过宏观、抽象,如"以后一定要好好学习"之类;也不能太大,难以完成,如"下次考试要冲进前十名"之类。要切记"小要求促进大转变,大转变是从小要求开始的",对学生的要求宜小不宜大,宜具体不宜宽泛。这其中的意义在于,大要求学生达不到,容易放弃;宽泛的要求学生不知道从何入手,虽听从了你的教诲但还是有可能原地踏步。而"小且具体"的要求,好处之一是容易操作,容易很清楚地看到进步;好处之二是通过几次小要求的达成,也养成一种跟随老师走的习惯,呼应了前边的"先跟后带"技术中的"带",是从小的要求着手,带领学生一步步向前走。

(4) 多元化鼓励,先远后近

如果学生的小要求达成了,那么教师要及时给予鼓励。尤其学生一开始的进步,教师一定要重视起来,这也是我们前面所讲过的"诛大赏小"的意义所在,"赏小"奖励小的进步就是在这个时候。此外,这个鼓励按照强化的理念,需要考虑几个方面内容:一是鼓励的内容应该是多元化且有针对性的,不能只局限于口头表扬或者本、笔、书之类与学习相关的物质强化,应该从物质、社会、活动等多个方面给予考虑。二是鼓励的时机要恰当,表扬和批评应该是遵循"意料之外、情理之中"的原则,学生没有预期到的表扬才是最好的表扬。另外,表扬也要依据先远后近的原则,不要等到最终目标达到了,才给予肯定和奖励,这个奖励应当从最终目标的外围出发,最后达到核心目标。比如,转化一个后进生,不能等到他成绩进步前十名再给予奖励,在他按时到校、努力听讲的时候就应该给予表扬了。

(5)以活动引导,先情后理

如果以上的策略收效并不明显,那么可以使用以活动来引导,随后再采用别的教育方法。由于现在的学生聪明,你讲的道理他都清楚,问题就是做不来,怎么办?记住:当一个人心跳加速、情绪激动的时候,恰恰是容易拉近关系、受别人影响的时候。当教师的不能着急,有时候转变学生要等待时机,这个时机就是在一些活动(如运动会等)开展的时候,仔细观察学生的表现,抓住时机进行教育。此外,教师为了转化后进学生,也可以有意识地开展、组织一些"令人心跳"、激发情绪的活动,然后进行相应的教育影响。

(6)以关系保障,先拉后教

学生与教师的关系,也是教师有效工作的保障。青少年学生对于和自己关系不同的人,所采用的交往策略往往是不相同的。所以,教师在教育影响之前,先利用各种手段拉近与学生的关系,然后再实施教育,往往会收到意想不到的效果。而与学生拉关系的关键在于,和他们在教育学习时空之外,发生一些与教育学习无关的交流。与教育学习无关,才能保证你和他交流动机的单纯,更容易获得他的信任。所以,教师在处理学生工作的时候,不要急功近利,有时候,"下几步闲棋"更有利于随后的工作。

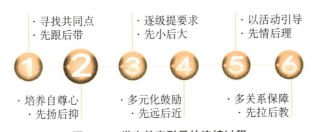

图7-1 学生教育引导的连续过程

"寻找共同点,先跟后带"的核心在于"理解",让学生明白,"我理解、认同你,我们有一个交流的基础"。

"培养自尊心,先扬后抑"的核心在于"赞美",通过赞美,让学生找回自信和自尊,然后再指出其错误问题。这里涉及的是我们谈到过的教师的"第一种武器:赞美"。

"逐级提要求,先小后大"的核心在于"承诺",大转变从小要求开始,转变学生要从学生答应转变开始。这也就是我们谈到过的教师的"第二种武器:承诺"。

"多元化鼓励，先远后近"的核心在于"强化"，对学生的强化内容要多元化，强化物的安排要"意料之外，情理之中"，并逐渐向核心教育目标靠拢。这里涉及的是我们谈过的教师的"第七种武器：强化"。

"以活动引导，先情后理"的核心在于"情绪"，利用情绪情感的规律，寻找并创造机会激活情绪，实施管理。这里涉及的是我们谈过的教师的"第三种武器：活动"和"第四种武器：成功"。

"以关系保障，先拉后教"的核心在于"关系"，利用人际的压力，去转化学生。对于很多学生而言，只要师生关系到位，便可做到"无招胜有招"，怎么说问题都不大。这里涉及的是我们谈过的教师的"第五种武器：榜样"，以及"第六种武器：人情"。

2. 承认自己的无能

在这里，我们提出了一个教育转化学生的"流程"，当然，必须说，所谓"教无定法"，管理学生也没有什么固定的方法，有经验的教师可以灵活运用多种方法来处理学生之事。然而，如果一位教师遇到了一位"难缠"的学生，其转化工作不知道如何做起，那么就可以按照上面所提供的"学生教育引导的连续过程"，实施一遍，看看效果；如果还不行，那么就再做一遍；如果仍不行，那么就再做一遍……如果最终用尽办法，仍没有效果。那你就要注意一下自我的身心保健，找些办法调整一下身心了。

虽然在学生管理的第二部分，我们用较大的篇幅论述了如何利用心理学的规律去进行学生管理，但是，作为教师，我们必须承认：

有时候，某些学生是教不好的。当教师，要承认自己的无能。

虽然业界对于"没有教不好的学生，只有不会教的教师"之类的论述连篇累牍，数不胜数。作为教师，这类论述无疑增添了我们的教育效能感，但是，我们也必须看到，一个人的成长其实是遗传和环境共同作用的结果，而教师，只是学生成长中环境的一小部分而已。希望在教师的努力下，所有的学生都能愉快、健康地成长，最后成为有益于社会的成功人士，但这并不现实。

因此，那种妄图改变所有学生的想法基本上是一种变态的想法，很多学生最终如何发展，教师是无能为力的。从这个意义上说，每位教师都有失败，做教师要承认自己的无能。然而，这并不是说当教师就不必努力了，就可以放弃对学生的管理和教育了。作为一种职业，自然需要专业精神、敬业态度，该干的工作要干，但要承认并不是所有学生的问题都能解决。这种心态，不仅有利于工作的开展，而且也有利于工作出问题后的自我心理调适。

第三编
学生管理中的情境策略

作为教师,免不了做班主任,如何利用心理学的规律去带好一个班?

第八章
班级管理的指挥策略

教育案例：惩戒"自助餐"

班级中，我与学生几经讨论，最终确定根据错误大小制订惩罚"自助餐"，选择以下一种或几种方式执行惩罚：

① 为过错行为做好补救工作，并视情节轻重上交300—600字心理感受一篇；

② 搜集相关的哲理故事三篇，课间饭后能流畅地演说给同学听，为班级文雅地助兴；

③ 根据事情经过，编写情景剧并进行表演，也可以是创作漫画等才艺形式；

④ 做一件有益的事情，或参加一项有益的公益或文体活动，记录过程并写下感受；

⑤ 放学后剥夺自由半小时，利用这段时间反省或背诵《论语》等国学经典；

⑥ 为相关方面构思一个可行的金点子或提出合理化建议；

⑦ 制作小礼物向受伤害者表示歉意；

⑧ 讲述一个名人的成长传记及对自己的启示；

⑨ 展示自己的拿手好戏，并教会全班同学。（注：情节恶劣的将附带取消评优资格。）

将班级的惩罚规则定在合理的尺度上，制订规范，订立契约，照章施行。学生犯了哪类错误、该接受哪种惩戒、如何实施惩戒（包括时间、地点、执行的人员等方面）都有明确的规定，都有"法"可依。这种"丑话说在前"的方式，让学生知道犯错后将受到什么惩戒，给了他们一个"可视"的标准，让他们更加主动地了解行为界限，明确是非观念，从而注意自己的言行，降低犯错的概率，可谓"防之于未有，治之于未乱"。①

---

① 郑英.教育真性情·惩戒篇[J].班主任之友·中学版,2011(10)：16—23.

惩戒也是教育的重要组成部分,但在当前的教育环境下,班级管理中何时惩戒,如何惩戒的"性价比"最高?

一、两种行为,四个阶段

作为一名中小学教师,很容易接到"带班"的任务,成为一名光荣而又辛苦的班主任。接下来我们讲讲当一名教师成为班主任之后,如何根据班级发展的不同阶段采用不同的管理策略。同时,我也要解释前面所说的许多教师心中的一个困惑,就是为什么那些优秀的班主任管理班级的手段在自己的班级管理中不好用。

1. 两种行为

具体到班级管理,总体而言,教师管理学生的行为可以分成两类:

(1) 指挥性行为

告知学生做什么、为什么做以及如何做。其实,有的时候,这种管理也不告诉学生为什么,学生只管听从老师的指挥就好了。通俗点讲,这种管理行为也可以理解为一种专制性的管理,采用的是一种单向的、自上而下的沟通方式。

(2) 支持性行为

在这种管理行为中,不直接给学生答案,反而鼓励学生,相信学生自己能做到,对学生充满希望。这种管理也可以理解为我们常说的民主式管理,是一种双向的,既有自上而下、又有自下而上的沟通方式。

那么,现在大家需要思考的问题是:在教师管理班级的过程中,哪一种管理行为更有效?是指挥性行为,还是支持性行为?是专制式管理,还是民主式管理?

对于这一问题,许多教师会给出一个辩证的答案:最好两者结合,该专制的时候专制,该民主的时候民主。——非常正确,但这是一句正确的废话,该专制的时候专制,该民主的时候民主,那么什么时候该专制,什么时候该民主呢?①

很简单,管理行为的选择依据的是一个班级发展过程中学生心理背景的变化。在班级的不同发展阶段中,学生的心态是不同的。比如,从一个班级刚刚成立的时候,到一个班级

---

① 这里的专制与民主,并非真正国家统治中的专制与民主,而是对管理者指挥性行为与支持性行为的通俗理解而已。

已经成立很久,师生对彼此行为做法都相当熟悉的时候,学生们的心态会有不同的变化。做教师的,必须理解班级发展过程中学生心态的演变,在此基础上,才能采取有针对性的管理措施。

2. 四个阶段

结合学生的实际与管理心理学的研究,一般认为,作为一个团队,一个班级的发展往往经历如下四个阶段。

(1) 组建阶段

当一名教师刚接手一个班级的时候,往往是一个班级刚刚组建的时期。这个阶段学生有什么特点呢?学生之间还比较陌生,他们会表现得很有礼貌;行为矜持,并存有一点戒心,总之,他

> **团队发展阶段**
>
> 美国学者莫尔(Mauer, 1985)认为,一个团队的发展一般经历如下阶段:组建(Forming),解决接受和责任的问题;磨合(Storming),解决有关相互影响的问题;规范(Norming),解决有关工作如何被完成的问题;成就(Performing),解决有关自由、控制和自我约束的问题。

们在默默观察,不会轻举妄动。即使是那些所谓的让教师头痛的后进生,也不会贸然犯错误,因为他们现在还不清楚新的班主任是一个什么样的人,有什么脾气,一不小心,新班主任来个"新官上任三把火",自己"撞枪口上"怎么办呀?此时,许多学生对教师也有较高的期待,以往的班主任不理想,希望这个能对自己好一些,等等。

(2) 磨合阶段

第二阶段是磨合阶段,也有人称为"风暴阶段",是班级矛盾比较多发的阶段。在这一阶段中,同学们彼此逐渐熟悉,相处容易,但同时矛盾也逐渐显现并多发。

首先,矛盾体现在普通学生之间。因为熟悉了,所以彼此不再冷静矜持,自然有些大小冲突了——你开玩笑过头了,他对教师告状了,等等。也有的学生觉得现在的同学还没有以前同学好,开始怀念以前的好朋友。

其次,矛盾体现在普通学生和班干部之间。班干部刚选出不久,威信还没有树立起来,往往遭到一些同学,尤其是一些后进生的责难:同样是一起到这个班级,前几天还称兄道弟呢,为什么现在你要管我呀?

再次,还有学生干部和教师之间的矛盾。新选出来的学生干部工作得力吗?哪里做得好,哪里做得不好?能不能有效分担班级管理的职责?这些问题,并非学生干部一出现就能自然解决了,所以,在教师与学生干部之间也存在着矛盾。

最后,还有教师与那些后进生的矛盾。经过一段时间的了解,那些调皮捣蛋的已经不

再像最初那样小心，逐渐开始惹事了。当然，如果始终能保持冷静不闹事，那就是好学生了。所以，一个班级总会有些捣蛋分子的。这时候，教师如何处理这些人呢？处理之后学生服不服气？能不能错误越来越少？……这一系列问题，也常常让教师焦头烂额。

磨合阶段，也是最考验教师耐心的阶段。

（3）规范阶段

如果第二阶段的矛盾能顺利解决，一个班级就发展到了规范阶段，即正常运作与管理规范阶段。在这一阶段中，班级形成了共同目标，制订了规章制度和报告程序，学生愿意畅所欲言，而且学生承诺遇到分歧的时候会一起克服。如果这个阶段做得好，班级就很规范了。谁领导，谁当班干部，犯错误了该如何处理都很明确。总之，在这一阶段，教师和学生各司其职，老师有个老师样，学生有个学生样。班级矛盾比较少，即使产生矛盾大家也都能找到常规性的处理之道。

（4）成就阶段

如果班级继续良性发展，就到了第四阶段，即班级成就高涨的阶段，也是高效运作阶段。在这一阶段，班级定位很清楚，有共同目标，每位学生都很自觉，相互之间非常信任，彼此形成合作关系，班级运作非常高效。这个阶段中由于学生的学习生活已经习惯化，充满自觉，所以此时的班级也常表现出"教师在与不在一个样"的特点。

很明显，在班级发展的四个阶段中，学生的表现不一样，心态也不同，那么，做班主任和教师的，必须在理解学生心态的基础上，在不同阶段针对不同的工作重点，采用不同的管理策略，形成不同的管理模式，这样，才能收到事半功倍的效果。

二、组建阶段的指挥式管理

1. 为什么教师要"专制"

一个班级刚刚组建时教师要采用什么样的管理模式？我们的建议就是单纯的指挥式管理，也就是专制式管理。为什么要这样？

在班级刚刚成立的时候，如果直接给学生支持性的管理行为，让他们自主安排自己的学习生活，往往效率不高。因为对学生而言，新的班级往往意味着人生的一个新的阶段，例如，小学升上了初中，初中升上了高中，很多人并不清楚接下来的学习生活和以前有什么不同，新的环境下有什么新的要求。所以，进行一种以教师为主导的管理模式，最经济，也最有效率。

再者，指挥式管理有利于教师树立自己的威信。一个教师应当有自己的威信，成为学生心目中的权威人物也是教师角色的一种需要。而树立自己的权威形象，必须要学生"怕"一点，犯错误时面对老师有一些畏惧之心；而在学生还不熟悉自己的时候，这种威信还是比较容易树立的，如果都彼此熟识了，学生们对老师也知根知底，就难以让其"怕"了。

最后，从组建阶段学生的心态看，大家彼此冷静、矜持，后进生也处在观察期，不敢轻举妄动，此时，树立教师权威的举措最容易顺利实施，也是让学生对教师有所敬畏的最佳时期。

因此，在这一时期，教师在班级管理中，从行为上说，应该高指挥、低支持，主要以"你听我的就行了"的方式进行管理；从决定权上说，主要的班级决策都由教师制定，学生很少参与；从师生沟通上说，也是单向的自上而下沟通为主，教师找各类学生了解情况，掌握学生思想动态；从监督上说，教师下班级的次数是高密度的，尽可能多地与学生在一起。教师的工作重点应该是形成班级的内部结构框架，初步指定班干部，明确班干部的职责，控制决策权，提出班级的发展目标，提供其他竞争班级的资讯，让学生了解到班级间竞争的紧迫性。

2. 教师如何来"立威"

那么，作为一名教师，如何在刚认识不久的学生面前树立自己的威信呢？我们先看一则案例。[①]

案例来源于美国著名影片《卡特教练》，讲的是卡特教练怎样把一群"烂仔"组成的篮球队带出成绩，并把他们送进大学的故事。用本书的语境说，就是"如何转换后进生"、"如何带一个'烂班'"的故事。那么，我们看看他刚接触这些孩子的时候发生了什么，他又是如何处理的。

扩展阅读 8-1　电影《卡特教练》简介[②]

里士满高中篮球队原本从未在任何比赛中获胜，是一支屡败屡战的队伍，这一切

[①] 孙路弘.看电影学管理[M].北京：中国人民大学出版社，2007.
[②] 卡特教练[EB/OL]. 百度百科，http://baike.baidu.com/link? url = EOkSchnklnzBiKuGIappn6nQwCzLwhbki7akM3ZNMi_KBpb0Q63MTtLELcVyyDrMIYiAduziHL-gW5VCJvwoOK.

在肯·卡特执教之后发生了变化。他相信,这支队伍在他的带领下可以成为最优秀的篮球队,所以他要求队员和他签订一个协议,约定如果队伍不团结或是成绩不佳就不再继续参加任何比赛。

在卡特的带领下,这支队伍开始走上坡路,最后成为无人能敌的常胜王。但是在1994年举行的国家锦标赛上,队员们的表现却十分不尽如人意,这让卡特教练沮丧不已。

1999年1月4日,他突然关闭了训练馆,禁止那些没有通过年级考试的队员进入训练馆,并且不让队伍继续参加任何比赛。此举引起了轩然大波,他一时成了大众议论的焦点。有人赞赏他视篮球为生命的品格,但更多的人对他的举动表示不解,甚至是批评。与此同时,许多人的生活也因此发生了永远的改变。

《卡特教练》在美国首映的时间是2005年1月14日,头四天就获得票房收入2 600万美元的佳绩。这是根据美国一个真实的故事改编的。现实生活中的卡特教练在1997年开始执教里士满高中篮球队,到1999年就将这支默默无闻的高中球队带进了全美高中联赛。在执教期间他将中学球场临时关闭的举动成为全国新闻,他对球员学习成绩的要求也是美国体育运动史无前例的严格要求。他在获得社区支持的同时也遭到了另一部分人的强烈反对。2002年以后,他声名鹊起,成为影响美国的10个著名的黑人之一。他现在在美国各中学、大学以及企业里进行巡回演讲,演讲的酬金是3万美元,演讲的主题从成功职业发展的五个基本步骤到团队激励取得成功的核心前提,从为团队设定可视奋斗目标到凝聚团队的关键核心技巧等。他将团队的成功牢牢捆绑在每一个成员身上,无论是成功还是失败,团队中每一个成员的命运都被紧紧地锁定在团队整体的表现上。

影片开始不到10分钟,里士满中学篮球队的新教练卡特上任,这个球队的前任教练怀特向全体队员介绍新来的教练。

怀特(对卡特):"我不想说这不是一个挑战。但是,肯,你知道这里的习俗。记住,这些都是好孩子。"

怀特(对全体队员):"伙计们!伙计们!你们知道,我一直在……嘿!你们知道这个赛季我一直在找一个新教练来接替我。这位是肯·卡特,他来里士满了。他是全美的二级运动员,仍然保持着得分、助攻、抢断的记录,获得过乔治马逊大学的篮球奖学金。我们很荣幸地得到卡特教练。现在,让我们给予他应得的尊敬。交给你了,教练。"

卡特(对全体队员):"谢谢你,先生。下午好,伙计们!正如怀特教练所说的,我是你们的新篮球教练,肯·卡特。我想我应该大声点你们才听得见,我是肯·卡特,你们的新篮球教练。"

队员甲:"我们听见了,家伙,但是我们没看见你。你的大黑脑袋后面炫目的光芒,太耀眼了,你是不是擦油了?"

卡特:"唉,你拿你丑陋的跳投开玩笑吗?啊?首先,如果你们需要知道我的信任状,正如怀特教练说的,它们在你们背后的墙上;其次,如果你们篮球训练3点钟开始,你们2:55来就是迟到。你,投篮的那个,你叫什么名字,先生?"

莱尔:"詹森·莱尔,但是我不是先生。"

卡特:"你不是先生?那么,你是女士吗?"

球员乙:"小婊子,婊子。"

卡特:"从现在起,你是先生,其他人也是。'先生'是个尊敬的词汇,我会尊敬你们,直到你们辱没它。"

卡特(接着问):"莱尔先生,上一个赛季你们赢了多少比赛?"

莱尔:"赢了4场,输了22场。"

卡特教练示意其要说"先生"。

莱尔:"先生。"

卡特(话锋一转):"我们给你们准备了一个合同,如果你们都签了,并为这个合同感到自豪,我们就会成功。"

球员甲:"签了这个合同有什么好处吗?"

卡特:"当然了,你们会成为一个胜利者,我唯一知道的就是这个事情。从现在开始,输球的事情不会再发生了。从今天起,你们要像胜利者一样打球,像胜利者一样行动。最重要的是,你们由此会真正成为胜利者。如果各位身体力行,你们就可以赢得篮球比赛。我们在球场上赢得比赛的同时,就是在社会上获得职业发展的成功。"

我们来看,在这里新教练卡特遇到了什么?一群桀骜不驯的小伙子,他们彼此之间开着玩笑,甚至也不拿教练当回事。那么,卡特教练拿出了什么对策呢?这里包括两个方面。

(1) 对以往成就的宣传

这是通过怀特教练的嘴来实现的,即"这位是肯·卡特,他来里士满了。他是全美的二级运动员,仍然保持着得分、助攻、抢断的纪录,获得过乔治马逊大学的篮球奖学金。我们很荣幸地得到卡特教练。

当然,具体到教育领域,如果教师新到一个班级的时候,可以自我宣传一下以往的成绩,以取得学生信任,但是,最好的办法是找有经验、有影响的领导或者老教师帮忙宣传一下。这也是借用外力来树立个人威信。

我所知道的某所学校的一位校长,当新来的毕业生刚做班主任的时候,她都会亲自陪伴新教师到班级,借用自己的力量帮助新教师树立威信。比如,她会说:"同学们,你们这学期真幸运,遇到了某某来做你们的班主任……"然后,当着学生的面,把某某新教师的优点向学生宣传一番。由于她的威信比较高,所说的话在学生心目中也比较有分量,这种介绍常常也会给新教师的带班工作带来积极的影响。

(2) 制订新的政策

在电影中,卡特教练第一次见到学生,便提出要求:"首先,如果你们需要知道我的信任状,正如怀特教练说的,它们在你们背后的墙上;其次,如果你们篮球训练3点钟开始,你们2:55来就是迟到。"

新领导要提新要求,这常常也是必需的活动。所谓"新官上任三把火",如果下属不犯错误,你怎么发火? 如果你不制订规则,提出新的要求,下属又如何按照你的要求做,又如何避免犯错误? 所以,新官上任,明确提出新的要求,制订新的政策成为一种必然。当教师也是如此。那么,教师应当提什么样的要求,制订什么样的班规为好呢? 关于如何制订班规,一般要经历教师准备草案,学生民主讨论,最后达成一致承诺的历程。其中,必须坚持合理、可操作的原则。

全国知名班主任李镇西老师在带班之初,其工作重点也是制订班级的规章制度,但他的工作不是"强按牛头喝水",往往以问题讨论开始,"诱导"大家按其思路走下去,最后形成制订班规的"共识":

新生开学,我往往递进地提出三个问题让大家讨论:"大家是否希望咱们的班成为一个优秀的集体?"对此,学生的回答往往一致:"当然希望啦!""既然你们每一个人都有这种愿望,那么,为了实现这个愿望,每个人应不应该努力克服自身的缺点呢?"学生们经过思考、议论，认识也能统一："当然应该。""要克服缺点，班级需不需要制订一些规章制度呢？"通过学生反复讨论甚至争论，至少绝大多数学生能够说："当然需要。"在此基础上制订的纪律，就已不仅仅是教师强加的"条条框框"，而成为学生集体的内在要求。另外，对于某些非要教师自己提出的纪律要求，班主任也应尽量设法通过学生的口提出来。和学生第一次见面，有时我还出一些小调查题让他们笔答："以后班里出现违纪现象时，你希望李老师怎么办？""当你犯了错误时你希望李老师怎么办？"……基于对学生心理的了解，更出于对学生的信任，大多数学生的答案没有让我失望："希望李老师严格要求我们！"而且学生往往还提出许多具体的措施。这样，我以后大胆管理班级，就不是我与学生"过不去"，而是满足他们的愿望。因此，引导学生集体，实际上是让学生在进校之际，便在思想上处于自我管理的位置。①

其实，在班规之外，如果教师只是为树立威信的需要，可以先提一点简单明确的要求，如我们常见的针对迟到早退等纪律的提醒。我们发现一个有趣的现象，不论是新领导还是新教师，"新官上任"的时候常常把纪律问题作为主抓的方向，这似乎也是一种"最没有技术含量的做法"了，但这确实也是一种有效的方法。这是因为，刚接触一个班级，教师对学生的情况并不了解，贸然提出一些学习方面的要求，如果不切合实际，那么最后不得不放弃这样的要求，也就影响了自己的威信；而纪律问题则不论是否熟悉学生，都能很容易地去处理。此外，抓纪律问题效果立竿见影，牵扯到每个学生的实际，可以"敲山震虎"。

在上面的电影案例中，卡特教练对学生提出的也是纪律要求，这里也埋下了一个伏笔，因为他后面权威的建立也跟这一纪律要求的执行有关。

扩展阅读 8-2　典型班级班规案例②

1. 学习方面——学习小组竞赛制度。

---

① 陆海富. 班主任班级管理的艺术[M]. 长春：吉林大学出版社，2010：69.
② 赵爱英. 如何制定班规[EB/OL]. [2009-05-12]. 中国教师研修网，http://www.teacherclub.com.cn/tresearch/a/844430495cid00001.

(1) 目的：充分调动学生学习的主动性、积极性，让每个学生养成刻苦学习、奋发向上的品德，进一步形成团结、协作、竞争、进步的学风和班风。

(2) 方法：把全班根据住宿生、走读生分为五个学习小组，其中住宿生四个，走读生一个。以小组为单位，展开学习竞赛。各类考试都要进行汇总，哪怕是课堂小测验，只要有分数就要按平均分、及格率、优秀率等几个方面汇总，各小组按以上三个方面进行排名。

(3) 处置办法：对第一小组提出表扬，对第五小组提出建议，要求改进。对小组中在平均分以上的学生提出表扬，对平均分以下的学生提出建议，要求改进。对各小组中的最后两名学生要个别谈话，帮助他们分析原因，并提出改进建议。倡导同学之间互相帮助。

2. 卫生方面——卫生检查评比制度。

(1) 目的：教室卫生是班风班貌的具体体现，桌椅整齐、窗明几净是我们班的卫生目标。学校对教室、卫生区的检查是对学生、班级卫生的督促，也是班主任搞好班级卫生工作的协助。

(2) 方法：以学习小组为单位变成卫生小组，每小组值日一周，进行卫生评比。评比的标准是学校的卫生检查，组织生活委员对每天的丢分情况给以登记和通报，每周一利用班会时间公布该小组丢分情况，五周后各小组值日一轮结束，进行评比。丢分越少，名次越高。

(3) 处置办法：表扬前两名的小组，对最后一组，要问清楚原因，对个别不值日的学生要给予批评教育，并要求其他学生帮助这个学生改正错误。

3. 纪律方面——违纪登记告知制度。

(1) 目的：减少班级纪律丢分，增强学生的自制能力，养成遵规守纪的良好习惯。对自己的错误要有正确的认识，"过则无惮改"，"君子不二过"。促进学生德育素质的不断进步，人格的不断完善。

(2) 方法：制订《学生违纪情况登记表》，贴在班内，以学校纪律考核为依据，每个学生的违纪扣分都由生活委员登记在表内，凡是违纪丢分的学生要利用课间时间，到班主任面前说明丢分的情况，解释丢分的原因。没有原因的要诚恳地承认自己的错误，争取下次改进。

（3）处置办法：对偶尔违纪丢分的学生，只要认识到错误，诚恳表示下次改正就不再追究；对于多次违纪，尤其是课上违纪的学生，由于严重影响到班级量化考核的成绩，也影响到其他学生的学习，因此要划为重点的帮教对象，尽力帮助他认识错误，改正错误；对于屡教不改的学生要上报教导处，请求协助教育。

4. 出勤方面——出勤请假销假制度。

（1）目的：督促学生出勤、出操，保障学习、锻炼身体，形成勤奋刻苦的作风。

（2）方法：制订《出勤登记表》，对学生的迟到、早退、事假、病假等出勤情况进行登记。无论事假、病假都要由家长亲自与班主任电话或当面请假。学生返校后要到班主任处交家长的假条或医院的证明，并说明事假、病假的结果，经班主任同意后可以重新上课。

（3）处置办法：发现学生未到学校和学生中途请假，班主任一定要及时通知家长；对于经常请病假、事假的学生要和家长沟通，问清原委；对于身体有病又经常请假的学生，从学生可持续发展的角度，可以规劝家长对学生先治病后上学；对于学生懒惰心理，要及时说服教育，督促他刻苦学习。

（3）提出细节要求

卡特教练一见到这些学生，便因势利导提出了要用"先生"称呼的要求，"从现在起，你是先生，其他人也是。'先生'是个尊敬的词汇，我会尊敬你们，直到你们辱没它"。这样做的好处在哪里，其目的很明显，是要求学生要学会"自尊"与"尊重别人"；并且在其强烈要求下，学生最终也听从了他的要求，开始使用"先生"这一称谓。如果我们仔细思考一下，卡特教练如此做恰恰符合了我们前面所提到的心理学上的"小要求促进大转变"的规律。

要求学生称呼"先生"，看似只是一个小的要求，但如果没有这样细节上的要求，就没有后来更多的转变。在这样的情境下，一个"先生"称呼的要求，其实是一种试探，是一种心理上的侵入，这样一个小小的要求，最终被承诺，也会带来后面一系列行为的变化，形成对卡特教练要求的跟随力量。这也是卡特教练转换学生的开端。

而且，在这里很有意思的一件事是，卡特教练在要求学生称呼"先生"之后，拿出了一份合同，说："我们给你们准备了一个合同，如果你们都签了，并为这个合同感到自豪，我们就会成功。"在这里，很清楚，卡特教练所应用的是我们谈到的"承诺—转变"策略，试图从承诺开始,来开启学生转化的大门。

当然在这一段简短的对话中,还不能说卡特教练已经完成了树立威信的任务,"立威"的关键在于对后面违规者的惩罚。

三、教师如何惩戒学生

当学生犯错误的时候,需不需要对学生进行惩戒?许多教师谈到教育学生的时候,都认为对学生的教育应当以表扬和鼓励为主,这无疑是正确的。但是在真正的教育管理实践中,对犯了错误的学生进行适当的惩戒也是必需的,否则,一个犯了错误的学生见到教师连丝毫愧疚之心都没有的话,这种教育也是失败的。而且,通过对学生的惩戒,还能有效地帮助教师树立起在学生面前的威信,有利于以后管理工作的开展。所以,教师要学习和掌握一些对学生进行惩戒的原则和技术。

我们先看看《卡特教练》影片中随后发生的事:

球员甲(外号蠕虫):"哦,这是个乡下小气鬼家伙。"

卡特:"对不起。你刚才说什么,先生?"

球员乙:"蠕虫只是奇怪,你是乡下某个教堂的黑鬼吗?戴着领带?是的,你是想说这个,对吗?"

卡特:"你叫什么名字,先生?"

球员乙:"我叫狄奥·克鲁兹,先生。"

卡特:"很好,克鲁兹先生和蠕虫先生。你们俩应该知道的,我们自己应该尊重自己,我们不用'黑鬼'这个词。"

克鲁兹:"你是传教士还是什么?因为在这附近上帝不会给你任何好处的。"

卡特:"我住在这附近,先生。"

克鲁兹(面对其他成员调侃地嘲笑道):"先生。你相信这个傲慢的黑人吗?先生?"

卡特(严肃而缓慢地加重语气):"好吧,克鲁兹先生……离开体育馆。"

克鲁兹:"为什么?"

卡特:"我最后再说一遍,离开体育馆。在我帮你离开之前。"

克鲁兹:"在什么之前?你知道我是谁吗?"

卡特:"根据我看到的,你是一个很烦人、很害怕的年轻人。"

克鲁兹:"怕谁?怕你?我会怕你吗?黑鬼,我什么人都不怕,我会让你好看的。"

卡特:"我不这么认为。"

克鲁兹:"好吧。你做什么?放开我!老师不能打学生的。"

克鲁兹边说边走近卡特教练,突然举起手向卡特教练就是一拳。卡特教练早有防范,一把抓住伸过来的拳头,并将其扭了起来。

卡特:"我不是老师,我是你们的新篮球教练。"

克鲁兹终于放弃,边向球场的门口走去边叫嚣道:"这还没完!"

在这段情节中,捣蛋分子克鲁兹和卡特发生了争执,甚至想偷袭自己的新教练,好在卡特身手好,制服了克鲁兹。虽然随后克鲁兹本人扬长而去,但其他旁观到这一幕的学生,开始遵从卡特的指挥,投入到训练之中。

卡特教练给我们的启示在于:

一是处理团队中棘手成员,可以帮助管理者迅速巩固权力,提升管理权威。

二是对业绩下滑的团队要快速有效地建立权威,从而强化执行力。

三是更重要的,惩罚比奖励的效果可以更快地起作用,效率最直接的源泉是惩罚,人们面对惩罚的威胁总比面对奖励的诱惑反应要快。

在卡特故事的启发下,我们的教师带一个班级的话,又要如何通过有效地利用奖惩手段来树立自己的威信和管理班级呢?

1. 奖惩对象:诛大赏小

"赏罚要公正",这是许多教师谈及如何惩戒学生时提到的一条原则。教师的要求以及班级的规章制度出台之后,就应当明确,不论亲疏,犯了错误就要处理。不能像有些教师那样,当自己喜欢的好学生犯错误时,便睁一只眼闭一只眼,算了算了,下不为例;但是,当自己不喜欢的学生犯错误时就严惩不贷。这样的做法会令班级管理陷入混乱,因为学生会觉得教师偏心,处理不公,该赏的没有赏,该罚的没有罚。

然而,在赏罚基本公正的前提下,我们必须清楚,教师对学生惩罚的工作毕竟和法律惩治罪犯的工作有所不同。在法律上,是有法必依,执法必严,违法必究;而在教育上,教师毕竟不是法官,不可能在管理工作中做到完全的公平、公正、公开。其实,教师也没有必要这样做,因为教师的目的是通过自己的教育影响,让学生能健康发展和成长。在这样的目标下,并不是每个错误都要严惩,每个犯错者都同等对待的。在实际的教育管理工作中,赏罚坚持"诛大赏小"的原则是十分必要的。

所谓诛大赏小,是传统中国的管理智慧,正所谓"杀一人而三军震者,杀之;赏一人而万人悦者,赏之。杀贵大,赏贵小"(《六韬·将威》)。如果杀一个人能让全军震惊,这个人无论是谁都该杀头;如果赏一个人能让一万个人受到欢欣鼓舞,这个人无论是谁,都应该赏赐他;诛杀重在诛杀地位高的人,奖赏重在赏赐地位低的人。这其中的意义在于,中国人的奖励和惩罚,其作用不单单是对进步或者犯错者给予应有之强化,更重要的是,通过对进步者的奖励,对犯错者的惩戒,给他人一个示范的作用。

换言之,奖励一个人的目的不仅在于受奖励的个体,还是在给周边的人看;惩罚一个人的目的也不仅在于受惩戒的个体,还是在给周边的人看。试想,如果一个学生本来就是常被"欺侮"的对象,如果犯了一点点错误,教师却搞得满城风雨,一定要对其严惩,这对于其他同学的警示意义不大,因为这让学生觉得,你老师只会找"软柿子"捏,只会处理一些我们平时都欺负的软蛋而已。所以,在进行惩戒的时候,教师最好找一些典型的错误、"难搞的分子"来处理一下,便可以一战成名,不仅对别的学生有警示作用,而且也会有效地树立起自己的威慑力。

从另一方面说,奖赏则要从小进步开始。如果一个教师将奖励的基准定位得太高,每次都奖励班级里那几个最优秀的人,那么对于其他人而言,这种奖励是没有激励作用的。因为对他们来说,由于先前基础的限制,可能再多努力也难以达到教师的要求,所以还不如不努力。然而,如果教师连学生一个小小的进步都奖励的话,那么除了受奖励者之外,也给其他人提供了一个信息,连这么小的事情老师都给予那么大的奖励,我也不难做到,我努努力也会得到奖励。这样,也会激发更多学生进步。

扩展阅读8-3 管理者如何树立自己的威信[1]

美国《财富》杂志公布的2008年全球企业500强排行榜中,联想集团首次上榜。这个世界第四大计算机制造商,一向以严格的管理和雷厉风行的作风而出名。在联想

---

[1] 柳传志办公室的罚站规则[EB/OL]. 新浪博客, http://blog.sina.com.cn/s/blog-59fc44a70100b31a.html.

集团内部,有一个延续了十几年的规定,即无论是谁,如果开会迟到了就要罚站一分钟。

制订这一规定之前,每次会议总有人拖拉,开会时间到了仍有许多人忙着手里的事情不予理会。集团总裁柳传志大为恼火,规定"开会如果有人迟到,就罚站一分钟!"

不久,集团又要开会。上午10:00会议正式开始,柳传志扫视了一眼齐刷刷坐着的员工,颇有几分得意,"想不到罚站这一招还挺奏效的"。他清了清嗓子,刚说完会议的大概内容,会议室的门开了,一个人抱着一小撂资料站在门口,柳传志望过去,不禁吃了一惊。

站在门口的不是别人,正是自己原来的一个老上级,一直备受他尊重。在规定"迟到罚站"制度后的第一次会议,他居然迟到了。

员工们也看到了这位老上级,先是一愣,继而小声议论起来:"算了吧,会议才刚刚开始呢。""那怎么行?领导迟到了也要罚站才行。"……

这事的确让柳传志为难了,看着一生勤勤恳恳工作的老领导,柳传志心里极为矛盾。他走到老领导面前,接过手里的一小撂资料,说:"你现在在这儿站一分钟,今天晚上我到你家里,给你站五分钟。"老领导满脸尴尬。柳传志语气更加坚定了:"现在你必须罚站,不这样,今后的会议就没法开了,所有的人都忙,那就都有理由迟到。"

老领导理解柳传志的做法,还真的在会议室门口站了足足一分钟。

还有一次,联想集团召开高层领导人会议。柳传志早早准备好材料,进了去会议室的电梯。不巧,电梯突然卡在两层楼之间不再上升了。柳传志被困在电梯里,要上上不去,要下又下不来。

"我只有等他们(维修人员)赶来把故障排除,在里面耗着,干着急。"电梯很快就修好了,柳传志迅速冲上楼,可是他赶到会场时,会议已经开始好一会儿了。看到大家都坐在会议室等着自己,柳传志十分愧疚。他一句话都没有解释,自觉接受惩罚,在会议室站了一分钟。

开会迟到了,就要罚站一分钟,这是联想集团的规矩,每位员工都要执行,总裁柳传志当然也不例外。凭着这样的管理风格,早在2003年1月,《亚洲货币》第十一届"Best-Managed Companies"(最佳管理公司)的评选中,联想就获得了"最佳管理公司"第一名。

著名管理学家亨利·艾伯斯说,上级领导的职责是把下级的行为纳入一个轨道,有利于实现组织目标。但亨利·艾伯斯没有告诉我们,如何把下级的行为纳入轨道。柳传志的故事回答了这个问题,它包含两个步骤:制订统一规范的制度,并强有力地执行它。

每个企业都有一套严格的管理制度,其中不乏规范而完善者。但不是所有企业都能像柳传志那样严格执行。

企业制度是整个企业有序运作的核心机制,它管理着企业向既定目标前进,无人能凌驾于制度之上。即使制度的制订者,同样也要在制度允许的范围内工作,亦即制度面前人人平等,没有员工与领导之分。

好的领导者是能够带头执行制度的人,也是带动企业员工共同遵守纪律的人。只有这样,企业才能做到高效管理,长治久安。

管理的工作都是类似的,从柳传志通过让老领导罚站来树立管理者威信的故事中,我们可以看到,他的做法其实也依据了我们这里谈到的"诛大赏小"的原则。首先,在联想创立之初,就规定了"开会如果迟到,будут罚站一分钟"的规则;然后,有重要人物迟到,并给予处理,"诛大赏小",树立了规则的权威以及自己的威信。当然最后,柳传志自己迟到而主动自我处理又用了我们前面谈到的"榜样"的策略。

柳传志在处理老领导迟到这件事中,不仅仅是严肃处理,他的做法也令人称道。他不是丝毫不讲情面的,按规矩来处理说明他秉公执法,但与此同时他又说:"你现在在这儿站一分钟,今天晚上我到你家里,给你站五分钟。""晚上去你家"这类的人情关怀对犯了错误的老领导是一个心灵安慰,这也是一种符合中国文化、中国管理传统智慧的做法。诛大,是做给其他人看的,是一种强调制度的管理;而"晚上到你家",就是说给老领导听的,是一种强调人情的关怀。只有前一种,可能会诱发老领导的不满意,从而影响以后的工作;只有后一种,则制订的规则制度容易流于虚设,无人遵守。柳传志的管理谋略,也是值得教师们管理学生时所学习的。

"诛大"是一种以处理典型人物、典型问题来树立个人威信、强调班级规则的做法,教师运用这种方法时也必须注意善后工作。作为教育工作者,我们必须清楚的是,所谓"诛大",是一种"擒贼先擒王"式的对典型人物的处理,但是,不能单纯地为处理而处理,要注意做好对被惩戒个体的心理的安抚工作,不能处理完之后,教师就永远地失去了一个学生的敬重,失去了一个学生的愉快校园生活。民间有句俗语，叫"打个巴掌给个甜枣"，所以，教师在处理完典型分子之后，要随即进行心理的抚慰工作，用个别谈心、特别关照之类的手段，让他知道，老师这么做，是对事不对人，对于他本人，老师还是充满希望和信心的，等等。

此外，"诛大"时还必须注意的是，处理典型人物时的一个重点是给别人看的，是借此强调纪律或者规则的重要性，借此树立自己的威信，所以，在针对个别人进行处理的时候，最好让其他同学知道，以促进威慑力的生成。否则，在办公室私下处理个别分子，在无人知道的地方"单挑学生"，是容易做工作，但很难形成对其他同学的威慑作用。因此，在这里我们建议，新官上任三把火，教师处理典型人物的立威应该在班级组建阶段来完成，此时学生还不知道教师的底细，不晓得教师的弱点，所以才容易快刀斩乱麻，迅速树立起教师的威信。

既然"诛大赏小"是一个完整的策略，那么这里再谈一谈"赏小"。"赏小"是对一个学生的小进步给予鼓励。教师奖励的时候，应该更多从普通学生的微小进步出发，而不是从那些天资聪慧、行为张扬的优等生出发。这是因为，和"诛大"一样，"赏小"所起的作用一是直接针对行为个体，有优秀表现给予肯定；二是更为重要的，即做给更多的学生看。根据心理学的社会学习理论，这就等于给其他同学一个替代强化，告诉更多学生："这么小的进步都能得到老师的表彰，你肯定也行，好好努力吧！"

在那么多历史故事中，我们的古人常常用这种"赏小"的方式来鼓舞人心，树立起领导的威信。"商鞅徙木立信"的典故就充分说明了这一点。

公元前359年，即周显王十年，秦孝公任命商鞅为左庶长，准备在秦国实行变法。商鞅在推行变法之前，害怕秦国的老百姓对新的法律持怀疑态度，于是令人在国都城南门树起一根三丈长的木杆，并颁布命令：谁能将木杆拔起，并搬到北门，就能获得奖赏十金。大家觉得不可思议，没有人去搬那根木杆。商鞅于是将奖赏提高到五十金。终于，有人挺身而出，将木杆挪至北门，果然获得了五十金。在取得人们的信任之后，商鞅才正式颁布新的法令。商鞅变法使得秦国逐渐强大起来，为最终灭六国、统一中国打下了坚实的基础。

移动一根木杆就能获得五十金，举手之劳就能获得如此奖励，这不是在开玩笑吗？不是，这样做虽然耗费不多，但真的有奖励，借此，商鞅也是给众人看：我商鞅是重信守诺的人，跟我干没有错。这个例子也提醒教师在平时一定要更多地关注普通学生，尤其是那些默默无闻的学生，在奖励时要更多地考虑他们，而不是那些张扬的学生。这样的奖励，才更有激励作用。

其实，仔细想来，"赏小"还有另外一个用处，就是通过"赏小"，呼应了前面所谈到的"小要求—大转变"的策略。当领导者提出一个小要求,而追随者给予执行时,领导者给予夸张的奖励,其实也是在培养后续跟进的行为。即使商鞅变法,"徙木立信","徙木"事件只是一个开端和手段,目的在于培养一些随后继续跟进商鞅政策的人。我们在鼓励学生的时候,也必须注意这一点,此时的表扬是为了学生未来的继续发展,为了给予更多同学以激励,为了树立自己的威信。因此,奖励学生,宜从那些普通同学的微小进步开始。

2. 惩罚内容:多元化选择

2009 年,教育部颁布《中小学班主任工作规定》,其中第十六条明确规定:"班主任在日常教育教学管理中,有采取适当方式对学生进行批评教育的权利。"教育部的原意是借此保证和维护班主任教育学生的合法权利,使班主任在教育学生的过程中,在坚持正面教育为主的同时,不再缩手缩脚,可以适当采取批评等方式教育和管理学生。这一规定出台当日便受到了广泛关注,甚至一些教师质疑:"老师批评学生需要教育部授权吗?""只有班主任老师才有批评学生的权力吗?"……

不管怎样,这一规定的出台及其争议,表明了一个事实:当前在中小学中,教师批评学生多么不容易,多么不容易被人理解,又遇到了多少挫折。

其实,不用教育部授权,教师也应当拥有批评学生的权利。韩愈的《师说》中说:"古之学者必有师。师者,所以传道受业解惑也。人非生而知之者,孰能无惑?惑而不从师,其为惑也,终不解矣。"既然学生作为受教育者,到学校接受教育,有不对的地方,教师当然就要批评教育,否则便无以"解惑"了。

同样,在西方等一些国家,虽然对待学生以民主和尊重著称,但教师一样要批评学生,甚至要体罚学生的。

比如,在美国,有 23 个州规定了学校可以对学生实施体罚,法律同时还对体罚规定了许多明确的细则:

(1) 学年开始时,家长和学校签订一份声明,表明是否同意对学生实施体罚;

(2) 必须在其他教育方法都无效的情况下才可以实施体罚;

(3) 不许当着其他学生的面体罚某个学生;

(4) 体罚时必须有证人在场,以确保体罚依法进行;

(5) 刚刚与受罚的学生发生冲突的老师不得实施体罚;

(6) 体罚必须考虑学生的性别、年龄以及身体状况;

(7) 体罚时必须打孩子身上肉比较多的部位,如屁股。

扩展阅读 8-4　韩国老师如何惩罚学生[1]

韩国是一个尊师重教的国家。在韩国,学生不仅见到老师要问好,就是看到学长,也要点头表示敬意,不然会被视为没有礼貌,当然这也只是限定于认识的人中间。所以,走在校园里,你时常可以看到正在走路的人忽然停下来,向人问好。

当然,韩国的中小学生也不是天生就是尊重老师的。是孩子,就会调皮,就要犯错误。什么不交作业了,上课睡觉了,课堂说话了,等等,只要是中国学生会犯的错误,在这里也一样可以看到。

对待犯错的学生,韩国老师如何处理呢?首先,除了正常的批评、警告、写检查、责骂外,韩国教育法律规定,老师有权使用直径在1厘米左右,长度为50厘米的棍子来惩罚学生;可以打手、屁股等脂肪丰富的地方,并有专门的教具公司制作配发给每个老师,就像警察配备警棍一样。这个我们在很多韩国的电视剧里都可以看到。同时,老师还可以采用其他只要不对学生肉体产生伤害的惩罚措施,如罚站、罚跪等。

实际操作中,惩罚措施五花八门,其中有一些被我们认为有损学生自尊和人格的措施。但在韩国人眼里,这些惩罚措施是正当而且合适的,做了错事不受到惩罚在他们看来是不可思议的,只会助长恶的形成,就是小孩子也不例外。对学生的什么精神伤害、学生的面子问题等,在韩国是不存在的。

有一次,我吃完午饭,回到办公室,忽然看到走廊上跪着一群学生。这还了得!况且跪的时候身体还要向上伸直,两手高举一张纸,上面写着:"我没有写完作业,不能吃饭。"原来,这几个八年级的家伙,中文作业连续三次没有做完,被我们中文组的韩国老师叫过来罚跪,而且不准吃饭。看到我之后,这几个学生还不忘礼貌地说:"王老师好!"事后上课的时候,我问他们应不应该受惩罚,那几个家伙说:"老师,我没有完成作业,应该受到惩罚。"

当然在这里,惩罚有一个基本的要求,就是:老师与学生双方都有一个约定,违反

---

[1] 王伟.看韩国老师如何惩罚学生[J].教师,2009(1):12—13.

它毫无疑问你就要受到惩罚。事实已经证明了这一点,只要联想到近一段时期国内频繁发生的弑师事件就可以看到,如果不反思学生犯了错误究竟该如何惩罚,这样的悲剧我想还会重演。

我们所熟知的伟大的教育家苏霍姆林斯基,曾教过一个任性、胡闹、没有约束力的男孩罗曼,为了让他认识到这样发展下去的后果是失去自由,苏霍姆林斯基用绷带将他的右手捆在衣袋里,使他在一整天的时间里都无法使用右手。这个孩子体会到了:如果有一天真的失去了自由,生活将是一种什么滋味。最终罗曼学会了约束自己。

从上面诸多例子中,我们可以看到,<mark>对学生适当的惩戒不仅是必要的,也是可行的,关键在于惩戒要遵循教育与心理的原则,不能单纯为惩戒而惩戒,为宣泄教师的怒火而惩戒。合理的尺度、恰当的方法是教育惩戒取得成效的关键。</mark>

具体而言,和强化鼓励学生一样,当学生犯了错误,对学生的惩戒工作内容也可以从以下几个方面进行:

一是物质性惩戒。这是一种通过一些物质性的手段,达成对学生错误的处理。这包括:没收物品,赔偿公物,等等。

二是社会性惩戒。这是一种基于人与人之间互动的惩戒,通过让其"丢脸"来完成对其错误的处理。这包括:要求道歉,写检查,当众检讨,被罚唱歌,黑板题名(警告),冷淡式惩罚(不予理睬),告诉家长,等等。

三是权力性惩戒。这是一种以剥夺学生某种权利的方式来达成对其错误的处理。这包括:取消发言,请出教室,取消课间休息,放学不让回家,停课,调座位,取消参加活动权,停职,撤职,等等。

四是象征性惩戒。这是一种通过剥夺某些奖励或者称号之类的办法对犯错的学生进行处理。这包括给予纪律处分,撤销小红花,等等。

虽然这里提供了一些可以用来对学生进行惩戒的手段,但作为一种对学生错误处理的措施,毕竟不同于褒奖,教师在惩戒学生的时候,还要注意以下原则。

<mark>一是明确爱心原则。</mark>教师要让学生明白,对其错误的处理,是出于爱,为了戒。惩戒的一个基本出发点是让学生对自己的行为负责,它不是伤害,也不是对学生的人格或行为缺陷的歧视和指责。要让学生真正感到教师是实实在在为他好。只有这样,学生才能自觉地接受惩戒教育,而不会产生抵触心理。

二是公平公正原则。惩戒要有统一的标准,只有在学生的行为违反了符合正当价值要求和合理的社会规范取向的校规校纪,并具有破坏性时才需要惩戒。不能同样的错误,有的同学处理,有的同学不处理。同时,惩戒也应是可以预见的。孔子说:"不教而杀谓之虐,不戒视成谓之暴。"惩戒也是如此。

三是事后安抚原则。有时,学生的行为严重地违反了校纪,确实使教师非常生气,大为光火。但这种情绪化的处理方式,却不能达到应有的效果,往往是言者历历,听者藐藐。根据"近因效应",在严厉批评学生后,如果能运用比较妥帖的话语结束批评,使整个批评融入一种浓浓的教师爱护学生的情感中,尽管学生受到了严厉的批评,但从教师的结束语中,还是能感觉老师为他好,这对学生改正错误,避免师生间形成僵局都是很重要的。

四是家长沟通原则。对于施加于学生身上的惩戒,最好事先和家长做好沟通,获得家长的支持和认可。一些教师没有注意到这一点,对学生比较严重的惩戒,如学校警告,事先也没有知会家长,结果家长非常不满意,甚至到教育行政部门投诉,这就非常没有必要了。惩戒学生的目的不是发泄教师的怒火,而是为学生的发展考虑,但如果这种做法得不到家长的理解和合作,那么惩戒的功效必然减半。

至于批评学生的具体程序,有研究者提出六步进阶法[①]。六步进阶法的优点在于把批评的基点建立在重在未来的改进,而不是追究过去的错误。因此,要尽量减轻批评带给人的反感,发挥批评的正面效用,还要不忽略批评者与被批评者双方的权利和责任。简而言之,是批评,绝不是责备。

六步进阶	实例	说明
第一步 反省内心对话是否正确。	虽然小强已两次犯同样错误,但我可以再好好地说服他,不必发火。	教师欲批评学生时一般应有一定的思想准备,哪怕两三分钟也好。
第二步 切入话题,伺机说明批评的理由。	小强,我想跟你谈谈有关你上课时……	1. 指出对方错误对你的影响。 2. 指出对方错误给对方造成的影响。 3. 指出问题是如何发生的。

[①] 唐思群,屠荣生.师生沟通的艺术[M].北京:教育科学出版社,2001:75—79.

续表

六步进阶	实例	说明
第三步　提出明确中肯的批评。	我认为你这种表现是完全错误的。	1. 句子应以"我"字开头,以表示批评发自你个人,而非某些不能公开的来源。 2. 批评对方时语句越简短越好,且要最先说出,说完后可谈谈此项错误的后果。 3. 注意体态语的配合,如诚恳、坦率、询问的目光;身体微前倾以表关切;后倾10度可使氛围轻松。
第四步　请对方提出解释。	你自己注意到了吗?为什么?	积极询问。让对方有机会作解释或申辩。 询问的三种结果: 1. 对方接受批评,说出出乎意料的事实,修正批评,让对方更能接受; 2. 发现对方不明要求,向对方作补充说明,确定能接受的标准; 3. 发现批评不正确,应修正或撤销批评。
第五步　请对方建议如何加以改进。	你认为可以怎样改正?你说说怎样才能避免再犯?你认为老师该怎样帮助你?	三种口语策略: 1. 鼓励型,适合能力和自觉性较强的学生。 2. 建议型,适合能力和自觉性中等的学生。 3. 帮扶型,适合能力和自觉性较差的学生。
第六步　总结对方承诺的行动。	那么你答应以后会……或下次会……	1. 重复上一步中对方提出的改进建议,确定它们的可行性。 2. 再次明确彼此应尽的义务。 3. 向对方说明这次批评的严肃认真性。

图8-1　六步进阶法示意图

以上六步进阶法在训练新教师时效果最为明显,很多老教师学后也感到受益匪浅。当然,在实际的师生沟通中必须视情况而变通运用。

下面再举一些教师灵活运用这些原理原则对学生进行批评惩戒的案例:

一个一向娇生惯养的女生每次劳动都不主动,一次值日工作没做好导致班级被扣分,于是教师决定惩罚她连续三天打扫教室卫生并保证不被扣分,同时,教师也亲自帮助她打扫,提醒她一些应该注意的事项。这样激励她维护集体荣誉,培养责任意识,也锻炼了她的劳动能力。

一个体育委员活泼好动,但自我约束能力差,自习课上经常讲话、做小动作,影响其他同学学习。多次批评无效,教师就取消了他课外活动的权利,让他留在教室里自习。这种'剥夺'式的惩戒收到了很好的教育效果,从此他就能管好自己,严格遵守自习课的纪律。

老师带着整整齐齐的两列队伍向食堂进发。突然,听到队伍里传来很轻的说话声,老师便驻足观看,轻声说道:"中饭老师陪你单独吃。"来到了食堂,孩子乖乖地把饭端到了老师的面前,默默地吃着午饭,似乎被其他的孩子遗忘了。一顿寂寞午餐后,老师又领着孩子从食堂走回教室,陪他练习如何安静地排队走路。这样的过程,一直持续了三天。学生改掉了在队列中说话的坏习惯。

有教师想到了一个以体验式教育为主的惩戒方式,要学生在学校捡垃圾卖钱,冠名为"为班级创造价值"。迟到捡2块钱的垃圾,打架捡5块钱的垃圾,上课不认真捡2块钱的垃圾,不完成作业捡2块钱的垃圾,等等。惩罚情况专人监督,还要求写感受,并在班上"表扬"。效果真的好,学生还真的不敢调皮了,因为学生都爱面子。

……

总之,学生作为一个人,会做好事,同样也会犯错误,犯错误就避免不了对其施以惩戒。因此,教师需要掌握通过惩戒进行教育的原则和策略,这里总结一下对学生惩戒的要诀:

不揪不骂,别踢别打。(备注:尽可能少直接体罚)

抄抄文章,练练书法。(备注:增加学生不喜欢的内容)

遍数要多,态度要好。(备注:是为了"治病救人",不是为了发泄怒火)

如果不做,当众检讨。(备注:社会性惩戒,让学生"丢脸")

取消权利,打扫卫生。(备注:权利性惩戒,让他丧失某些权利,或者增加一些任务)

纪律处分,注意沟通。(备注:象征性惩戒,要知会家长)

有理有据,惩罚分明。(备注:惩罚要有层次)

学生受益,家长领情。(备注:获得家长认可和合作)

扩展阅读:《班级弹性惩戒制度》摘录[①]

山东寿光世纪学校的郑立平在班级中建立了弹性的惩戒制度,其部分内容摘录如下。

第1条:在餐厅内不按顺序,乱插队、乱拥挤或抢饭抢菜者。班主任首先给予谈

[①] 郑立平.把班级还给学生——班级建设与管理的创新艺术[M].北京:中国轻工业出版社,2011:97—99.

心交流,然后由学生自愿选择以下惩戒方式:①以后一周内在餐厅维持打饭就餐秩序,记录违纪情况。②在以后至少两天内帮助整理餐厅卫生,并每天上交300字心理感受短文一篇。③搜集文明行为故事5篇张贴到宣传栏。④做一次文明习惯养成的脱稿演讲。⑤在班内介绍一下自己父母的工作和生活,并谈一下感受。⑥在班内为大家演唱校园歌曲两首。⑦根据事情经过,编写情景剧,并进行模拟表演。

第2条:不遵守午休、晚睡纪律,大声吵闹,严重影响其他同学者。班主任谈心交流后,由学生自愿选择以下惩戒方式:①在以后至少两天内的午晚时间在公寓门口值班,中午巡查,晚上到11点。②在以后至少三天内,于中午、晚上帮助导育老师运水、拖地、做记录等,导育教师认可其确实悔改后可以解除。③在违纪以后至少三天内每日上交300字心理悔改短文一篇。④在班里写"温馨提示"小黑板一周,直至充分认识错误行为。⑤为全班同学做一件好事,并得到三分之二以上人的签字认可。⑥对宿舍进行一次净化或美化。

第3条:上下楼梯时不注意安全,拥挤或追逐打闹者。谈心交流后,由学生自愿选择以下惩戒方式:①认真规范抄写背诵《学生日常行为规范》。②协助检查人员值日一周,并主动提醒同学5人次以上。③背诵古诗10首,并默写上交。④做一张校园安全为主题的手抄报。⑤为学生建设构思一个金点子,并组织实施。

第4条:在有老师在的情况下,依然故意违反课堂纪律影响大家学习者。行为较轻,谈心交流后,自愿选择以下惩戒方式:①向老师道歉,并决心悔改。②停止当天下午课外活动,写心理反省。③向老师和同学们征求对自己行为的意见,并认真抄写2遍。④搜集文明故事1篇,背熟并默写上交。⑤为全班同学表演一个节目,并获得认可。

行为较重,批评教育后,学生必须于课后自愿选择以下惩戒方式:①郑重向老师同学道歉,并当众决心悔改,请求大家监督。②熟练背诵《小学生日常行为规范》。③写违纪相关科目的小论文和说明书各一份。④写"对全班同学道歉书"一份上交,张贴或公开宣读。⑤为学生做一件具体的有意义的事情。⑥针对班级违纪情况,提出几条合理化建议。

第5条:考试时严重违犯考场纪律者。对在考试期间吵闹说笑或睡觉的,先警告提示,考试完成后先谈心交流,再由学生自愿选择以下惩戒方式:①背诵默写《考生守则》。②搜集诚信故事3则背熟并默写上交。③自编考场情景的小品一个,并在班级表演。

对考试抄袭作弊者,该科试卷适当扣分。谈心交流后,由学生自愿选择以下惩戒方式:①下周一早上做倡导诚信文明的演讲。②认真抄写《考试作弊处理规定》2遍,然后结合自己的感受写出反思。③搜集抄写诚信故事3则上交。④写出不低于500字的反思感悟,直至心悦诚服地认识错误。⑤自我锻炼1500米以上,以示深刻反省。⑥创作考试作弊主题的幽默漫画一份,在班内张贴供同学欣赏。

第6条:背后谩骂、侮辱师长者。谈心交流、批评教育后,由学生自愿选择以下惩戒方式:①写出一封非常诚恳的道歉信。②抄写《学生守则》2遍上交。③熟背并默写《学生日常行为规范》。④搜集爱师或尊长文章3篇抄写上交,并心悦诚服地认识错误,向老师道歉。⑤在学生中做文明礼貌主题的脱稿演讲一次。⑥做一件令老师感动的事情。⑦自制一个小礼物,送给老师,以示忏悔。

第7条:不经过同意,偷看别人信件或乱拿别人东西者。谈心交流后,由学生自愿选择以下惩戒方式:①写说明书一份,并向别人真诚道歉。②搜集抄写文明故事2则上交。③熟背课外英语道德故事三篇。④为同学做一件好事,以示忏悔。⑤在班内做"假如别人这样对我"的自我体验说明一次。

第8条:故意破坏学校或班级卫生者。谈心交流、批评教育后,由学生自愿选择以下惩戒方式:①向全班同学道歉,并承包相应区域的卫生整理一周,不认真履行则延长期限。②辅助卫生班长做监督员一周,及时检查和提醒同学注意养成良好卫生习惯。③熟背《学生日常行为规范》。④在之后至少三天内每天上交一份300字爱护环境的保证书。⑤做保护环境为主题的脱稿演讲一次。⑥自带几盆鲜花来美化教室,并认真负责养护。

……

从前面的讨论中我们可以看到,一位教师刚带一个班级时,如果想树立自己的威信,只有表扬学生是不够的,还要让学生知道,老师不好"欺负",犯了错误也要遭到相应的惩戒。然而,这里必须还要说明的是,管理学生,没有惩戒不行,只有惩戒不够。

这是因为,当前的学生自幼生活在比较优越的环境之中,抗挫折能力较低,有可能受不了你过多的惩戒；而且，现在的学生，很聪明，早熟，会动不动拿那本《青少年保护法》来和你对抗，并投诉你精神虐待之类的，让人哭笑不得；甚至，有时候惩戒严重一些，他们还会纠集一伙人，到校长室甚至到报社之类的地方投诉或者爆料。那么，怎么预防此类事件的发生呢？其实，传统的中国管理艺术已经给了这种问题一个解决之道，那就是：

恩威并施，严以立威。

教师树立威信的时候，要严厉一些，甚至对错误学生进行一些惩戒并不假，但是只有"威"并不够，还必须与"恩"并施，即给其提供一些好处。在这里，在如何处理与新带学生的关系上，我们要向《西游记》中的唐僧学习。

唐僧这个师傅最先收的徒弟就是孙悟空，用今天的话说，这是一个非常不省心的学生，武艺高强，但脾气也坏，原先就大闹天宫，劣迹斑斑。那么，唐僧是如何解决师徒矛盾的呢？首先是有了紧箍咒，如果没有这一惩戒手段，孙悟空还是个泼猴，唐僧拿他是一点办法也没有的。然而，如果唐僧只有紧箍咒，天天以念紧箍咒来指引孙悟空的行为，那么也不现实。

没有紧箍咒，孙悟空不会乖乖听话；只有紧箍咒，孙悟空会逐渐呆傻。

唐僧在刚带孙悟空的时候，其实就是"恩威并施"的管理模式。首先，孙悟空带上了紧箍咒，也偶尔念上几下，让泼猴也知道知道师傅的厉害；其次，唐僧也真的是对孙悟空好，有恩于他：一是把他从五行山下救出，等于再造了他的生命，给予了他自由；二是与此同时，唐僧又给悟空织虎皮裙，又对他和颜悦色教诲，充满了父母一般的爱护。正是有了唐僧的恩威并施，孙悟空才和他走上了西天取经的道路。

其实，在现实生活中，许多企事业领导刚带一个团队也往往采用的是"恩威并施"进而树立威信的办法。我们大家都知道"新官上任三把火"，但一般而言，只有三把火并不够，因为新官到来，只想着立规矩、树权威，严格要求，下属会非常不愉快，内心抵触情绪很大。在这样的情况下，如果新领导要求太严厉，或者一些工作处理有某种不妥当之处，往往会遭到下属的强烈反弹。如果不清楚下属的情况和背景，这种反弹可能会影响到后面继续的管理工作，甚至导致自身的领导工作失败，领导职位的丧失。因此，许多领导在"新官上任三把火"的同时，往往再做另外一件事，即给新的团队带来一些可以觉察到的利益。这或者是团队整体工作的进步，或者是额外利益的争取，等等。总之，新领导在严以立威之外，还有所恩惠于新的团队，既让自己的领导威信树立起来，又要让追随者感觉到新的领导不错，还真的能给大家带来一些好处。

在影片《卡特教练》中，面对一群难缠的"后进生"，卡特教练上来就提出了各种要求，强调了纪律问题,这确实也遭受到了学生的一些反抗,但是在卡特的"强权"控制下,大多数人不得不听从其指挥。随后,球队的成功给大家带来了欢乐,并增强了这一群体的凝聚力。这背后的学生心理变化是:跟着卡特教练,严厉是严厉,但他是为我们好,有了他,我们确实也获得了成功。卡特教练的做法也是"恩威并施"的绝好说明。

这些案例给我们教师的一个启示是:

当你新接触一个班级时,两件事必须做:一是要表现出你的严厉;二是要贡献出你的作用,表达出你的好。只有恩威并施,才能更快、更好地树立起自己的威信。

第九章
班级管理的教练策略

教育案例：让学生成为班级的主人

记得在我刚做班主任时，热情很高，样样事情都自己去干。例如，发课本，统计缺旷课，排值日生表，布置教室，甚至连班上每期的黑板报，从内容的选择到版面安排都一手包办，结果呢？自己终日忙忙碌碌，而学生干部和同学得不到培养，有时碰到自己有事外出或病休，整个班级就"瘫痪"了，连值日也没有人去做……

实践教育了我，许多优秀班主任的先进经验也给我以启迪。近年来，我注意培养学生干部的能力。例如，开学初，按惯例要布置教室、美化环境。我改变包办代替的做法，放手让学生自己去搞。先召开班干部会，然后在班上发动每个同学献计献策。结果是班干部能积极去想办法找材料、买东西；同学们也都积极地为班级想法出力，有的上街买画片，有的拿剪刀剪字，还有的同学从家里拿来了花纸、图钉、盆景……教室布置完毕，我进去一看，只见黑板上边的墙上整整齐齐地贴上"遵守纪律、勤奋学习"八个大红字，左边墙上贴着两幅标语，右边墙上贴有学雷锋的宣传画，教室后边还设有"学习园地"。教室布置得既美观又大方，富有创造精神，完全出乎我的意料之外。[1]

学生干部培养之前，教师辛苦但效率不高；有了得力的班干部，才有了"轻松"的班主任和当家作主的学生。怎样实现这一切？

一、磨合阶段的矛盾哪里来

在教师独角戏为主的组建阶段之后，就进入了做教师最为麻烦的磨合阶段。磨合阶段又称"风暴"阶段，顾名思义，就是矛盾多发的阶段。相对于组建阶段，在这一阶段中，学生

---

[1] 卜肖生.让学生做班级的主人[J].人民教育,1985(4):41.

们逐渐相互熟悉，也彼此更进一步相处起来，但与此同时，矛盾也多发了。

首先，矛盾来自学生与学生之间。刚开始的时候，由于彼此不熟悉，学生间大多也客客气气的，矛盾较少。但随着交往的深入，摩擦增多也是正常的现象。有些学生间的矛盾就发生在课堂上，发生在班级管理的过程中，这需要教师有效地处理。

> **教练技术（Coaching）**
>
> 教练技术本来是体育界的术语，后来被引入管理领域，它指的是通过方向性和策略性的有效问题，激发被管理者发掘自己的潜能，向外探求更多的可能性，令被管理者更加快捷、容易地达到目标。
> 这里借用这一术语，主要用来描述教师管理班级中与学生干部的互动性质。

其次，矛盾来自班干部和普通学生之间。班级刚组建的时候，班干部往往由教师指定或者匆忙选举而得，"名不正则言不顺"。当临时任命的班干部管理同学时，更容易遭受对方的抵制和不服。普通学生会想："同样刚来班级没多久，本来大家就是平等的，现在你突然当了班干部，就对我们指手画脚的，凭什么呀你？"这种矛盾也需要老师来处理。

再次，矛盾来自教师和学生之间。刚组建班级的时候，由于还没有摸清老师的脾气，即使是那些"惯犯"，也不会轻举妄动，因为一不小心撞枪口上怎么办呀，谁都不会那么傻。所以班级刚开始的时候，后进分子对老师也在观察了解之中，他们不闹事。他们一开始还能忍一忍，但时间长了，禀性难移，往往就忍不住要闹点事了。当然，要始终能忍得住就是好学生了。一段时间后这些学生必然会冒出来，这时候就看教师如何处理了，是否能把他们规范好。

最后，矛盾来自班干部和教师的矛盾。班干部和教师还有矛盾吗？当然有，由于刚组建班级时选择的班干部，往往是在时间紧迫、管理又需要的情况下产生的，教师对新任的班干部并没有经过深入的考察和培养。因此，这些突然提拔的班干部是否能够有效地辅助教师工作，有效地实施自己的管理班级的责任，并不能确认。所以，教师的期望和班干部的管理水平之间存在差距，产生一些矛盾也是不可避免的。

那么，在这样一个矛盾多发的磨合阶段，教师工作的关键点在哪里呢？答案是实施教练式的管理，发现并培养出合适的班干部。

二、如何培养班干部

班级磨合阶段教师的管理应该是一种"教练式"（Coaching）的，所谓教练式，是一种指挥性行为与支持性行为并重的管理。在磨合阶段，班级的管理是高指挥、高支持的；师生之间双向交流,并给学生行为提供反馈。在这一阶段,具体的领导定位与组建阶段是有一些区别的。

从领导行为上说,是高指挥、高支持的。换言之,这时候,教师的管理表现出既民主又专制的特点,教师的权威不可动摇,但也坚决支持学生的一些正确做法和想法。

从决定权上说,是征求意见后再决定。这时候的教师,其决策往往是征求了学生意见之后实施的,虽然最后的决定权还在自己,但实施要征求学生的意见,体现出一定的民主色彩。

从沟通上说,是双向交流并提供反馈。这与刚开始的时候教师管理班级的"一言堂"不同,教师在与学生的交流中体现出双向交流的特点。教师在阐明自己观点的同时,也认真听取学生的意见,并对学生的意见与观点给予反馈,说出自己的评价,给予及时引导。

从管理监督上说,还要维持在比较高的水平。此时正处在班级矛盾多发的时期,所以教师常下班级,常和学生及班干部接触是非常必要的,这样做既可以了解班级的最新情况,又可以解决班级中的各类矛盾问题。

另外,所谓教练式管理中的"教练",其特点就是手把手地教,那么教谁呢?当然是教班干部了。

记住:在磨合阶段,教师工作的重中之重就是发现并培养出合适的班干部。

发现并培养班干部不仅是磨合阶段管理的重点,其实也是做班主任工作的重点。作为一名管理者,必须清楚:管理的本质不在于自己带头工作、带头做事,而在于要让别人去做你想做的事。更进一步,教师管理班级的重点不是自己身先士卒,恨不得 24 小时全天候和学生在一起,而是能不能发现并培养出合适的班干部,让他们去管理,最后达到学生的自我管理。

如果以班干部的发现和培养为核心,磨合阶段的班主任工作重点可分为两个阶段:

1. 发现班干部

班干部从哪里来?有教师会认为,那简单,让学生直接选举不就行了吗?其实并不那么简单。学生们由于年轻,或者不成熟,在选择班干部的时候,常常不是从班级工作出发,而是从个人的喜好出发。尤其是刚组建班级的时候,教师让学生自由选举班干部时应慎重,这是因为,大家刚到班级,还彼此不熟识,选举也往往流于形式。所以,即使是以选举决定班干部的人选,教师的角色也不是袖手旁观就可以了;而学生的民主选举,其实也是一种能力,需要在教师的指导下不断学习和进步。一般来说,班干部也要经历一个从"教师指定"到"民主选举"的过程。

当年革命先行者孙中山在提到国民治理的时候,曾设计过"军政—训政—宪政"三阶段的方案,并将其写入了《建国大纲》。孙中山认为,一个民主国家的形成不是一蹴而就的,在民众普遍未开化的前提下,首先实施的应该是"军政",即首先创建军队以统一国家,用革命军扫荡军阀,宣传主义,开化人心;然后实施的是"训政",局势稳定之后,派训练有素的人员到各地协助人民筹备自治,实现民选,兴办实业;最后是"宪政",制定宪法,结束党治,施行宪政,主权在民。可以说,孙中山的想法在当时的中国有很大的启示意义,后来台湾的民主改革也基本是按照这样的思路来实施的。

不论孙中山提出的"军政—训政—宪政"对治理国家的意义,它对一个教师如何管理班级亦有启发。在刚刚接触学生时,或者学生年纪尚小的情况下,即使进行班干部的选举,也需要教师的引导和支持,这一点是无疑的。所以,当教师带一个班时,一个任务便落到了肩上,那就是去发现适合做班干部的人才。

那么,如何发现班级中那些可以塑造的"领袖人物"呢？很简单,观察加调查。对学生背景情况的了解其实应该在接触学生之前就进行了,带班之前就要考虑学生先前的学习生活经历,这需要教师仔细研究一下学生的档案,然后做到对每个学生的基本情况心中有数。在接触之后,凭自己掌握的情况,教师可以先安排属意的学生做一点事,以此来做个测试,看其工作能力究竟如何。如果可以,就可以当着全班同学的面,宣布这一同学暂时代理学生干部的工作。这里需要强调的是,代理的身份一定要确认一下,否则其他同学会不服气,而暂时代理的同学也会因此沾沾自喜,不珍惜教师对自己的信任而滥用职权。

当然,在通过观察发现班干部人选之外,如果时间精力有限,还可以更方便地通过调查的方式获取相关的资料。

下面是一位教师刚接班时对学生所做的调查,当然调查的内容不仅仅局限于学生原先的任职情况,而是较为全面的了解,任职经历只是其中一个方面:

(1)发放问卷,为每位学生及其家庭建立小档案,以备今后班级工作开展之用。

问卷大体内容:

你的爱好、特长——以备今后班级活动需要。

爸爸妈妈的姓名、生日、工作单位、联系方式(最好是手机);你最牵挂想念的亲人(原因或事情)——了解父母的生日是希望孩子能在父母生日时能有所表示,成为感恩教育的一部分；父母的工作单位则可以为以后的社会实践做准备；家长的联系方式则是为今后家校联系做准备。

你最好的朋友（原因或最感动你的一件事情）——同龄人之间的友谊和成长分享，可以作为同龄教育的材料、案例。

你最想上的大学（若暂时无可不填）——了解目的性比较明确的学生，在今后的教育中可以积极引导和给予目标激励或约束。

你最擅长的科目/仍需不断努力的科目，愿意当课代表吗？——擅长的科目可以增强他们的学习兴趣和积极性，并在学习小组分组时可以借鉴参考；不擅长的科目可以反馈给任课老师，以期望可以有更具针对性的教育和辅导；从问卷中了解学生是否有意愿当课代表。

你对新班级的希望（你设想中的班集体是如何的）——以第一次了解每位学生对新班级的希望，可以在今后的工作中更有的放矢，也可以为今后讨论制订班级制度做铺垫。

你在初中阶段是否担任过什么职务，你愿意在新班级中为班级同学服务吗？如果愿意，你想担任什么具体的岗位呢——为班级班委建设挑选候选人；

你对班主任的希望——了解他们对老师、班主任的希望，以在真正带班时可以更清楚他们的想法。

（2）用规定的纸张为自己设计一张名片（可突出自己的特点和个性设计）——组班时进行自我介绍之用，同时也可以给予学生个性展示的舞台。开班后学生可以互相交流，相互交换名片，更快地使每个人融入集体中，认识和熟悉其他同学。①

代理班干部毕竟不是长期固定的，在初选一段时间之后，就可以准备正式的竞选了。有的教师会将正式竞选放在带班的第一次期中考试之后进行，因为这个时候学生们的学业任务没有那么重了，教师也可以根据学习情况对班干部的学习水平提出一些要求。例如，在成绩上提出要求，要进入班级的前15名，扫除组长和课代表可以由班委兼职，其中课代表本科名次不能在15名之外。这些要求的提出，一是树立班干部选择的依据，否则，学生

---

① 徐珍.让苗儿更茁壮地成长——接新班的一些思考[EB/OL].新浪博客，http://blog.sina.com.cn/s/blog-4d251e8c010009co.html. http://dj.hpe.cn/item-detail.asp? num=M124N5 $1214.

们容易将一些捣蛋的,但有一个非正式班级小集团的领袖选出来;二是成绩的要求也可以保证和促进学生干部的学习、工作,不至于过多耽误学习。

在具体操作中,虽然教师心中有数,但正式竞选时就不要指定某某做班长、某某做团支部书记了,都需要民主选举,但教师可以根据需要对候选人的条件做一些调整。在正式选举中,竞选的职位有:班长、团支部书记、副班长、学习委员、文娱委员、体育委员、生活委员、劳动委员。竞选的方法是:一个职位可多人竞选。如果仅有一个,那么他就是当然的胜出者;如果有多人竞选,那么得票多者胜出。竞选的内容一般包括:①自我介绍;②竞选的职位;③竞选这个职位的理由;④打算如何为同学服务。

一般情况下,班长、团支部书记这类职位,竞选的人很多,而有些职务如生活委员、劳动委员,可能竞争不激烈,就得临时指定了。

在基本确定班干部之后,如果有需要的话,如班长工作不得力,又没有到换届的时候,那么就可以补选或指定班主任助理,来平衡一下班长的作用,顺便又培养了一个自己的班级"小亲信",以便了解班级的情况。

如果整个班委工作不得力,或者确实有需要的话,可在一段时间后举行换届选举,选拔新的更符合学生心意、更有利于班级工作的班干部。

2. 培养班干部

在班干部定下来之后,并不意味着教师的工作就万事大吉了,把管理班级的工作移交给班干部后就当甩手掌柜并不合适。因为就学生来说,虽然选举产生的班干部有一定的民意基础,也有一定的管理天分,但管理本身毕竟是一项复杂的工作,许多管理能力需要学习才能获得,所以教师也有一个像教练一样手把手教学生干部成长的任务。

具体而言,可采取以下"四步走"的战略①。

(1) 牵着走

当新的班级组建起来后,如果没有突出领导能力的人才,先让他们自由放松一段时间,使之在学习生活中互相接触了解,达到互相较为熟悉的时候,选出班干部名单,

---

① 班干部培养[EB/OL]. 百度文库, http://wenku. baidu. com/link? url＝qJsARvS5MgTMqquVj5deWILW5uGAhYoeX67dZwLRAmEBit7ApVMQdzPP4X2lf38HXUJDdPpoGJx4e38EI4HtWwHcjT _ Op _ HnWehRjmTVcCa.

再根据这些干部本身的气质和特点,分配具体的工作,然后召开班委会,提出每个干部工作的目标,让他们做好工作的第一次准备。

具体方法,可以通过办班干部培训班的方式进行。一般情况下一周培训一次,让班干部边培训边实践,达到最佳效果,此项培训争取在一个月内完成。

培训内容提纲如下:①让学生明确自己在班级中的地位;②班干部应具备的素质;③班干部的基本职责;④班干部工作的基本方法;⑤班干部必须处理好的几种关系;⑥当干部与学习之间的关系;⑦如何对待挫折;⑧怎样搞好活动。

(2) 扶着走

适度地加担子,实行半扶半放,让班干部对今后的工作提出设想,然后由班主任审查。审查的原则是:其一,每份计划都要带有本班特色,还要符合学校特色。其二,要有联系性,将班干部工作、班主任工作和学校各项工作联系起来。其三,当班干部还没有估计其计划能达到什么样的效果时,班主任可以和他们一起切磋。

可行的方法:如在班级中采取"班干部轮流制"、"值日班长"等办法促进学生之间的竞争意识。同时,班干部还要接受同学的监督与批评,打破班干部"终身制",打破"干好干坏一个样"的错误认识。此外,还要让班干部身上有压力,心里有动力。通过班干部组织的各项活动,更加自觉地参与班级管理工作,成为班级中自我教育的骨干力量。

(3) 放开走

计划订好后,就应该有的放矢地实施。班主任应鼓励班干部们要有开创精神,在工作中,要自己拿主意,凡是正确的,符合学校、班级、集体利益的就要坚持,大胆去做;学生如果有意见,就直接找老师。让学生尊重干部,服从班干部的领导,使学生认识到尊重班委就是尊重集体、服从集体,给班干部创造开展工作的有利条件。班干部的思想放开了,才能大胆地发挥自己的工作能力。召开班干部例会,开展批评与自我批评。

(4) 跟着走

班干部虽然是班主任组织、管理教育的对象,但他们身上有许多优点值得班主任学习和借鉴。他们思想进步,反应敏锐,有较强的独立性、自主性和开拓精神。班主任要和他们打成一片,严格要求自己,把自己融入学生之中。

教师在带班干部工作的时候,精细和明确的指导是非常必要的。由于心理发展的限制,当教师的不要认为某些问题属于常识,学生自然能在工作中学会。其实,对于班级管理的许多问题,对于教师而言可能是常识,但对学生来说却往往是知识,所以教师要有耐心地把学生"扶上马并送一程"。

说个真实的例子,某学校组织拔河比赛,本来应由班级新选出来的体育委员负责组织。但是,体育委员从来没有参加过,甚至没有看到过真实的拔河比赛,对比赛的方法、技巧也一窍不通。这时候,同学们也七嘴八舌,意见多多,搞得体育委员焦头烂额,不知如何是好。这时,班主任老师及时把体育委员叫到办公室,面授机宜,告诉他一些拔河比赛的注意事项,并建议由他牵头开一个班干部会议,大家一起商量如何把比赛搞好。随后的活动就开展得有声有色了。

"授人以鱼,不如授人以渔",班主任在培养班干部时也不是一蹴而就的,有的时候要手把手指点。有些要求应当是非常明确和具体的,例如,有教师向班干部明确要求"六少六多":少向老师告状,多和同学商量;少用大声语,多说悄悄话;少出口伤人,多以理服人;少凭权压人,多用权理事;少以权谋私,多公道处事;少自以为是,多和气待人。

当然,要做到这"六少六多"并不是一件容易的事,但这样的要求容易记忆,且比较明确,有一定的操作性。当然,与此同时,教师还要在平时的工作中对班干部言传身教,对班干部的工作也应以鼓励为主。

第十章
班级管理的支持策略

教育案例：值日班长

为了更好地进行班级管理，从高二开始，我在班内实行了值日班长制度。值日班长不一定是现任班干部，但一定是经过学生民主选举的。值日班长的职责是：每周值日一天，负责一切班务，包括课堂纪律和自习纪律、教室卫生和本班卫生区的检查以及班主任、学校交给的临时任务等。

刚开始，出现了一些问题，如值日班长管理自习课纪律效果不好，有时与同学发生冲突。对此，我认真分析，看究竟是值日班长的管理方式不对，还是学生不服从管理，然后分别进行引导和教育。我通过召开值日班长会议，特别是在实际工作中对值日班长进行"培训"，使他们逐渐学会管理。在班长的带领下，几位值日班长忠于职守，班级面貌有了较大的变化。

以前上晚自习课总有学生说悄悄话，对于这一现象，我一度非常头疼。而现在，晚自习时非常安静。原来，有一位值日班长在晚自习上课之前做了一次"演讲"："大家选我是对我的信任。大家信任我，我就要对大家负责，更要为大家服务好。我们在这里学习，都想考上理想的大学。既然大家的目标是一样的，我们就应该一起为实现我们的目标而努力。我希望大家配合我的工作，得罪的地方也请原谅！"短短几句话，很有分量。结果，不仅她负责的这一天的自习课纪律好了，其他几天的自习课纪律也都有了进步。类似的话我也经常对学生说，可是效果却不如值日班长的好。[1]

值日班长从工作有问题到班级面貌的大变化，这里面离不开教师的引导和支持。在一个班级进入正常运作之后，教师的工作重点要有哪些变化呢？

---

[1] 李清春.放手让值日班长"当家"[J].班主任,2009(2):25.

一、规范阶段什么样

规范阶段（norming）也就是班级正常运作阶段，在这个阶段中，学生有个学生样，教师有个教师样，班干部有个班干部样，大家各司其职，各守其岗，班级发展步入正轨。

在这一阶段，学生表现出如下特点：首先是班集体的共同目标很明确，并能形成合力，班级的风气也已经形成，且有了自己的一些特点；其次是对教师、班干部的管理基本认同，对班级的各项规章制度也能遵守；最后，对于普通学生而言，他们也能畅所欲言地发表自己的看法，不再是教师或者班干部的一言堂。当然，此时，同学之间也会产生一些矛盾，但经过调解与教育，一般都会承诺各自努力去消除矛盾。

在班级正常运作的阶段，教师在领导定位上应当以支持式为主。从行为上说，是低指挥、高支持。当正式的班干部选举出来之后，教师就需要注意，自己的管理行为应当从全权负责向学生负责过渡了。在规范阶段，虽然有些事情还需要自己出面处理一下，但更多的时候应当让班干部肩负起管理班级的职责。从决定权上说，需要向班级学生过渡。刚开始接班的时候，教师应当树立相当的权威，那个时候甚至有时候会表现得独断专横一点，以利于班级管理以及教师威信的树立，但是，在班干部选举出来、学生也熟悉了环境之后，班级管理的决定权就需要向学生过渡了。从沟通上说，既然教师正处在逐步放权期，那么就应当在沟通上采用多问少说的形式，除一些重要事项，教师不应总是滔滔不绝发表意见，主要是在学生沟通中了解情况，对学生的困惑和难以解决的问题给予反馈。

在规范阶段，教师一定要注意心态的变化，即从相信自己到相信学生。既然班干部经过认真的考察和民主的选举最终当选，作为教师，就应该给他提供更多的管理和实践的机会，让他锻炼，让他犯错，让他成长。然而，在现实生活中，有些教师总是担心学生管理的效果，"这些孩子能行吗？把班级放给他们我可真不放心"。其实，这种担心很多时候是多余的。你当初师范毕业，刚当教师就带班了，能行吗，不也跌跌撞撞和自己的学生一起成长起来了？凡事有一个过程，你的班级管理能力的发展也不是一蹴而就的，同样，学生经过一些锻炼，也可以在管理能力上有所提升，关键是你要带一带，放一放。

从另一个角度来说，班级学生干部的管理自有其优势，甚至有些优势是教师所不具备的。比如，对班级学生的了解程度，班主任教师不见得比学生强。虽然班主任老师有相关的发展心理学与教育心理学知识，但在实际的生活中，毕竟不能24小时和学生在一起，所以比较起来，那些班干部和自己的同学既是同龄人，又朝夕相处，自然彼此了解更多，尤其是一些同龄人的小秘密,老师家长们不见得知道,但他们非常清楚。这样,班干部在管理学生的时候,在某些特殊问题的处理上,比教师更有效,这毫不奇怪。

再者,当教师的真的不要低估学生们的管理能力。在现实生活中,我们会发现,只要教师利用得当,那些班干部的管理水平一点也不比一般的教师差,即使是小学生。别看他们年纪不大,但管理起班级来都像模像样的。班级管理到了支持阶段,教师管理的一个核心转变就是:班干部可以做的事,班主任不必去做;小组长能做的事,班干部不必去做。

二、从"诸葛亮"到"李世民"[①]

我们都知道《三国演义》中的诸葛亮,刘备三顾茅庐才请到了他,而他为了蜀中的大业也"鞠躬尽瘁,死而后已"。诸葛亮做管理的时候有一个特点,那就是事必躬亲,无论事情大小都要一一过问,亲自安排。在实际的工作中,许多教师对学生管理也采取了"诸葛亮式管理",即对班级中的所有事,事无巨细,都要一一过问,仔细安排。大到班级的工作任务、目标及规章,小到学生胸卡的佩带方式,都由班主任亲自决定,然后,布置给学生执行。采用这种管理模式的班主任与学生沟通时往往采用命令方式,给学生规定干什么和怎么干,对学生提出明确而严格的要求,同时制订相应措施以保证各项要求得以顺利实施。

这种采用"诸葛亮式管理"的班级,优点很明显:班主任可以迅速让班级走上正轨,即使在班级同学彼此还不了解的情况下,也能很快形成一个完整有序的班集体。同时,运用"诸葛亮式管理",可以比较容易达成班级秩序井然、纪律严明的效果,班主任对班级的各种事情,也了然于胸。

然而,"诸葛亮式管理"的缺点也很明显:其一,在这种管理中,一个班级,只有班主任是权威,学生只能被动地接受管理,唯班主任马首是瞻,不敢越雷池半步。即使选出了学生干部,要求其负责的东西也不多,"既然班主任已经管了,管得还比我们好,那么为什么我们还要动心思参与班级管理呢?"日子一长,班干部也都对班级的事物漠不关心了。这种管理方式明显不利于学生领导能力的培养。在《三国演义》中,事必躬亲的诸葛亮最后其实也遇到了这一问题,都由自己全权负责,最后落得"蜀中无大将,廖化作先锋",北伐事业,功亏一篑。

其二,在班级管理中,教师处处关心,事事查收,其实是一种越级管理,从某种程度上

[①] 张肖丰.当"诸葛亮"还是做"李世民"?——试论班级管理中的两种常见模式[J].班主任,2003(7):20.

说，是架空了班委团委，班干部得不到锻炼，因此也很难搭建起一个比较完善的干部班子。就像诸葛亮，他最后能找到的最好的将帅也只有姜维，这不过是个二流人才。所以，当教师的，不能只注重自己的权威和管理，还要注重班干部的培养。

最后，这种"诸葛亮式管理"最大的问题是教师把所有的责任都挑在自己肩上，必然在管理中疲于奔命，痛苦不堪，这其实也是许多教师辛苦的根源。诸葛亮最后出师未捷身先死，其中一个重要原因就是操劳过度，所以有人开玩笑说，诸葛亮怎么死的？累死的。

总体而言，"诸葛亮式管理"不是没用，它可以帮助你迅速建立起一个有序的班集体，但总用这种管理方式却不行，到了一定阶段，教师的管理模式必须抛开"诸葛亮式管理"，而进入"李世民式管理"。

在历史上，李世民也是有名的君主，由于唐太宗能知人善任，在他的管理下，社会安定繁荣，史称"贞观之治"。与诸葛亮的管理模式不同，李世民更强调"各尽其能，赏罚严明"，力求做到"智者取其谋，愚者取其力，怯者取其慎"。具体到教育领域，采用这种方式来管理班级的教师放手让学生来管理学生，具体事务一般不插手，而自己则采取"疑人不用，用人不疑"的态度。

采用"李世民式管理"的教师，无疑把自己从琐事中解放了出来，不至于每天疲于奔命；同时，这种管理模式有利于培养学生的参与热情和积极性，培养学生的主人翁精神。学生在很大程度上由被动转为主动，由接受者转为参与者，有利于学生的身心成熟，有利于学生自我意识、自我约束和自我服务能力的发展。

然而，这种管理模式在教育应用中也有其问题所在。如果一位教师带班的时候只用"李世民式管理"，那么管理的先期成本会比较高，因为贸然选择班干部来管理，会有比较多的尝试错误，管理的效率也不见得好。李世民是通过常年的征战和观察，才发现了魏征这样的良臣，所以逐渐发掘、提拔的人才更有保障一些，但教师没有这个时间。

综合考虑"诸葛亮式管理"与"李世民式管理"的优缺点，将其应用于班级管理中的策略也很简单：

先用"诸葛亮式管理"，事无巨细，事必躬亲，严明纪律，规范行为，来度过班级发展的组建阶段；然后"诸葛亮式管理"与"李世民式管理"相结合，既亲自管理，同时又发现并培养班干部；最后再用"李世民式管理"，选择好合适的班干部，适度放权，支持其工作，来度过班级发展的"规范阶段"。

三、从教师威信到班干部威信

在班级发展的组建与磨合阶段，教师最需要树立的是班主任的威信，一个班级如果班主任没有威信，许多班级棘手的问题、大一点的冲突都难以管理；然而，必须要说明的是，一个班级如果只有班主任有威信，那么这个班级管理起来也一定是困难重重。这是因为如果班级里只有班主任有威信的话，那么许多事情都需要到班主任这里来判断裁决，班主任不是法官，哪能事事清楚。同时，这样做，班主任也会每天忙于处理班级的各种是非，非常辛苦。另外，如果一个班级只有班主任有威信，那么即使选拔出了班干部，他的管理作用也有限，因为学生不会认可一个没有威信的人来管理自己的，班干部的工作也难以开展。因此，在班级管理中教师个人的威信树立起来之后，如果已经选拔出了班干部，并且班干部的工作已经逐步步入正轨，那么他就应当拿出支持班干部工作的态度，适当地帮助班干部树立威信。

帮助班干部树立威信，从教师的角度讲，要讲究时机和方法。

首先，在日常班级生活中，要向全体同学明确班干部的权责，以及表明自己对班干部的信任和支持。在班干部做得对的时候，及时给予表扬和肯定，尤其在学生集中的场合，表扬班干部很重要；在班干部的表现有好有坏的时候，重点阐述班干部做得好的一面；在班干部做得不好的情况下，处理起来也要讲究方式方法，尽可能将其在班级中的威信损耗减少到最低。这样，有了教师"撑腰"，班干部会在工作中更为自信一些，这也有利于其在管理班级中形成威信。

其次，要在日常管理中随时给予班干部工作指点，防止其犯管理错误，最终导致威信的降低。比如，有一个学生担任了班级的临时纪律委员，管理上没有经验，在中午自习课时有学生讲话，她大喊："不要闹！"一些调皮的学生也跟着起哄，大喊"不要闹"，全班哄堂大笑。在这种情况下，教师便指导她，管理工作不能心急，遇到这种情况可先走到那个同学的座位边小声提醒他，这样既照顾了他的面子，也不影响其他人。在这样不断的指导下，班干部管理得体，其威信也会逐渐提升。

再次，要给班干部创造施展才华的条件。教师要多给一些具体的工作，例如，组织一次活动，为班集体做某件事等，让班干部用自己的工作成绩，来取得同学们的信任。同时，教师还要激励班干部在同学们面前敢于承担比较困难的工作任务，这样，更能突出他们的才干和形象，更有利于提升他们的威信。

最后，要有效处理威胁班干部威信的事件。在威胁到班干部事件发生之前，班主任要善于预测到事情的发展，及时预防。例如，在一次期末的评选三好学生中，由于名额的限制,竞争非常激烈。根据教师的经验,有一位平时对同学要求很严格,能力很强,自尊心也很强的小干部可能会落选,于是在评选之前班主任找其谈话,分析了他在这次评选中可能遇到的问题。由于事先做了工作,他对自己有了正确的认识,工作的自信与热情并没有因此而减退。

此外,在威胁事件发生之后也要注意补救。例如,有一位班干部平时工作很负责,学习成绩也很优秀,但有一天因为在数学课上违反纪律,被老师处罚并带到了班主任办公室。他觉得自己委屈并且自己在同学面前的威信降低了,教师在批评了他的错误之后,对他进行了相应的心理辅导,让他把错误和职务的关系理顺。在后来的班级工作中,又当着全班同学的面,表扬了他的工作热情,帮助他挽回了失去的威信。

扩展阅读 10-1　如何指导学生干部树立自己的威信①

《孙子兵法》论述为将者应该具备的素质时,提到了这样五种素质:智、信、仁、勇、严。班干部与为将者虽有不同,但在很大程度上是相通的。下面我们就结合这五个字,来谈一下班干部应如何树立自己的威信。

第一,以"智"树威。

"智"是能力的根源,能力是智慧的表现。以智树威,可以从以下两个方面来谈:第一,通过优异的学习成绩来树立威信。班干部一般都是学习成绩较好的,究其原因就是成绩好的同学能给其他同学作出表率,而且能够在搞好自己成绩的同时拿出更多的时间来帮助其他同学。班干部就是凭借着这种成绩和余力助人的优势,让同学们对他产生敬畏之情,从而愿意听这个班干部的话,这样班干部的威信就产生了。从班干部的个人角度来说,学习成绩既是树立威信的必要条件,也是自己学习的一种目标,无论如何都是应该搞好的。

第二,通过自身的某些特长(如书法、体育、音乐等)来树立威信。

---

① 怎样做好班干部[EB/OL]. 百度知道, http://zhidao.baidu.com/link? url = 3Ol6eYhTgmEJ5M-hPBghaE55JUFGUL4KXFYaf9AIb7Y5xItOHskbjflvPOZoo7IDqzwkJ5YMLe7DJHrESEHTmaCO1RLK8gaPGwpdHXwvDM3.

拥有特长，就拥有了我们通常所说的专长权，即有专长本身就是一种权威。如果你的体育成绩是班上最好的，或者你在校运动会上拿过几次第一，那么体委的最合适人选就是你。从这方面来说班干部应该把自己打造成为一个全面发展的人才。

这就是凭借干部的智慧来树立威信。有"才"是好事，但也不能像"杨修"那样恃才放旷。班干部切不可因为自己有着某些特长，而故意到同学面前炫耀。这样的话，你的"才"不但不能帮你树威，反而会成为树立威信的最大危害。因为没有人会喜欢那些恃才放旷、自视清高之人。要记住：你的能力、特长是用来为班级争光或帮助同学解决问题的。其实你有多大的能力，同学们都能看到，请相信"群众的眼睛是雪亮的"。"能力"这东西很古怪，你炫耀得越多，得到的效果越差。

第三，以"信"树威。

信就是指信用、信誉。班干部应该守信用，做到诚实守信，这是最基本的要求。这样才会给同学一种可靠的感觉，提升自己在同学心目中的地位。具体说来学生干部应该做到以下两点。

1. 说到做到。凡是跟同学说过或答应过同学的事，一定要做到。即便是要付出一定的代价也要去做。说出去的话，就像泼出去的水，收不回来了，硬着头皮也要去做。如果真的做不到，只要你真的努力去做了，同学们自然会体谅你。

2. 不要轻易许诺。对于那些没有把握完成的事，不应该轻易地答应同学。这样你才不至于失信于同学，但也不要太害怕"失信"而过于拘谨，什么事都不敢表态，让同学们觉得你做事过于小心，瞻前顾后。这样的话你就会显得很懦弱，没有魄力，同学们也不会信任你，因为你能给他们的保证太少了，树立威信也就无从谈起。

现在流行"信资"一词，前两年同学们谈论较多的话题又是"诚信"二字，可见"信"在同学们心目中的重要程度。"信"作为一种品德，是丢弃不得的。试想一下，你会信任一个整天大话连篇、夸夸其谈而什么实事都不做的干部吗？

第四，以"仁"树威。

"仁"是个人道德素质的体现，主要指要懂得体恤和宽容同学。我们要能以海纳百川的气量去包容同学的错误，不要斤斤计较。同学得到你的包容和谅解，肯定会对你有所感激，这样你的威信自然而生。体恤同学就是要深入同学中间去关心同学，建立和同学的良好感情和关系。同学生病了，你能陪他去医院，给他找来药，给他买来热乎乎的饭菜。这些都可以让他对你心存感激。在这里应该注意：关心、帮助同学的确可以提高自己的威信，但学生干部应该摆正自己的心态。关心帮助同学不单纯出于提高在同学中的威信，更应该出于与同学的友谊和干部的责任。体恤、包容同学要求学生干部和同学搞好关系，使整个集体呈现出和谐之美。这样干部就不会在同学中"树敌"，没有人际摩擦的干扰，干部的威信自然就提高了。

第五，以"勇"树威。

"勇"可作勇敢、果断解。"勇"是干部处事风格的体现，性格刚毅的班干部做事干净利索，给人清新明快的感觉。这样的干部是同学们乐于接受的。相反，如果一个干部做事不果断，遇事总是犹豫不决，总是要请示老师，这样的干部值得你敬佩吗？有勇气、有魄力本身就是一种威信，勇敢是一种"气质"，勇敢的人从不选择逃避责任，做事从来都是那么自信、果断，在任何时候都敢于批评那些违纪现象且从不畏惧，永远敢于挑起肩上的重担，承担责任。这样的干部在班上想不受欢迎都不可能。

第六，以"严"树威。

"严"有两层含义：一是对自己严，二是对别人严。"正人先正己"，要严格要求别人，首先必须严格要求自己。只有自己首先作出表率，模范地遵守纪律，才能使自己要求别人的言语具有说服力。自己都经常迟到，还想要求别人不要迟到，能奏效吗？所以学生干部首先作出表率，作出成绩，比起苦口婆心的说教要强得多。

对别人"严"主要表现在：严格按照制度进行管理，无论谁做错了事，都要受到相应的惩罚，对待每一位同学都要用同一把尺子去衡量。只有做到不偏不倚，才能让被惩罚的同学心服口服。如果对自己较好的同学网开一面，而对别的同学又非常严格，不留情面，那么对你的各种非议将会接踵而至。倘若还不及时改正的话，你就必须把职位让给比你贤能的人了。

以上结合将帅必备的五项素质论述了班干部应该如何树立威信，旨在让各位干部明白：威信是可树立的，且是一个过程，需要一点一滴的积累。此外，树立威信还表现在：通过给同学办一些实事，解决一些实际问题，让同学们感觉到你带给他们的实惠，这样也比口头说教要好得多。因为无论是你的品德、气质、能力，给同学们都只是精神上的影响，做到精神与物质相结合才能取得更好的效果。

班级正常运作阶段,教师的主要任务是帮助班干部树立威信,支持班干部的工作,但这并不是全部的工作。在这一阶段中,班主任还要鼓励学生在生生之间、师生之间多沟通,允许和认可学生的多样性;并开始考虑如何营造符合本班特点的班级文化和氛围;在学生遇到一些难题时可以随时挺身而出,为其出谋划策,等等。

总之,在这一阶段,教师的工作主要是培养、支持班干部的工作,同时也要兼顾更多同学的想法,多倾听与鼓励,为学生提供必要的资源、意见和保证。

第十一章
班级管理的授权策略

教育案例:"我就是 43 号"

去年秋天,在开学第一天学生点名时,我有意设计了如下环节。"41号!""到!""42号!""到!""43号!""哎,43号怎么还没到呀?"一机灵鬼立即问:"老师,咱们班就42个人呀,哪来个43号?"我沉吟片刻,"你看,老师真忘事!明明是43号来得最早嘛!"这样一说,大家更糊涂了。见同学们面面相觑,我哈哈大笑,"大家不用找了,43号的名字叫郑立平!老师也是班级的普通一员,我就是班级的43号!43号特别愿意和大家一块生活、学习……"还没等我说完,掌声早已响成一片。①

如果说,在班级发展的规范阶段的特点是:老师有个老师样,学生有个学生样,班干有个班干样;那么,到了成就阶段,其特点就是:老师没有老师样,学生没有学生样,班干也没有班干样——大家都一样。为什么呢?因为成就阶段对教师而言,需要的是一种授权式的管理。那么,如何去做一个会授权的教师呢?

一、做一个会授权的教师

成就(Performing)阶段,也可以说是业绩阶段,是班级高效运作与管理的阶段,也是班级团队发展的终极阶段。在这一阶段中,班级管理的工作效率很高,学生彼此之间相互信任与合作,全班同学齐心协力去努力获得各方面的成就。当然,这些特点不是一蹴而就的,而是在规范阶段深化的结果,是教师、班干部、学生三者良性互动的产物。

在这一阶段,教师的工作重点是充分授权(Delegating),这也是实施民主管理的关键阶段。在这一阶段,教师又要做些什么呢?

---

① 郑立平.把班级还给学生——班集体建设与管理的创新艺术[M].北京:中国轻工业出版社,2011:84.

我国著名教育工作者魏书生说："我觉得替学生做人家自己能做的事,同替学生吃饭一样有害。学生失去了吃饭的机会,便失去了生理上汲取营养的机会;学生失去了做事的机会,便失去了心理上汲取营养的机会。"作为教师,一个不会"抓权"的教师,难以树立自己的威信,建立良好的班级秩序;而一个不会"授权"的教师,则不能建设一个民主、平等的班级。在以授权为主的班级高效运作阶段,教师的身份就变成了班级的普通一员,而不是最高的"首长"或者"领袖",班级的管理也往往是自下而上,而非自上而下的。教师的主要任务是和学生一起制定班级发展的目标,然后监控其进展。

从具体做法上看,授权是一种少指挥、少支持,大部分事能让学生做就让学生做的管理。从班级工作的决定权上,基本下放,这就好比魏书生老师所说的,"全班就我一个班主任,你们都是副班主任",所有的"副班主任"的工作积极性都调动起来了,老师就不用肩负更多的决定权了。其实,如果学生们能自己做得很好,为什么教师要越俎代庖呢？

然而,这里也不是说授权的教师就什么都不用做了。虽然对班级的随时监控减少了,但和学生间的沟通就多了,这时候的教师就应当把自己当成班级的普通一员,与班级同喜同乐。除非有特别的需要,教师做得更多的是和学生情感上的沟通,然后鼓励他们大胆去做,让一个民主、平等的班级不断发展进步,也在学生的心目中播下民主与平等的种子。

在这里,我们强调授权的同时也要澄清一个误解,即认为,教师所谓授权,就是班级管理的责任下放到学生那里,然后自己做"甩手掌柜"。其实不然,合适的、促进管理工作的授权也必须注意：

一是授权要循序渐进,不能直接甩手不管。

班级管理的权责从教师转移到学生,并不是一蹴而就的,也是需要对学生进行引导的过程。真正的授权也要经历三个阶段：首先是意见参与,让被授权的学生对班级的管理工作提意见和想法,然后,教师给予反馈和点拨,进而让其有班级管理的思想意识;其次是工作参与,让学生负责部分管理工作,在管理实践中给予指导和培养,促进学生管理能力的发展;最后是全面授权,将班级管理活动的大部分职责交给学生,放手让学生去干,教师则做意见参与和顾问的角色。由此我们可以知道,将管理工作授权给学生的过程,也是教师培养学生管理能力的过程。

二是授权要注意分权,不能集中于一人。

在授权过程中,还必须要注意分权。一些教师的教训是把所有的班级管理工作都授权给班长一个人，后来却发现班长有的时候没有说实话，有的时候虚假反映了班级的情况，导致管理工作遇到问题。这种全部授权工作于一人的做法是有危险的，它使得被授权者没有了工作监督和制约，往往会导致他们的独断专横，在管理中一意孤行，甚至架空了班主任。那么，合适的授权应该是怎样的呢？在管理学上有一种授权称为"制约授权"，即把某项任务的职权分解为多个子系统，让子系统间相互制约，以避免失误。

> **制约授权**
>
> 又称为复合授权，这是把某项任务的职权分解授给两个或多个子系统，使子系统之间产生相互制约的作用，以免出现疏漏。

制约式授权可以用一个分苹果的例子来说明。

一个母亲准备把一个苹果切开，分给两个儿子。但就在此时，两个儿子争吵起来，他们都不愿吃亏，要求首先挑选那分开的两半苹果。为了解决这个矛盾，母亲想了一个办法，她让一个儿子切，另一个儿子先挑。结果，两个儿子争吵的矛盾解决了，而且苹果分得像天平称过一样均匀。这个母亲使用的这种授权办法，被称为"分苹果式授权"。

"分苹果式授权"属于制约授权的一种，它至少有两个优点：

其一，权力与矛盾一起下移。也就是说，在授权的时候，授权者一定要把授出的权力（操刀分苹果的权力）与存在的矛盾（优先选苹果的矛盾）一起下移到被授权者身上，而不能将权力下移，把矛盾留给自己，即苹果由下属分，谁先挑选由领导者自己确定。

其二，更关键的是，在分权中，领导者由当事人转变成仲裁者。要把有限的资源（一个苹果）分下去，领导者如果不授权（由自己来分）或者只授权而不将矛盾一起下移，都会使自己成为矛盾的焦点，处于被动状态。而将权力与矛盾下移以后，领导者就超脱出来，由当事人变成了仲裁者，成为第三方，可以监督事情的处理过程并仲裁事情的处理结果。

在教育领域，善于利用这种"分苹果式授权"的优秀教师非魏书生莫属。魏书生当年校长、书记一肩挑，另外还有30多个社会兼职，经常外出开会讲学，还做两个班的班主任，他为什么干得那么出色，那么轻松潇洒呢？其中很重要的一个原因就是他充分授权于学生。他的一些关于教师授权的观点广为人知，比如，他提出的授权原则：班干部能做的事，老师不做；普通同学能做的事，班干部不做。

魏书生说："我发现班级管理效率低，重要原因就是班主任集权于一身，事无巨细，统统亲自出马，亲自决定，忙得不可开交，焦头烂额。学生或是莫名其妙，或是手足无措，或是紧张焦虑，或是隔岸观火，或是帮不上忙，也不会帮忙，结果是按下葫芦浮起瓢，效率甚低，最后是集烦于一身，集怨于一身。"纵观魏书生所采用的授权，所谓"除了他自己，都是副班主任"之类的办法,就是一种制约型的授权,都是小干部了,那么干部之间必然相互监督,相互竞争,共同进步。

根据这种授权理念,魏书生创造性地设置了"值日班长",给每个学生都提供了施展才华的机会,具体做法如下。

值日班长,按学号轮流,每个人都要当,轮到谁,便从早到晚对班级工作负责任。经过讨论,班级制订了值日班长10条职责:

(1) 负责记载当天的出席、缺席情况,及时在班级日报上登载,对迟到的同学提出批评,予以处罚。

(2) 维护自习课纪律,对自习课说话的同学予以批评、处罚。自习课有准假权。

(3) 维护课间纪律,及时发现并制止课间大声喧哗以及在走廊打闹的行为,在无声日期间,对课间在教室内说话的同学予以批评、处罚。

(4) 领导两名值日生搞好班级卫生,每天早、午、晚各拖地一次。发现地面上的碎纸,谁的座位底下谁负责,及时征求值周班长对班级卫生的意见。

(5) 协助体育委员,督促同学们认真做好课间操。

(6) 协助生活委员,督促同学们做好眼保健操,发现眼保健操不认真的同学,则予以批评、处罚。

(7) 在任班长的前一天晚上放学后,选择一条对班级现状有针对性的格言,抄写在黑板的右侧。

(8) 协助体育委员组织好体育活动。

(9) 在当天的12:00之前,将班级日报装订在班级的报夹子上,并在第二天的班级日报上刊登自己在任职期间的工作总结。值周评比若对出席、纪律、卫生、课间操、眼保健操中的某项活动不满意,被扣分,值日班长需写清失误分析并登在日报上。

(10) 当天学校若召开班主任会,值日班长可代替班主任参加会议,倘若召开班长或班干部会,而干部不在或不能脱身时,则可参加班长或干部会议。

当然,魏书生的做法也有一些争议,有人批评说他的这种所谓民主管理是一种"发动学生斗学生"的"文革"式管理。然而,不管怎样,虽然专制式的管理远比放手让学生管理来得容易,但是真正的授权,让大家一起来参与分层负责管理,确实利大于弊。授权,是提升工作效率最可行的方法,也是班级发展成长的窍门。

二、教师授权的障碍

虽然许多教师也知道班级管理中需要授权,但由于经验以及理论准备不充分,常常出现授权不足的问题。

美国管理专家史蒂文在其《企业家十三忌》一书中说,他在为经理人员举行专题讨论会时,常暗暗对与会者进行三次测验,看看他们作为经理是否称职。对于凡在吃午饭和上下午喝咖啡时必须给自己的办公室打电话的经理,测试成绩都给予不及格。理由是,一般来说,一个称职的经理离开办公室一天,公司是不会出乱子的,而打电话的人肯定是不懂得授权的人。

史蒂文的说法似乎有些绝对,但我们在教师培训中亦发现,有些教师匆匆而来,听课之中也神不守舍,课程休息期间也转回班级去看一看,这样的教师,其实也是班级管理授权工作做得不大好的人。

在教师授权过程中,要克服自己的一些心理上的障碍。下面提及的一些表现,你可以对照一下自己:

1)太自信,认为自己最高明,让学生做什么总是不大放心;
2)死抱住权力不放,认为权力一下放,就要指导检查班干部的工作,太麻烦;
3)下放权力,就要对学生进行培养训练,占用太多时间,增加了负担;
4)强烈的工作需要,被重视关注的感觉;
5)认为学生有缺点,不堪重任;
6)认为学生不值得信任

……

正是这些问题的存在,导致我们一些教师难以授权,或者授权不足。其实,虽然对学生干部的培养是件辛苦的工作,但是磨刀不误砍柴工,如果学生培养出来了,后面的工作会进展更顺利。虽然有的时候学生做得不如你好,但要允许学生管理中一些缺点的存在,人无完人。领导艺术里有这样一条规律,当教师的应该知道:

大事精明小事糊涂的好;

大事糊涂小事精明的糟;

大事小事都糊涂的了。

  只有教师充分授权，允许学生犯错，在一些小事上别斤斤计较，这样的管理才是科学授权的管理。

  总结一下，班级发展的四个阶段：组建阶段、磨合阶段、规范阶段、成就阶段；相应的四种管理模式：指挥式管理、教练式管理、支持式管理、授权式管理。有人用四句话总结了这四种管理模式的决策方式：

  组建阶段→指挥式管理："我来决定，你来做"。

  磨合阶段→教练式管理："我们讨论，我来决定"。

  规范阶段→支持式管理："我们讨论，我们决定"。

  成就阶段→授权式管理："你来决定，你来做"。

  在这里，我们可以看到一个班级发展过程中教师和学生对于班级管理责权的转变，以及班级的成长和发展。通俗点讲，带一个班级，教师先后要做什么工作？

  "吓一吓"，恩威并施，树立教师威信；

  "选一选"，识人用人，找出合适班干；

  "扶一扶"，支持帮助，培养班干能力；

  "放一放"，分权授权，民主自主管理。

扩展阅读 11-1 如何管理孙悟空[①]

  唐僧当上取经团队领导之后，面对的最大问题其实就是如何领导孙悟空。对于一个业务能力一般的干部，来领导一个业务能力比自己强得多的下属，确实是一个难题。如何让能力超群但又六亲不认的孙悟空为自己卖命，确实是令唐僧头痛的一个问题。然而，利用古老中国的管理智慧，唐僧在经历了师徒分裂等几次小小的挫折之后，竟然成功地驾驭了这个顽劣的猴子。总结唐僧的驭"猴"之术，其实全都离不开那精华与糟粕同在的传统管理智慧。

  一是恩威并施。传统的中国领导者都自我定位为一个团队的家长，然后对团队的

[①] 迟毓凯.如何管理孙悟空[EB/OL].[2013-07-26].壹心理，http://www.xinliool.com/info/100009113.

每个个体进行恩威并施的指导和教化,唐僧也不例外。从恩上说,无疑,经过观音菩萨的安排,唐僧将孙悟空从五行山下救了出来,有再造之恩。从传统的思想来看,受人如此之恩,理应用全部的身心来回报,如果还想去争夺团队的领导权,是要受到道德良心的制约的。唐僧之所以成为三个徒弟的领导,最重要的基础便是自己是其他三人的救命恩人。然而,对于一个领导者,只得到下属的敬爱还不足够,下属对自己"既爱且怕"才是每个领导者最喜欢的感觉。刚刚开始领导孙悟空的时候,唐僧凭借的只是再造之恩,并没有对孙悟空的行为进行约束的能力,最后导致师徒之间不欢而散。幸好,关键时刻,观音菩萨知道了唐僧领导不利,及时提供了提升唐僧领导力的紧箍咒。如此一来,恩威并举,时不时念一念紧箍咒,即使是当年大闹天宫的孙悟空,也得乖乖跟着唐长老西行去了。所以,在中国做一个领导,必须要像一个大家长一样,既要对下属好,让他们"敬爱"你;也要对下属凶,让他们"惧怕"你,二者缺一不可。

二是委以重任。对于孙悟空这样的下属,能力超群、精力旺盛又没有一些不良嗜好,管理起来仅仅恩威并施还是不足够的。唐僧的管理便是分配给悟空更多的任务,这里说是委以重任,其实不管是不是重任,反正不能让这样的下属闲着,多分配点任务,以通过正规途径消耗他多余的旺盛精力。在电视剧《西游记》中我们常常看到这样的场景:师徒四人奔波西行许久,人困马乏,好不容易找到一个休憩之处,八戒在草丛中找到一块舒服的地方要来一觉了,沙僧也给师傅安排了一块地方自己休息了,唐僧端坐一边,闭目养神之前,随口一声:"悟空,速速化些斋饭来吧。"其他三个人都休息了,孙悟空却一个跟斗翻出去四处化缘了。对于一个能力超群、精力旺盛的下属,领导者的一个重要任务就是多给他分配一些工作,即使是一些垃圾性的干不出什么成绩的工作。这样一来,他就没有时间想自己是不是应该受一个业务能力不如自己的人的驱使了,也便认可了自己的劳碌命。

三是分权制衡。分权制衡是当一个下属的业务能力强于自己时,领导者惯用的管理策略,其基本的做法是:利用其余下属,对其产生一定的牵制作用,防止因为个人能力超群等而功高震主,对领导地位产生威胁。在刚刚收下悟空为徒的时候,唐僧使用的管理策略主要是恩威并重,做得好了,帮悟空缝补一下衣服;做得不好,念几声紧箍咒。然而,在收下八戒之后,唐僧就更多地利用分权制衡的原则来管理孙悟空了。取经途中,遇到一些工作问题,两个徒弟往往意见并不统一,一般而言,大徒弟孙悟空的观点往往是对的，如果唐僧在取经途中处处听孙悟空的，那么相信取经过程一定轻松得多。但是这样也有一个危险，那就是唐僧的领导水平会遭到悟空的怀疑，其在徒弟中的威信也会下降。但是，唐僧也知道，如果每次都反对悟空的观点，也会造成徒弟们对自己判断能力的怀疑。这时候，恰好"天上掉下个猪八戒"，利用猪八戒来制衡孙悟空，便解决了唐僧面临的领导难题。正如我们所常见到的，每次取经团队遇到问题的时候，悟空和八戒的观点往往截然相反，而最后的事实证明，悟空的意见大都是对的。那么唐僧会采纳谁的意见呢？大部分时候是八戒的，原因何在？采用错误面更大的八戒的意见，除了事情会变得麻烦一些之外，对唐僧的领导而言，还有以下一些好处：首先，由于八戒的拖后腿，悟空不得不求助于唐僧来对二者的不同意见作一个决断，在八戒的牵制过程中，悟空也会认识到唐僧的重要性；其次，本来唐僧对悟空的一些不满，可以通过八戒传出来，防止师徒之间直接的矛盾和对抗；再次，多采纳一些八戒的意见，可以压一压悟空的气焰，防止其因为一直以来的正确，目无领导……总之，领导、一正一斜的下属这种"铁三角"的关系在中国历来的领导者中屡见不鲜。作为领导者，有的时候并不希望下属之间太团结，如果那样的话，自己就会有被架空的危险。一个成功的领导者，常常善于制造下属之间的矛盾，而又将自己塑造成这些矛盾的唯一解决者。这样，下属们离不开他，而他的领导地位也愈加巩固。从某种意义上说，唐僧—八戒—悟空，乾隆—和珅—纪晓岚，他们之间关系的运作模式是一样的。如果唐僧只有悟空一个徒弟；乾隆只依赖纪晓岚一个官员，那么这两位领导者肯定会被勤劳、正确的下属累得半死，做领导的趣味也会少上许多。对领导者而言，相较于孙悟空和纪晓岚，八戒和和珅的作用并不弱于前者。

第十二章
学生管理的四种境界

教育案例：无为也能治班[①]

一年一度的期末表彰大会上，看着别的班级一个个获得了优秀班集体称号，我的心里很不是滋味。我在班级管理上没少下功夫，甚至可能比别的班主任下的功夫还多，可为什么我所带的班级就不行呢？会后，我向一个"优秀班主任专业户"请教，他对我一笑，说："你应当学会无为而治。""无为而治？"我听得云里雾里。

新学期第一个班会，说到别的班级的优秀时，同学们脸上写满了羡慕，也写满了失落，于是我趁热打铁，和同学们探讨怎样才能拿到优秀班集体荣誉称号的问题。同学们你一言我一语出谋划策，这时班长说的一句话触动了我："老师，您应该信任我们，让我们自己管理自己。您应该相信我们能行。""对，您应该相信我们能行。"同学们异口同声地大声附和。"让我们自己管理自己，老师您就放手让我们干吧。"就这样，我被"夺权"了。

被夺权之后，我心里空落落的，坐在办公室里发呆，心里七上八下的：学生能行吗？班级积分会不会因此下滑呢？我该做些什么呢……让学生先干两星期再说吧……当我正在犹豫的时候，卫生委员来找我："老师，教室卫生已打扫好了，您要不要去验收一下？"我说去看看吧。来到教室，我吃了一惊，不仅窗明几净，而且桌椅摆放更整齐了，好像用尺子量过一样，我不由赞叹："真不错，比老师管时还好。"听到我的表扬，同学们都开心地笑了。

就这样，我由原来亲临现场的指挥者的角色，变成了被邀请者的角色。"老师，新书已领到，数目已清点，不过需要您到教务科去签个字。""老师，宿舍内务已整理好了，您是不是去检查一下？""老师，同学们的热情有所降温，请您去给大家鼓鼓劲。"在班级

[①] 乔利军.班主任的无为而治[J].师道，2008(12)：42—43.

管理上,现在的我基本上成了甩手掌柜,主要工作就是检查情况和肯定学生的努力,必要的时候,再尽一切可能给他们鼓劲加油和做一些必要的指导。只是经过这么几个简单的步骤,班级管理积分已是直线上升,相信在不久的将来,我们班也将成为优秀班集体中的一员。

我终于有点领悟到"无为而治"的真谛了。

管理有不同的模式,也有不同的境界。一个优秀的班级管理者,也是一个善于思考各种各样教育问题的人。以下常见的学生管理问题,您思考过吗?

一、当班主任累不累

我相信大多数班主任看到这个问题的时候会说,这还用问吗?当然累了。你看现在许多教师都不愿意做班主任就是证据,当班主任操心又不讨好,别提多辛苦了。毋庸置疑,当班主任,尤其是管理现在的学生,辛苦可以想象,但这份工作一直是辛苦的吗?

从班级发展的情境管理历程来看,在班级组建之初以及随后的磨合阶段,教师要用指挥式与教练式的管理策略;而在班级发展的规范阶段与成就阶段,则要用支持式与授权式的管理策略。仔细分析这四种管理模式中教师要做的工作,就可以发现,从教师的操劳程度上有一个"从辛苦到轻松"的过程:在班级发展的组建阶段以及磨合阶段,教师既要树立自己的威信,规范班级的纪律,还要选拔培养班干部,处理各种矛盾,这两个阶段教师确实辛苦。然而,在班级发展的规范阶段与成就阶段,教师则重点在于支持班干部的工作以及将工作有效授权,这两个阶段应该就没有那么辛苦了。

所以,当教师,真正地和学生接触以及当班主任的过程,应该有一个从辛苦到轻松的过程。在班级建立之初,以及矛盾的多发期,当班主任要对班级的大事小情严密监察与处理,这个时候确实是累的,再进一步说,多累都不叫累;然而,当班级发展到第三、第四阶段,整个班级的发展走上了正轨,这个时候班主任应当更多地支持和授权,偶尔过问一下班级情况,按理说该逐步轻松起来。如果一位教师,当班主任当得一直都很辛苦,即使干了很长时间,也时刻都闲不下来,那么,教师本身应该思考一下,是当班主任就这么辛苦,还是自己的努力用错了方向?

我们听过很多优秀班主任所作的班级管理经验介绍,为什么好方法到自己班级里就行不通了？大家请注意，魏书生、优秀班主任介绍的经验都是第三、第四阶段的事情，他们为什么这么介绍呢？因为第三、第四阶段最能表示自己艺术性和传奇性，体现出自己教学管理的高超水平。任何一个班级都要经历这四个阶段，只不过有些优秀班主任比较有经验，第一、第二阶段比较短，如此而已。

二、要不要和学生交朋友

教师要不要和学生交朋友？我们在前面也讨论过这个问题，当时的答案是一定要交，因为深入的学生思想工作，尤其是面对中学生的管理工作，如果不从朋友的身份出发，就很难进行深入的交流以及达到春风化雨的结果。但是，我们也必须知道，许多教师在和学生交朋友这件事上，是有过惨痛经验和教训的。万玮老师在他那本著名的《班主任兵法》一书中，开篇就提到了他和学生交朋友遇到的困境。刚开始带班，没有架子，和学生的关系很近，像朋友般交流，但到了第二年，由于学生心理上的叛逆，教师有些问题处理不当，很快便陷入巨大的迷惑和痛苦之中。

我们前面也谈到，教师不是不能和学生交朋友，有效的管理、深入的沟通还必须以朋友的身份才能达成。这些教师的问题不是交不交朋友，而是交朋友的时机。和学生交朋友，除了我们在本书的第一部分教师定位中谈及的内容之外，还应该有一个时机的选择。

我们知道，面对学生，教师的角色其实是多元的：在管理班级的时候，是权威；在裁决学生冲突的时候，是法官；在知识传授的时候，是先知者；在谈心交流的时候，是心理辅导员……总之，教师的角色在不断变化。多元的角色不可能同时展现，那样的话肯定是人格分裂了，所以，人格的展现也得依据情境的设定。那么，什么时候教师才适合展现自己朋友的角色？什么时候才适合平等民主、和颜悦色地与学生亲密交流呢？很简单，在教师的威信树立起来之后。

做一个学生学习和管理的权威者也是教师的角色之一，值得注意的是，这个角色和朋友角色有一些不同之处。在教师的权威角色中，教师是高高在上的，是典型的主导者和影响者，学生会因教师的权威角色而对其产生敬佩或者敬畏的感觉；而在教师的朋友角色中，教师和学生处于平等的地位，教师即使对学生产生教育和影响，也是润物细无声的，学生会因教师的朋友角色而对其产生亲近和喜欢的感觉。可以说，不论是权威角色，还是朋友角色，都是教师在教育管理中需要展现的角色，不过依据时空不同而进行不同的展现而已。

在实际的教学中，之所以会出现"学生喜欢实习教师"而"新教师管理不好班级"的现象，就是因为角色展现的情境背景的问题。作为一名实习生，和蔼可亲，像个大哥哥或大姐姐，自然受到学生的喜欢，因为他们就像朋友一样，可以玩，也可以交流一些小秘密；尤其对于处在朋友依赖阶段的中学生而言，实习生的朋友形象是非常讨巧的。但这里的问题是，为什么新教师也采用这种形象就不行了呢？很简单，实习生由于在校时间短，和学生的交往程度并不深，所以也不会有什么矛盾，他们在和学生彼此新鲜地交流了一段时间之后，就匆忙完成实习任务，回自己的学校去了，所以会相安无事。

如果新教师也首先以朋友身份定位，那么一开始的时候学生也会非常新鲜和惊喜，觉得这位教师不一般，好说话，好交流，也愿意和教师沟通。然而，人性有善的一面也有恶的一面，学生亦如此。一开始接触朋友型的教师时，学生会觉得新奇和亲切，也会表现出更多善的一面；但时间一长，他也会有恶的一面表现出来，比如犯各种各样的错误，但此时，基于朋友定位的训诫往往作用有限，因为教师在他心目中已经形成了朋友的形象，教师便难以纠正学生的错误。甚至，一些学生由于不怕教师，到后来还会故意犯错误，以欺负教师为乐。这种情况下，班级管理必然是一团糟了。

要避免这一后果，必然要在和学生交朋友之前，先树立起权威的角色，而第一印象往往是最深刻的。当教师的权威已经不容置疑，众人皆敬且畏的时候，教师再放下身段，和学生交朋友，那么此时的学生，就会觉得教师的亲密态度来之不易，愿意与之接触；同时，也会对自己的言行有所收敛，不会得意忘形，无所顾忌。

一句话，教师需要和学生交朋友，但在权威形象还没有树立起来之前，不要急于交往。

三、严一点好，还是宽一点好

作为一名教师，对学生是严一点好，还是宽一点好？是民主一点好，还是专制一点好？当我在教师培训中提出这一问题的时候，许多教师会回答：两者结合好，宽严结合好，该严厉的时候严厉，该宽松的时候宽松。

其实，如前所述，做教师的，没有不知道教育之道在于宽严结合，但什么时候该严，什么时候该宽却不见得每个人都能把握好火候和分寸。根据班级不同发展阶段的学生心理特点，我们认为，当教师管理一个班级的时候，先严后宽，严后必宽是绝对可行的教育之道。

《菜根谭》说："先严后宽者，人感其恩；先宽后严者，人怨其酷。"这其中的道理启示我们，当我们初带一个班级时，作为教师一定要首先将自己严厉的一面表现出来，没有威严，就难以树立威信，学生也不会把班主任放在眼里，学校的规章制度便难以严格落实，难以形成良好的班级风气。而我们以前谈过行为习惯的特点，那就是养成不容易，改掉更难。所以，良好的开端是成功的一半，教师带班之初一定是以威立信，先表现出自己"狠"的一面，"吓一吓"学生，整顿纪律，以养成良好的学习、生活习惯。

当班级的一切工作步入正轨之后，教师则应当逐渐放下严肃的面孔，适当调整放宽要求的尺度，原宥学生之错。只要不是原则性的错误，班主任以宽容的方式处理为佳。因为学生的很多错误都是成长中的错误，是阶段性的产物，随着年龄的增长，他们也会逐渐意识到以往的幼稚可笑之处，回想到以前不懂事时犯的错误，班主任宽以待之，他们必会心存感激，而以奉献于班级作为对班主任的回报。所以，在班级管理的后半段，教师要和颜悦色起来，让学生更多地感受到教师的理解和温暖。

那么，反过来行不行呢？先把自己宽容、和善的一面展示给学生，出了问题之后再严厉处理？不行，这是教育的大忌，正如《菜根谭》所说，"先宽后严者，人怨其酷"。如果宽爱先行，学生往往形成教师善良易欺的印象，且在教师的宽容下，容易养成一些不良的习惯，那么到后来再去纠正的话，不仅教师工作难做，学生也觉得痛苦，会埋怨教师变了，不如以前好了，产生对教师失望和怨恨的情绪。

这里我讲一个教师的例子。这位教师从本性来说，是个活泼开朗的小伙子，本不是一个严肃的人。然而，他清楚，如果一开始就温情脉脉地对待学生，最后可能会造成管理上的困难，甚至学生会故意去欺负教师。所以，他想了一个办法，就是每次带班，都把第一次班会课定位为自己的"发火课"——这节课的目的不为别的，只是找点事发发火，主要任务是"吓唬吓唬"学生。

因此，在带班第一次班会课的前一天，这位教师就吃饱睡好，酝酿情绪准备第二天的发火了（很明显，发火也是一个体力活）。第二天班会课，一脸严肃走进教室，在讲台上先是一言不发看一分钟，把学生注意力吸引过来，让他们知道今天来者不善。然后一边讲班级的管理问题，一边用眼睛扫描所有学生。其实，不管怎样严肃，都有那些懵懵懂懂、"不解风情"的学生这时候挺身而出撞老师枪口的，一发现这样的分子，他马上小题大做，严厉批评一番，话语狠，声调高，直到周围的学生也吓得哆哆嗦嗦，才完成第一次班会课的训话。

这样一役之后，学生都知道教师不好惹了，随后的校规班纪之类的要求也容易执行起来。但这位教师有意思的一点在于，带一个班，他就发这一次火，之后面对学生都是满脸温柔的了。然而，虽然只有这一次班会，但同学们印象深刻，教师在处理一些极端问题的时候，学生都会给些面子，教师在学生心目中也有威信。当然，对于第一次班会课的那几个倒霉蛋,最后教师也要做一番安抚工作的,不能把孩子吓坏了。

从另一个方面来讲,这里需要提醒教师的是,有的教师认为,既然前一阶段教师以严厉示人,并且已经收到了比较好的效果,学生服从,纪律严明,那么,就这样坚持下去好了,也不一样可以送学生毕业?我们说这样做不好,为什么?道理很简单,一个严厉的让学生敬畏的教师容易做好班级的纪律与秩序工作,但在学生管理中,并不是只有这些工作。以严厉著称的教师未必解决得了和解决得好学生思想深处的问题。在学生管理中,有时候,需要教师的雷厉风行,强调师道尊严;而在另外一些时候,可能需要的是教师的和颜悦色,强调尊重和民主。

此外,当下的学生,由于都是独生子女,成长道路比较平顺,抗压能力也比较弱。如果教师始终以高压的姿态来管理班级,可能很多学生受不了,最终会激起他们比较大的反弹。基于此,教师应当在带班过程中根据班级发展的情况,采用先严后宽的动态管理模式。当然,这里的先严后宽,也不是说刚带班就一点宽松都没有,班级工作步入正轨之后就一点都不严厉的。但这是一个总体的态势,即在前一段管理中,以严为主;而在后一段管理中,以宽为主,宽严结合。

教师管理学生的宽严结合还要注意的是,由于现在学生抗挫折能力比较低,严厉之后可能有一些不良反应,所以还要注意应用"严后必宽"的策略,用句通俗的话讲,要善于"打个巴掌,给个甜枣"。

虽然在学生管理中,尤其是带班的初始阶段,教师为了严肃校纪班风,对于某些违规违纪的学生,必须严肃处理,即使学生当时不认可班主任的处理方式,甚至痛恨班主任,但是从大局出发,班主任也必须"有法必依",否则不足以正班风、树正气。

但在"打个巴掌"之后,必须辅之以"甜枣",即对被处理学生要进行安抚工作。《菜根谭》说:"攻人之恶毋太严,要思其堪受;教人以善毋太高,当使其可从。"学生的思想境界毕竟还未达到"依理不依情"的地步,不管班主任如何正确,学生只要失了颜面,心中总会有郁结之气,存有郁结之气,就早晚会寻机与班主任对立。因此,班主任事后一定要找被处理的学生谈心,做好善后工作。此时班主任应以和缓的语气动之以情,晓之以理;要挖掘学生日常行为中的闪光点,鼓励他改正错误,并让他理解班主任怒其不争的心情。

"先严后宽,严后必宽"不仅是教师管理学生的一般法则,也是教育、影响、管理的一般法则,做父母的教育子女也应如此。在这里我们可以回顾一下本书第一部分中有关"重要他人"的内容:在人生发展中,重要他人要经历"父母→教师→朋友→恋人"的变化。那么,我们应当如何做父母呢?从人生发展来看,幼儿园小学之前,父母恰恰应该严厉一些,养成孩子良好的学习和生活习惯;在小学多和教师合作、沟通;到中学之后放下身段,来做他的朋友;大学之后让他自己去外面闯世界。这里,其实也蕴含一个先严后宽,先权威后朋友的过程。

然而,有的家长,热爱教育但不懂教育,看了几本民主教育之类的书籍,一开始,在他面对孩子最有权威的时候,实施的是自称"民主"的教育,使孩子在上幼儿园、小学之前养成了不少坏毛病;小学把孩子交给了教师,实在不行了打一顿,也能压得住;上中学后,孩子又早恋、又上网,没办法了,变得非常严厉,强调"儿子就得听老子"那一套,结果孩子离家出走,自己倍感教育失败……

有人曾调查过微软研究院那些功成名就的成功人士,看看他们的成长之路有什么特点。结果发现,他们在受教育过程中都有一个"慈父严母、少年离家"的特点。这怎么解释呢? 其实,这种经历恰好可以暗合家庭教育之道在于"先严后宽,先权威后朋友"的规律。慈父严母,由于母亲比较严厉,女性又比较细致,容易养成认真、负责的良好习惯;但在中学左右,如果生活轨迹不改变的话,恰恰到了严厉母亲和叛逆子女冲突的阶段,但"少年离家",他们又到外面读书去了,这时候,原本最容易发生亲子冲突的年纪,由于距离缘故,见面不多,见面了父母也舍不得说了,孩子也没有时间叛逆,反倒拉近了关系,留下的是思念和彼此朋友般的交往。这些人的成长,从另一个角度证明了父母教育子女的先严后宽、童年严厉、少年鼓励的有效之处。

回过来再说学校教育。作为教师,你知道吗,在真正的教育时空内,那些善于管理学生的教师都是什么形象?如果用一个比喻的话,这些在生活中管理学生的真正能手,他们不像燃烧的蜡烛,也不像辛勤的园丁,其实更像一只"笑面虎"。是的,笑面虎! 学生在和这些教师接触的时候,教师展现的更多是和善、易沟通的一面,但学生在与其愉快交流的同时,是不敢造次的,因为他们知道,别看老师这时候笑眯眯的,其实不好惹。他笑,是"笑里藏刀",本质是老虎。只不过今天老虎不发威,你别把他当成 Hello Kitty!

这些学生管理的能手,之所以在学生心目中形成了"笑面虎"的形象,其实就是在带班之初严格要求,展现了自己严厉的一面,虽然在班级步入正轨之后,逐步以宽松、温和的态度示人,学生也感受了他亲切的一面,但在心中,依然知道这个教师不好欺负,犯了错误也有畏惧之心。这样,学生的管理工作做起来也容易得心应手了。

四、魏书生的方法为什么不起作用

魏书生以及许多优秀班主任的做法,在原来的班级很有效,也是真实的管理经验,为什么拿到我的班级来就不灵了呢？这个问题在前面谈到教师的"专业能力"时曾有所阐述，那时的一个答案是魏书生等教师已经是全国名师，学生进入其班级后，承认他为管理专家，敬佩其能力，所以容易受其影响，他说什么话都起作用，他提什么大家都会按照要求去做。

在这里，我们可以再分析一些其他可能的原因。依据班级发展阶段的情境管理之论，在班级开始的第一、第二阶段，即组建与磨合阶段中，班级里的矛盾最多，教师有时候不得不诛大赏小，杀鸡儆猴，严明纪律；而在班级发展的第三、第四阶段，即规范阶段和成就阶段中，教师支持学生又信任学生，其管理就颇具民主色彩了。虽然没有经过统计，但我们可以直观地感知，那些所谓的名师们，他们所讲的班级管理经验，多为班级发展的规范阶段与成就阶段之时，极少有讲组建阶段与磨合阶段之时的，即使讲，也只是虚晃一枪，匆匆带过。

那么，作为一个教师，带班最难的是在哪些阶段？无疑是组建与磨合阶段；但名师们爱讲哪个阶段呢？无疑是规范与成就阶段。许多名师的经验到我们这里不好用的重要原因就是：你把名师的班级发展后期的经验应用于班级发展前期的管理，货不对板，没有针对性，当然不起作用了。比如，魏书生在讲座中曾说，管理班级很简单，他是正班主任，其他都是副班主任，各个学生干部把班级工作负责起来就可以很好地管理了。在这里，魏书生介绍的经验明显适用于班级管理的第三、第四阶段，但如果你一带班级就把这个经验应用于管理中，毫无理由就授权，那么等待你的，只有后面越来越痛苦的管理现实了。

一个很有趣的问题是：为什么那些名师不爱讲班级发展初始阶段的经验，比如，他们是怎么树立威信，怎么"新官上任三把火"的？原因可能有如下几个方面。

一是在班级管理中，规范与成就阶段由于采用的是支持与授权式管理，对学生更多地体现出民主、尊重的色彩，也最能体现教师的管理水平。这时候的优秀教师往往已经把班级纪律规范得差不多了，学生的管理水平也培养得差不多了，此时的管理故事也最具有教育传奇性的特点。这时候的教师，常常一次简单的班干部谈话，就解决一个班级发展的大问题；一次和后进生的谈心，就能使他幡然悔悟，健康成长。作为教师，他们当然更愿意讲这些成功的案例了。

二是在班级管理中，相对于规范与成就阶段，在组建与磨合阶段，教师采用的是指挥与教练式的管理，尤其是在指挥式管理，教师要树立自己的威信，不仅让学生服，而且还要让学生有点怕，所以，这时候的教师管理带有一些专制的色彩，显得有些独裁和专横。通俗地讲，在我们的教育环境下，可能"黑道"和"白道"的功夫都要用一些。这些所谓的名师，估计当初可能也用了，但这些经验，有一些可能与一些课本上的教育原则相违背，现实中好用，但不好说,所以,这些优秀的传授经验的名师们也就不说了。

三是这些已经成名的教师威名远扬,不怒自威,还没有接触之前,学生就早有耳闻,很容易在班级树立起个人形象,也很少遇到学生们的反抗,在纪律管理等工作方面进展得比较快。换言之,那些优秀教师,因为其在学生心目中的高大形象,可以很快从组建阶段与磨合阶段过渡到规范阶段与成就阶段,前面阶段的班级管理由于过渡很快,他们印象也不深,所以这种经验的交流也就无从谈起了。

对一般教师而言,组建阶段和磨合阶段的管理,恰恰是他们苦苦挣扎的时候,而这时候的管理经验,恰恰没有人向他们提及,只能自己在黑暗中逐步摸索了。

五、管理的四种境界

关于管理,老子《道德经》中有一段话非常有名:

"太上,不知有之。其次,亲之誉之。其次畏之。其次侮之。信不足焉,有不信焉。犹兮其贵言。功成事遂,百姓皆谓我自然。"

这段话的意思是说,最好的统治者,人们不知道有他的存在;其次一等,人民亲近并赞美他;再次一等,人民害怕他;最次一等,人民轻侮他。统治者如果诚信不足,那人民就不会信任他。统治者应该悠闲自如,不要随意发号施令。这样才能功业成就、事情顺遂,百姓们都说:"我们本来就是这样的啊!"

把老子这段话应用到教育领域,就是说,那些"不知有之"的教师最好,用句我们常说的话,"教师在与不在一个样",这种教师的管理最到位;其次,"亲之誉之",较好的教师是学生亲近他,赞美他;再次,"惧而畏之",害怕他;最差,"侮而恨之",骂他又恨他。当然,只要是做教师的,就希望自己管理学生能达到"不知有之"的境界,但,这又如何实现呢?

我们认为,教师之所以能达到"在和不在学生表现都一样"的"不知有之"的境界,恰恰是从"侮之",即学生骂自己开始的。可以设想,按照我们情境管理的一些理念,教师接手一个班级之初,既要树立自己的威信,又要提出各种要求,甚至处理个别捣蛋分子,这些做法,无疑会引起一些学生的反感,甚至有些被处理的学生还会暗暗骂老师,觉得今不如昔,这个老师不如以前的教师,等等。但是,在教师的严格要求下,不跟从新教师的教诲和指挥的一些学生真的会被处理,他们随后会表现出对教师的惧怕,换言之,"畏之"。怕了之后,他们不得不跟教师走,走了一段,习惯了"听指挥守纪律",自然也进步了;与此同时,教师也笑容增多,变得通情达理起来,这时候便是"亲之誉之"了。最后,当这一切已经内化为学生的自我习惯,那么很自然就能达到"不知有之"的境界。

很明显,当教师不要怕学生骂。学生骂你,可能是你管理的一个必经阶段。人性有善恶,学生也有善的一面和恶的一面,发扬学生的善端,抑制学生的恶端,可能教师就要采用一些必要的手段,而这并不能获得每个学生的认可和满意。当你严肃处理学生的错误,严格要求学生的纪律时,学生就可能会骂你,但即使学生骂,只要教师做得问心无愧,也还必须得做下去。

当然这并不是说,既然学生骂老师无所谓,那我就不管其想法和意见,让他尽情骂算了,任尔东西南北风,我自岿然不动。凡事须有一个度,一点也听不得学生意见也不行,但既然接手一个班级,就应当遵循学生发展以及教育的规律,"该出手时就出手",把自己的工作做好。

总之,作为一名教师,要知道学生管理工作不仅仅是一项凭着爱心和耐心就能做好的工作,它是艺术,更是科学。我们必须依据师生互动的规律做好教师的自我定位,按照社会互动的法则去影响和促进学生的成长;遵循班级发展的原理去动态地营造一个有利于学生发展的环境。只有这样,才能把学生管理的工作做好,才能让我们的学生健康成长,才能让我们的教师真正过上幸福的教书育人生活。

主要参考文献

David G. Myers. 社会心理学[M]. 北京：人民邮电出版社，2006.

Elliot Aronson. 社会心理学[M]. 北京：中国轻工业出版社，2005.

Guy R. Lefrancois. 孩子们：儿童心理发展[M]. 北京：北京大学出版社，2004.

Raymond M. Nakamura. 健康课堂管理：激发、交流和纪律[M]. 北京：中国轻工业出版社，2002.

安德鲁·杜伯林. 领导力：研究·实践·技巧[M]. 王垒，等，译. 北京：中国市场出版社，2006.

迟毓凯. 我问心理学[M]. 北京：中国发展出版社，2009.

黄光国. 面子：中国人的权力游戏[M]. 北京：中国人民大学出版社，2004.

孔维民. 东西方领导者行为分析[M]. 济南：山东人民出版社，2007.

罗伯特·B·西奥迪尼. 影响力：你为什么会说"是"？[M]. 张力慧，译. 北京：中国社会科学出版社，2001.

莫雷. 青少年心理健康教育[M]. 上海：华东师范大学出版社，2003.

莫雷，何先友，迟毓凯. 教育心理学[M]. 广州：广东高等教育出版社，2005.

齐学红. 今天，我们怎样做班主任[M]. 上海：华东师范大学出版社，2007.

唐全腾. 教师不可不知的心理学[M]. 上海：华东师范大学出版社，2011.

万玮. 班主任兵法[M]. 上海：华东师范大学出版社，2004.

王垒. 组织管理心理学[M]. 北京：北京大学出版社，2006.

王晓春. 做一个专业的班主任[M]. 上海：华东师范大学出版社，2009.

魏书生. 班主任工作漫谈[M]. 桂林：漓江出版社，2005.

章义伍. 如何打造高绩效团队[M]. 北京：北京大学出版社，2006.

赵玉平. 青梅煮酒论领导[M]. 北京：北京大学出版社，2009.

后记

本书的写作其实是在许多一线教师的催促下开始的。

2005年末,我从华东师范大学心理学博士后流动站出站,回到华南师范大学教书。几年来,作为广东省中小学心理健康教育A证、B证培训的任课教师,常常谈一点心理学的教育应用问题;同时,也给教育硕士开设了一门"教师心理学"的选修课。课程得到了许多一线教师的认可,他们的热情程度甚至都让我有点受宠若惊。在讲课过程中,或者快要结束的时候,时常会有教师问我,"迟老师你有没有与课程相关的书,我想读一读",或者"心理学很有意思,你能不能推荐一下教师要读些什么心理学书?"

对于这两个问题,我都很抱歉,难以给提问者以满意的答复。因为:

一是我所讲授的课程,目前为止还只有纲要性讲义和课件,许多内容只在我个人的头脑中,还没有形成文字。我虽然也主编或参编了几本心理学书籍,但是并没有直接针对教师实际工作的。

二是推荐相关的心理学著作,我这里也没有很好的答案。当前的图书市场很多,有规范、有体系地介绍方方面面的心理学知识的图书近年来也出了不少,但是直接拿来就能用到教育生活中的心理学书籍却很少。虽然现在也引进了不少国外有影响的心理学图书,但教育工作毕竟受到一个社会的政治、文化影响很深,这些国外的图书不是不好,而是很难针对中国的工作实际,所以也不好做出推荐。

由于我没有给出很好的答案,所以有些教师随后就建议:"迟老师你什么时候把讲课的内容写出来吧。"一开始,我觉得这只是一种客气,但后来建议的人多了,我便有些动心。与此同时,随着相关课程的不断讲述,引发我自己思考的内容也逐渐增多,在有限的课程时间内,这些内容往往又难以全部展现出来,对于一个"口唇期"[①]没有过渡好的人而言,意犹未尽,毕竟有些遗憾,而在课程之外,写作一本书却可以说是过了一把瘾。

[①] 心理学家弗洛伊德提出的概念,认为婴儿欲望的满足,主要是通过口唇的吮吸、咀嚼和吞咽等活动;快感也源于此。如果口唇期没有过渡好,就形成口唇性格,包括自恋、贪吃、多言等特点。这里是玩笑说法。

最初的内容,我以《教师心理学》为名,连载于我的个人网站:世纪心理沙龙(www.xlxcn.net)。边写边发,认识不认识的网友们边看边评,这是一种比较有意思的写作体验,可以随时发表,随时看到反馈意见与建议,也可以随时修正继续撰写。然而,由于高校教师工作也比较繁忙,所以这个工作也是随性而行,写写停停,甚至一停许久。

后来,华东师范大学出版社的刘荣飞编辑发现了我的写作,便邀请我尽快写出完整内容,希望能集结成书。这其实也是我的目标,在刘编辑的催促下,就继续动笔了。

本来,"教师心理学"在内容上其实包括两部分内容:一是教师如何运用心理学知识来提升自己的教学实践;二是教师如何调整好自身心态,以应对不断加大的工作压力,做一个成功而有幸福感的教师。但写着写着却发现,越说越想说,当第一部分写得差不多的时候,已经可以凑成一册了,总结整理了一下,这就是《学生管理的心理学智慧》一书的来源。

这本书之所以能呈现在读者面前,要感谢许多人:

感谢华南师大的领导同事给我安排了这门课,让我接触了更多的教育实际,也让我对心理学应用有了更深、更直观的体验。

感谢听我讲课的那些中小学的教师们,和你们的交流让我受益良多,本书中很多的案例就是来源于和一线教师的互动,你们的建议也是本书最初和最大的动力。

感谢互联网上那些未曾谋面的网友,你们的评论和转发也让我的观点得到更广泛的传播;你们的意见和建议促发我思考和进步,也让我感受到作品得到实时反馈的惊喜和刺激。

感谢刘荣飞编辑对本书所做的努力,没有你的真诚的约稿、反复的催稿、细致的校稿……不厌其烦的沟通和建议,就没有这本书。这是一次愉快的合作!

谢谢大家!

迟毓凯

2012年4月广州·南浦岛